カリキュラム・マネジメント

STE(A)M教育を始める前に

カリキュラム・マネジメント実践10

学びの未来

で実現する

編著・監修

中川一史 放送大学

小林祐紀 茨城大学

兼宗 進 大阪電気通信大学

佐藤幸江 元・金沢星稜大学

はじめに ── STE(A)M教育へのアプローチ

編者を代表して　中川　一史

令和元年5月に出された教育再生実行会議提言の**技術の進展に応じた教育の革新（抄）**[1]「1. 技術の進展に応じた教育の革新」−「(1) Society5.0で求められる力と教育の在り方」によると、

> 国は、幅広い分野で新しい価値を提供できる人材を養成することができるよう、初等中等教育段階においては、STEAM教育（Science, Technology, Engineering, Art, Mathematics等の各教科での学習を実社会での問題発見・解決にいかしていくための教科横断的な教育）を推進するため、「総合的な学習の時間」や「総合的な探究の時間」、「理数探究」等における問題発見・解決的な学習活動の充実を図る。その際、各発達段階において、レポートや論文等の形式で課題を分析し、論理立てて主張をまとめることも有効である。

としている。この記述からも、「実社会での問題発見・解決に生かす」「教科横断的な教育」「レポートや論文等の形式で課題を分析し、論理立てて主張をまとめる」など、STE(A)M教育実施にとっても、カリキュラム・マネジメントを実現するポイントとは関連が深いことがうかがえる。

さらに、令和元年6月に閣議決定された**統合イノベーション戦略2019**[2] 第I部「6. 初等中等教育からリカレント教育に至るまでの人材育成改革」の具体的施策においても、

> これからの社会の中で生きていくために必要な力の育成に向け、各教科での学習を実社会での課題解決に生かしていくための教科横断的な教育であるSTEAM教育を推進し、具体的な社会課題と紐付けながら学習する環境を確保する。

と、環境整備の重要性にも言及している。

また、STE(A)M教育では、「Tinkering」という考え方が大事にされている。直訳すると、「いじくり回す」というような意味だが、これは、試行錯誤を伴う問題解決のことで、児童が自分なりに材料や題材をいじくり回しながら試行錯誤する中で、何を修正すればいいか、どう改善すればいいかに気づきながら問題解決を行い、学び方を学んでいく様を示している。文部科学省から発行している**小学校プログラミング教育の手引**（第三版）でも、「児童は試行錯誤を繰り返しながら自分が考える動作の実現を目指しますが、思い付きや当てずっぽうで命令を変えるのではなく、うまくいかなかった場合には、どこが間違っていたのかを考え、修正や改善を行い、その結果を確かめるなど、論理的に考えさせることが大切」と、まさに同様の指摘がされている。この問題解決のプロセスを大事にしていくことこそが、わが国で進めるSTE(A)M教育の1つの姿だと考える。

STE(A)M教育は、現在の学習指導要領で進めるカリキュラム・マネジメントのその先にあると考えることができる。しかし、海外で行われているSTE(A)M教育の詳細をそのまま持ってくれば良いというわけではなく、実態や実情を勘案した日本版STE(A)M教育へのアプローチが望まれる。

本書は、そのアプローチの第一弾として、書名サブタイトルにあるように、STE(A)M教育を始める前に、カリキュラム開発や授業設計を、カリキュラム・マネジメントの視点で吟味いただけることを期待して発刊するものである。

本書は、大きく分けて、2つのパートで構成されている。

前半 カリキュラム・マネジメント実践例10

　カリキュラム・マネジメントで実現する学びの事例である。10人の新進気鋭の実践者がその実践を詳しく紹介している。各事例の最後に、佐藤 幸江氏が以下の3つの観点でさらに実践について、意味づけている。

「実践についての解説」の見方

❶ 総合的な学習の時間 の取り組みとして

　私たちは、今、平和で持続可能な社会の構築維持に関して、いかに多くの困難の壁に囲まれているかを痛感せざるを得ない状況にある。これらの困難の壁に挑み問題を解決していくためには、一人の力では不可能に近い。他者と共に粘り強く、そして創造力を発揮して協働して解決していく探究的な学びが必要不可欠と言えよう。そのような学びを構築していくために、各実践においてどのような工夫が見られるか解説する。

❷ 担任教師にも必要なカリキュラム・マネジメント力

　今回の学習指導要領改訂では、社会に開かれた教育課程の理念のもと、児童たちの資質・能力を育んでいくことが最重要課題だとされている。そして、そのために、「教科等横断的な視点」や「教育内容と教育活動に必要な人的・物的資源等を地域等の外部の資源も含めて活用する」ことまで視野に入れた「カリキュラム・マネジメント」の必要性が示された。これまでの学校のカリキュラムは、教科の専門性に基づいて教科ごとに領域化されてきた。それに対して、学校のカリキュラムに社会的意義を創り出していくために、各実践においてどのような工夫が見られるか解説する。

❸ STE(A)M教育の視点から見えること

　今後の教育の方向性の1つとしてSTE(A)M教育が、旬な話題として取り上げられる。それぞれの実践をSTE(A)M教育の視点から見ると、どのようなことが見えてくるか解説する。

後半 論考 ── カリキュラム・マネジメントそしてSTE(A)M教育へ

　論考と題して6人の筆者が、それぞれのテーマで深めている。本書は、カリキュラム・マネジメントを入り口とすることで、今後のSTE(A)M教育へのアプローチを検討している。それを論考するために、まず、「カリキュラム・マネジメントの肝は何か」から、「カリキュラム・マネジメントとSTE(A)M教育の接点」「小学校・中学校・高等学校におけるカリキュラム・マネジメント」「小学校・中学校・高等学校のプログラミング教育」「アメリカのSTE(A)M教育」「これからのSTE(A)M教育」と、進めていった。

　最後に、本書の発刊にあたっては、株式会社翔泳社 書籍編集部の片岡 仁さんに粘り強く執筆を支えていただいた。心から感謝したい。

参考文献

［1］教育再生実行会議「技術の進展に応じた教育の革新（抄）」
　　URL https://www.kantei.go.jp/jp/singi/kyouikusaisei/teigen.html
［2］内閣府「統合イノベーション戦略」
　　URL https://www8.cao.go.jp/cstp/tougosenryaku/index.html

はじめに── STE(A)M 教育へのアプローチ ⋯⋯⋯⋯⋯⋯⋯⋯⋯⋯⋯⋯⋯ ii
編者を代表して　中川 一史

Part 1　カリキュラム・マネジメント実践例 ⋯⋯⋯⋯⋯⋯ 1

1　もっと納豆！ 3 年 2 組のおとめ納豆を作ろう！ ⋯⋯⋯⋯⋯ 2

小学校
3年

総合的な学習の時間　体育科（保健）　国語科　社会科

近藤 睦　横浜市立宮谷小学校

2　金沢町家の新たな活用方法を考えよう ⋯⋯⋯⋯⋯⋯⋯⋯ 27

小学校
3・4年
複式学級

総合的な学習の時間　国語科

福田 晃　金沢大学附属小学校

3　わたしたちの未来の食卓を考えよう ⋯⋯⋯⋯⋯⋯⋯⋯⋯ 47

小学校
5年

総合的な学習の時間　社会科　理科　国語科　家庭科　道徳

間城 美和　高知市立高須小学校

4　お笑いを科学しよう！ ⋯⋯⋯⋯⋯⋯⋯⋯⋯⋯⋯⋯⋯⋯⋯ 63

小学校
6年

総合的な学習の時間　算数科

盛山 隆雄　筑波大学附属小学校

5　休校期間中のリモート授業──ハッピープロジェクト ⋯⋯ 78

小学校
3〜6年

総合的な学習の時間

教科横断：国語　算数　社会　理科　音楽　体育　図工　道徳　英語

山中 昭岳　学校法人佐藤栄学園　さとえ学園小学校

6 和楽器「箏」の演奏方法を科学の目で見て、自分の演奏に生かそう ········ 94

中学校
1年

理科　音楽科

岩﨑 有朋　鳥取県岩美町立岩美中学校

共同実践者　音楽科：八木谷 和葉

7 Healthyな弁当レシピを英語で作成しよう ········ 107

中学校
1年

総合的な学習の時間　家庭科　英語科

反田 任　同志社中学校

8 国内で実現できる国際協力プロジェクト ········ 121

高等学校
2年

総合的な学習の時間　英語科　芸術科（美術）　情報科

品田 健　聖徳学園中学・高等学校

9 神戸新長田南地区商店街の活性化プロジェクトを推進しよう ········ 139

高等学校
3年
単一学級

総合的な学習の時間　商業科・課題研究（総合的な探究の時間 代替科目）

延原 宏　神戸星城高等学校

10 タブレット端末を活用したプロジェクト型学習
―SDGs（持続可能な開発目標）をテーマとして― ········ 154

特別
支援学校
中学部
2年

国語・数学　総合的な学習の時間　職業・家庭

海老沢 穣　東京都立石神井特別支援学校

Part 2　論考──カリキュラム・マネジメントそして STE(A)M 教育へ ……………… 171

1 カリキュラム・マネジメントの肝は何か ……………… 172
──カリキュラム・マネジメントを実現する5×2のポイント

中川 一史　放送大学

2 カリキュラム・マネジメントとSTE(A)M教育の接点 ……… 186

小林 祐紀　茨城大学

3 小学校・中学校・高等学校における カリキュラム・マネジメント ……………… 195

佐藤 幸江　元・金沢星稜大学

4 小学校・中学校・高等学校のプログラミング教育 ……… 202

兼宗 進　大阪電気通信大学

5 アメリカのSTE(A)M教育 ……………… 208

谷内 正裕　教育テスト研究センター　連携研究員

6 これからのSTE(A)M教育 ……………… 220

新井 健一　日本STEM教育学会　会長

おわりに　小林 祐紀　茨城大学　229

プロフィール：編著・監修、論考・実践例執筆　231

Part 1

カリキュラム・マネジメント 実践例

1 ・教科・領域・ 総合的な学習の時間　体育科（保健）　国語科　社会科　｜小学校 3年｜ … 2
もっと納豆！３年２組のおとめ納豆を作ろう！
近藤 睦　横浜市立宮谷小学校

2 ・教科・領域・ 総合的な学習の時間　国語科　｜小学校 3・4年 複式学級｜ … 27
金沢町家の新たな活用方法を考えよう
福田 晃　金沢大学附属小学校

3 ・教科・領域・ ｜小学校 5年｜ … 47
総合的な学習の時間　社会科　理科　国語科　家庭科　道徳
わたしたちの未来の食卓を考えよう
間城 美和　高知市立高須小学校

4 ・教科・領域・ 総合的な学習の時間　算数科　｜小学校 6年｜ … 63
お笑いを科学しよう！
盛山 隆雄　筑波大学附属小学校

5 ・教科・領域・ 総合的な学習の時間　｜小学校 3〜6年｜ … 78
教科横断：国語　算数　社会　理科　音楽　体育　図工　道徳　英語
休校期間中のリモート授業──ハッピープロジェクト
山中 昭岳　学校法人佐藤栄学園　さとえ学園小学校

6 ・教科・領域・ 理科　音楽科　｜中学校 1年｜ … 94
和楽器「箏」の演奏方法を科学の目で見て、
自分の演奏に生かそう
岩﨑 有朋　鳥取県岩美町立岩美中学校（共同実践者　音楽科：八木谷 和葉）

7 ・教科・領域・ 総合的な学習の時間　家庭科　英語科　｜中学校 1年｜ … 107
Healthyな弁当レシピを英語で作成しよう
反田 任　同志社中学校

8 ・教科・領域・ 総合的な学習の時間　英語科　芸術科（美術）　情報科　｜高等学校 2年｜ … 121
国内で実現できる国際協力プロジェクト
品田 健　聖徳学園中学・高等学校

9 ・教科・領域・ 総合的な学習の時間　｜高等学校 3年 単一学級｜ … 139
商業科・課題研究（総合的な探究の時間 代替科目）
神戸新長田南地区商店街の活性化プロジェクトを推進しよう
延原 宏　神戸星城高等学校

10 ・教科・領域・ 国語・数学　総合的な学習の時間　職業・家庭　｜特別支援学校 中学部 2年｜ … 154
タブレット端末を活用したプロジェクト型学習
──SDGs（持続可能な開発目標）をテーマとして──
海老沢 穣　東京都立石神井特別支援学校

◆教科・領域◆ 総合的な学習の時間　体育科（保健）　国語科　社会科

もっと納豆！
3年2組のおとめ納豆を作ろう！

近藤 睦　横浜市立宮谷小学校

◎**ICT環境**　　教室内ネットワークでのタブレット端末一人1台、授業支援アプリ
　　　　　　　　外部ネットワークにつながるタブレット端末10台

本実践に至る経緯

　本校では15年前から健康教育についての授業研究に継続して取り組み、学校運営の中核としている。縦の軸として6年間を通して健康教育を積み、横の軸では教科等や行事を関連づけて単元を配列し、学んだ成果を日常生活に返していけるよう取り組んでいる。

　本実践は、学習指導要領告示からすぐの平成30年度のものである。「児童の資質・能力育成に向けて、主体的で対話的で深い学びとしての授業改善を図ること」に具体的なイメージを持ち、実践していくことにした。この年度は、食育を柱に教科等を関連させて配列し、それらを通して繰り返し問題解決のプロセスを踏む中で、知識を広げたり、児童自らの食生活について考え方を深めさせたりしたいと考えた。児童が教科等の学習や、様々な実体験から得た知識や見方・考え方を繰り出して対話し、児童自身の食生活につなげていくことを「本学級における深い学びの姿」と仮定した。

実践の概要

　本実践は、食育を中心に教科を横断した問題解決的な学びのプロセスの中で、学習の基盤となる資質・能力を育んでいこうとするカリキュラム・マネジメントの一事例である。

　本稿では、その一連のカリキュラムの中で**総合的な学習の時間**を構成した部分について中心に述べる。市内の納豆製造業者の支援のもとで納豆を作る体験を通して、手作りの納豆製造にこだわってきた職人の思いに触れ、次の3つを目指した。

❶ 問題を発見し、解決の方法を考えて物づくりを体験し、その結果から次の問題を見いだす
　学習プロセスを児童が意識して学習を進めていく主体的な学び

❷ 校内や地域に協力者を求め、得た知識や気づきについて問い直しを続けていく対話的な学び

❸ 教科を横断した授業デザインにおいて、教科の中で得た知識や見方・考え方を繰り出していく深い学び

単元構想

　横浜駅西口が学区という市街地に位置しており、校区は横浜市の繁華街を含んで、本校を底にしたすり鉢状の丘陵地に住宅が並ぶ。児童数が800名の中規模校である。本学級児童3年生36名は、学習全般に前向きで、素直に行動する児童が多かった。しかし、主体的に自ら考えて行動することより、教師の細やかな指示を求める姿が見られた。これは、様々な問題解決的な体験を重ねていないことも一因であると考えた。

　そこで単元を通して、自ら問題の発見をし、解決の方法を考えて体験して取り組み、結果から次の問題を見いだす問題解決のプロセスについて児童が自覚しながら学習を進めていく主体的な学び、外部や校内に協力者を求め、自ら情報を集め、その情報をもとに考えを伝え合い、自分たちなりの答えを見つけ、次の課題へとつなげていく対話的な学びの視点で授業改善を図りたいと考えた。そして、単元の終末には、自らの食生活について考える場面で、教科特有の見方・考え方に加えて、探究的な見方・考え方で思考できる深い学びへとつなげていきたいと考えた。

　児童は3年生として初めての**総合的な学習の時間**の目標について、身近な学級での関わりを意識している段階であった。この学級の児童は、お互いの関わり方や学級の目指す姿として、「一粒一粒の形（個性）はしっかりと残っているが、それぞれがたくさんの糸を伸ばし、一粒が離れそうになったらたくさんの糸が伸びてまとまる」納豆をイメージしていた。そこで「もっと納豆！」という目標に決定し、

　　「もっと仲良くなりたい。もっと心も体も健康な生活にしていきたい」
という目標を持って学習していくことにした。

　3学年の児童は全般に、これまでの体験および既知の知識がまだ乏しいため、話し合いの場面では互いの考えの裏づけとなる事柄を理解し合えないで終わることが多い。そのため、同じ土俵で深く話し合っていくために、社会科、国語科などの教科の学びを生かしていくことにした。これらの教科の内容を関連づけ、食品について知識・理解を重ねたり、食生活についての考え方を形作っていったりする中で、「食生活のバランスが良いとは何か」「豊かな食生活とは何か」について考えを伝え合う場面で、互いの考えを理解しやすくなることをねらって単元を配列し、構成していくことにした。

単元の流れ

✏ 本単元におけるカリキュラム・マネジメント

　表1は、小学校学習指導要領解説【総則編】[1] に掲載の現代的な諸課題に関する教科横断的な教育内容例の1つとして、食に関する教育について示したものである。小学校3年生から6年生までの様々な教科等の学習と関連づけていくことができることが示してある。また、中学校段階でも設定されており、この学習を通して身につけていくことが期待される資質・能力を段階的に高めていくことができると言える。**総合的な学習の時間**での探究課題の解決を通して育成を目指す具体的な資質・能力とは、各学校において定める学校教育目標に記された資質・能力を、課題に即して具体的に示したものである。地域、風土、文化などの学校を取り巻く諸条件を鑑みて、長期的な視野でこのような現代的な諸課題をテーマに学校全体で取り組んでいくことができれば、カリキュラム・デザインの柱となり得る。

　また**図1**は、平成30年度の宮谷小学校の食に関する全体計画（一部抜粋）であるが、このように特別活動や道徳、その他教科等の学習の中で計画的かつ日常的に進めているものである。カリキュラム・マネジメントは校内の様々な教育活動と合わせて考えていくことが必須である。

　これらを意識しながら、年度当初には次のような事柄を条件にして、学年で**表2**のような年間の学習暦を立てている。

❶ 学校教育目標および中期学校経営計画等を鑑み、学校づくりの一環となること。

❷ その学年の児童の発達段階、特徴、学力、学習状況や生活意識などの傾向から、特に育てていきたい資質・能力について考えること。

❸ 内容や活動が近しいだけではなく、各教科等で育成が期待できる資質・能力を見渡し、関連を図り、順序や時期を考慮して効果的な配列をすること。

❹ 校内とともに、地域の実態や環境、学習材となる施設、人、行事が活用できるようにすること。

❺ 学年を支える担任の教職員一人一人の願いや、抱える役割、個性や傾向、専門分野などから、期待できる事柄を見定めること。

❻ 校内のその他の多様な職員（ICT支援員、学校司書、栄養教諭、養護教諭、理科支援員、専科教職員、特別支援級教職員、技術員、英語ボランティアなど）に協力を仰げるよう共有すること。

❼ 抱えている問題、年間予定や予算なども含めた条件を鑑み、具体的に校内にコンセンサスを図り、可能な条件整備をすること。

H30宮谷小学校　食に関する全体計画

食を通して育てたい力

食の大切さがわかり、よりよい食生活をおくろうとする子

学校教育目標

「響き合う豊かな学びの中で自分を見つめ、互いに思いやる子どもを育てます」

○学び合う楽しさを知り、問題解決に向け、主体的に取り組む子を育てます。【学び合い】
○社会や学校の決まりを守り、やさしく思いやりのある子を育てます。【思い合い】
○お互いの生命と体を大切にし、生涯を通してよりよく健康な生活ができる子を育てます。【気づき合い】
○さまざまな人々と豊かなかかわり合いを大切にしながら、私たちのまちを誇りをもって生活する子を育てます。【かかわり合い】

横浜市の食育の目標

◆学校での活動を通じて、食の大切さを育てます。また、子ども一人ひとりに必要な支援を行います。
◆子どもを通じて、あるいは直接働きかけて、望ましい食の経験を提供できるよう家庭・地域との連携を図ります。

食育の目標
①食の重要性　②心身の健康　③食品を選択する力　④感謝の心　⑤社会性　⑥食文化

	個別支援	1年	2年	3年	4年	5年	6年
食教育の目標	食に関する心をもつ／食べ物を大切にしようとする	食べ物を大切にして好き嫌いなく食べようとする	食べ物の赤黄緑のはたらきがわかり好き嫌いなく食べようとする	昔からの食文化にふれながら、体によい3色の働きのある食べ物を食べようとする	食を通して自分を支えてくれる人々に感謝の気持ちを持ち、栄養のバランスを考えて食べ物を食べようとする	健康な生活を送るために、自分の食生活を見つめ、改善していこうとする	健康な生活を送るために、望ましい食習慣を形成しようとする

個別支援（教科等を合わせた指導）
生活単元学習
・夏野菜の収穫
・季節の野菜を作ろう
・おいしいきの野菜
日常生活の指導
・簡単な役割
・当番・係の仕事
・配膳、片付けの仕方
・あいさつ　等

教科書等の関連／教科等を合わせた指導

教科	3年（重点）	4年	5年	6年
健康 単元	・昔から伝わる行事食／・赤・黄・緑の食べ物のパワー〜調理実習〜／・体の大切な大豆の力／・目に注目／・カムカムパワーでステップアップ	・おいしさいっぱい旬のもの／・楽しいおやつ／・おいしい！1月でわくわく弁当／・シャキッと姿勢で元気な生活／・ほのかの強い元気な子	・見つめよう 私の食生活〜朝食編〜／・見つめよう 私の食生活〜おやつ編〜／・見つめよう 自分の未来の食生活をつくろう	・和食のよさ／・生活習慣を見直そう／・健康な自分の未来の食生活をつくろう
生活・総合	・上郷体験学習に向けて／・上郷体験学習から学んだこと／・10歳を祝う会に向けて		・富士体験学習／宮城体験学習「米を育てよう・調べよう・つくろう・食べよう」	・日光林間学校実行
国語	・すがたをかえる大豆	・調べたことを報告する文章を書こう／・リーフレットを作ろう	・生き物は円柱形／・わらぐつの中の神様	・カレーライス／・生き物はつながりの中に
社会	・学校にある工夫 〜森永豆工場で働く人の工夫と努力〜	・ごみはどこへ／・わたしたちの神奈川県	・資料から考える食べ物「米づくりのさかんな地域」「これからの食料生産」	・歴史事例／・世界の中の日本
算数	・ぼうグラフと表／・重さのはかり方と表し方	・折れ線グラフ	・割合を表すグラフ	・比と比の値
理科	・植物の育ち方	・季節と生き物の様子	・生命のつながり(1)(2)(4)	・生き物のくらしと環境／・人や動物の体
図工	・毎日の生活とりんご		・どんなふうに生活しているかな／・作っておいしく食べよう	・自分の朝ごはんを作ろう／・感謝の気持ちを伝えよう
体育（保健）	・育ちゆくからだとわたし		・生活のつながり／・心の健康	・病気の予防
道徳	1-(1) 2-(1)(4) 3-(1)(4) 3-(1)(2)(3)(6)	1-(2)(3)(5)(6)	1-(1)(2) 2-(1)(5) 3-(1)(2) 4-(1)(2)(4)	1-(1)(2) 2-(1)(3) 3-(1)(2) 4-(1)(2)(4)

※1年・2年欄（教科等）
国語：・かんさつ名人になろう／・楽しかった2年生（2年）、なかまづくり（1年）
算数：・ひょうとグラフ（2年）

特別活動

	4月	5月	6月	7月	8月	9月	10月	11月	12月	1月	2月	3月
学級活動 低学年		好き嫌いなく食べよう（2年）										
学級活動 中学年			よい姿勢（4年）			体によい食べ物（3年）	目の健康（3年）					
学級活動 高学年		見直そう毎日の食事（6年）				食物の実験（5年）						
学校行事	発育測定体力測定	歯科検診／歯科巡回指導	創立記念日／修学旅行（6年）	宿泊体験学習（5年）		宿泊体験学習（4年）	スポーツフェスタ／発育測定／楽しい給食（1年）／大切な歯（2年）	楽しい給食／バランスのよい食事（4年）	食事ワークショップ（6年）／人権週間	給食週間／大根引き（4年）	縄跳び大会（4年）／早寝早起き（5年）／中学生に向かって（6年）	卒業式／お別れ給食／ミツザワ農場／走ろう会

▲図1　H30宮谷小学校 食に関する全体計画（一部抜粋）

5

食に関する教育（現代的な諸課題に関する教科等横断的な教育内容）

本資料は，小学校学習指導要領における「食に関する教育」について育成を目指す資質・能力に関連する各教科等の内容のうち，主要なものを抜
各学校におかれては，それぞれの教育目標や児童の実態を踏まえた上で，本資料をカリキュラム・マネジメントの参考としてご活用ください。

| 総則 | 第2の2
(2) 各学校においては，児童や学校，地域の実態及び児童の発達の段階を考慮し，豊かな人生の実現や災害等を乗り越えて次代の社会を形成
した教育課程の編成を図るものとする。 |

総則	理科
第1 2 (3) 学校における体育・健康に関する指導を，児童の発達の段階を考慮して，学校の教育活動全体を通じて適切に行うことにより，健康で安全な生活と豊かなスポーツライフの実現を目指した教育の充実に努めること。特に，学校における食育の推進並びに体力の向上に関する指導，安全に関する指導及び心身の健康の保持増進に関する指導については，体育科，家庭科及び特別活動の時間はもとより，各教科，道徳科，外国語活動及び総合的な学習の時間などにおいてもそれぞれの特質に応じて適切に行うよう努めること。また，それらの指導を通して，家庭や地域社会との連携を図りながら，日常生活において適切な体育・健康に関する活動の実践を促し，生涯を通じて健康・安全で活力ある生活を送るための基礎が培われるよう配慮すること。 第5 1 イ 教育課程の編成及び実施に当たっては，学校保健計画，学校安全計画，食に関する指導の全体計画，いじめの防止等のための対策に関する基本的な方針など，各分野における学校の全体計画等と関連付けながら，効果的な指導が行われるように留意するものとする。	〔第4学年〕 B 生命・地球 (1) 人の体のつくりと運動 　人や他の動物について，骨や筋肉のつくりと働きに着目して，それらを関係付けて調べる活動を通して，次の事項を身に付けることができるよう指導する。 　ア 次のことを理解するとともに，観察，実験などに関する技能を身に付けること。 　　(ｱ) 人が体を動かすことができるのは，骨，筋肉の働きによること。 　イ 人や他の動物について追究する中で，既習の内容や生活経験を基に，人や他の動物の骨や筋肉のつくりと働きについて，根拠のある予想や仮説を発想し，表現すること。 〔第5学年〕 B 生命・地球 (1) 植物の発芽，成長，結実 　植物の育ち方について，発芽，成長及び結実の様子に着目して，それらに関わる条件を制御しながら調べる活動を通して，次の事項を身に付けることができるよう指導する。 　ア 次のことを理解するとともに，観察，実験などに関する技能を身に付けること。 　　(ｱ) 植物は，種子の中の養分を基にして発芽すること。 　　(ｲ) 植物の成長には，日光や肥料などが関係していること。 　イ 植物の育ち方について追究する中で，植物の発芽，成長及び結実とそれらに関わる条件についての予想や仮説を基に，解決の方法を発想し，表現すること。 (2) 動物の誕生 　動物の発生や成長について，魚を育てたり人の発生についての資料を活用したりする中で，卵や胎児の様子に着目して，時間の経過と関係付けて調べる活動を通して，次の事項を身に付けることができるよう指導する。 　ア 次のことを理解するとともに，観察，実験などに関する技能を身に付けること。 　　(ｱ) 人は，母体内で成長して生まれること。 　イ 動物の発生や成長について追究する中で，動物の発生や成長の様子と経過についての予想や仮説を基に，解決の方法を発想し，表現すること。

社会科	〔第6学年〕 B 生命・地球 (1) 人の体のつくりと働き 　人や他の動物について，体のつくりと呼吸，消化，排出及び循環の働きに着目して，生命を維持する働きを多面的に調べる活動を通して，次の事項を身に付けることができるよう指導する。 　ア 次のことを理解するとともに，観察，実験などに関する技能を身に付けること。 　　(ｱ) 食べ物は，口，胃，腸などを通る間に消化，吸収され，吸収されなかった物は排出されること。 　　(ｲ) 血液は，心臓の働きで体内を巡り，養分，酸素及び二酸化炭素などを運んでいること。 　　(ｳ) 体内には，生命活動を維持するための様々な臓器があること。 　イ 人や他の動物の体のつくりと働きについて追究する中で，体のつくりと呼吸，消化，排出及び循環の働きについて，より妥当な考えをつくりだし，表現すること。 (3) 生物と環境 　生物と環境について，動物や植物の生活を観察したり資料を活用したりする中で，生物と環境との関わりに着目して，それらを多面的に調べる活動を通して，次の事項を身に付けることができるよう指導する。 　ア 次のことを理解するとともに，観察，実験などに関する技能を身に付けること。 　　(ｲ) 生物の間には，食う食われるという関係があること。 　イ 生物と環境について追究する中で，生物と環境との関わりについて，より妥当な考えをつくりだし，表現すること。
〔第5学年〕 (2) 我が国の農業や水産業における食料生産について，学習の問題を追究・解決する活動を通して，次の事項を身に付けることができるよう指導する。 　ア 次のような知識及び技能を身に付けること。 　　(ｱ) 我が国の食料生産は，自然条件を生かして営まれていることや，国民の食料を確保する重要な役割を果たしていることを理解すること。 　　(ｲ) 食料生産に関わる人々は，生産性や品質を高めるよう努力したり輸送方法や販売方法を工夫したりして，良質な食料を消費地に届けるなど，食料生産を支えていることを理解すること。 　イ 次のような思考力，判断力，表現力等を身に付けること。 　　(ｱ) 生産物の種類や分布，生産量の変化，輸入など外国との関わりなどに着目して，食料生産の概要を捉え，食料生産が国民生活に果たす役割を考え，表現すること。 　　(ｲ) 生産の工程，人々の協力関係，技術の向上，輸送，価格や費用などに着目して，食料生産に関わる人々の工夫や努力を捉え，その働きを考え，表現すること。 　　┌ ※アの(ｱ)及びイの(ｲ)については，食料生産の盛んな地域の具体的事例を通して調べることとし，稲作のほか，野菜，果物，畜産物，水産物などの中から一つを取り上げること。┐ 　　┌ ※イの(ｲ)及び(ｲ)については，消費者や生産者の立場などから多角的に考えて，これからの農業などの発展について，自分の考えをまとめることができるよう配慮すること。┐	**家庭科**
	〔第5学年及び第6学年〕 B 衣食住の生活 (1) 食事の役割 　ア 食事の役割が分かり，日常の食事の大切さと食事の仕方について理解すること。 　イ 楽しく食べるために日常の食事の仕方を考え，工夫すること。 (2) 調理の基礎 　ア 次のような知識及び技能を身に付けること。 　　(ｱ) 調理に必要な材料の分量や手順が分かり，調理計画について理解すること。 　　(ｲ) 調理に必要な用具や食器の安全で衛生的な取扱い及び加熱用調理器具の安全な取扱いについて理解し，適切に使用できること。 　　(ｳ) 材料に応じた洗い方，調理に適した切り方，味の付け方，盛り付け，配膳及び後片付けを理解し，適切にできること。 　　(ｴ) 材料に適したゆで方，いため方を理解し，適切にできること。 　　［※(2)のアの(ｴ)については，ゆでる材料として青菜やじゃがいもなどを扱うこと。］ 　　(ｵ) 伝統的な日常食である米飯及びみそ汁の調理の仕方を理解し，適切にできること。 　　［※(ｵ)については，和食の基本となるだしの役割についても触れること。］ 　イ おいしく食べるために調理計画を考え，調理の仕方を工夫すること。 (3) 栄養を考えた食事 　ア 次のような知識を身に付けること。 　　(ｱ) 体に必要な栄養素の種類と主な働きについて理解すること。 　　［※(3)のアの(ｱ)については，五大栄養素と食品の体内での主な働きを中心に扱うこと。］ 　　(ｲ) 食品の栄養的な特徴が分かり，料理や食品を組み合わせてとる必要があることを理解すること。 　　(ｳ) 献立を構成する要素が分かり，1食分の献立作成の方法について理解すること。 　　［※(ｳ)については，献立を構成する要素として主食，主菜，副菜について扱うこと。］ 　イ 1食分の献立について栄養のバランスを考え，工夫すること。 　　┌ ※食に関する指導については，家庭科の特質に応じて，食育の充実に資するよう配慮すること。また，第4学年までの食に関する学習との関連を図ること。┐ 第3 3 (3) 調査に用いる食品については，生の魚や肉は扱わないなど，安全・衛生に留意すること。また，食物アレルギーについても配慮すること。

6

粋し、通覧性を重視して掲載したものです。

することに向けた現代的な諸課題に対応して求められる資質・能力を，教科等横断的な視点で育成していくことができるよう，各学校の特色を生か

体育科	特別の教科　道徳
〔第3学年及び第4学年〕 G　保健 (1) 健康な生活について，課題を見付け，その解決を目指した活動を通して，次の事項を身に付けることができるよう指導する。 ア　健康な生活について理解すること。 　(ｱ) 心や体の調子がよいなどの健康の状態は，主体の要因や周囲の環境の要因が関わっていること。 　(ｲ) 毎日を健康に過ごすには，運動，食事，休養及び睡眠の調和のとれた生活を続けること，また，体の清潔を保つことなどが必要であること。 イ　健康な生活について課題を見付け，その解決に向けて考え，それを表現すること。 (2) 体の発育・発達について，課題を見付け，その解決を目指した活動を通して，次の事項を身に付けることができるよう指導する。 ア　体の発育・発達について理解すること。 　(ｱ) 体は，年齢に伴って変化すること。また，体の発育・発達には，個人差があること。 　(ｲ) 体は，思春期になると次第に大人の体に近づき，体つきが変わったり，初経，精通などが起こったりすること。また，異性への関心が芽生えること。 　(ｳ) 体をよりよく発育・発達させるには，適切な運動，食事，休養及び睡眠が必要であること。 イ　体がよりよく発育・発達するために，課題を見付け，その解決に向けて考え，それを表現すること。 　〔※(1)については，学校でも，健康診断や学校給食など様々な活動が行われていることについて触れるものとする。 　※各領域の各内容については，運動と健康が密接に関連していることについての具体的な考えがもてるよう指導する。 〔第5学年及び第6学年〕 G　保健 (3) 病気の予防について，課題を見付け，その解決を目指した活動を通して，次の事項を身に付けることができるよう指導する。 ア　病気の予防について理解すること。 　(ｱ) 病気は，病原体，体の抵抗力，生活行動，環境が関わりあって起こること。 　(ｲ) 病原体が主な要因となって起こる病気の予防には，病原体が体に入るのを防ぐことや病原体に対する体の抵抗力を高めることが必要であること。 　(ｳ) 生活習慣病など生活行動が主な要因となって起こる病気の予防には，適切な運動，栄養の偏りのない食事をとること，口腔の衛生を保つことなど，望ましい生活習慣を身に付ける必要があること。 　(ｴ) 地域では，保健に関わる様々な活動が行われていること。 イ　病気を予防するために，課題を見付け，その解決に向けて思考し判断するとともに，それらを表現すること。 第3 2 (10) 保健の内容のうち運動，食事，休養及び睡眠については，食育の観点も踏まえつつ，健康的な生活習慣の形成に結び付くよう配慮するとともに，保健を除く第3学年以上の各領域及び学校給食に関する指導においても関連した指導を行うようにすること。	〔第1学年及び第2学年〕 A　主として自分自身に関すること 〔節度，節制〕 　健康や安全に気を付け，物や金銭を大切にし，身の回りを整え，わがままをしないで，規則正しい生活をすること。 B　主として人との関わりに関すること 〔感謝〕 　家族など日頃世話になっている人々に感謝すること。 C　主として集団や社会との関わりに関すること 〔伝統と文化の尊重，国や郷土を愛する態度〕 　我が国や郷土の文化と生活に親しみ，愛着をもつこと。 D　主として生命や自然，崇高なものとの関わりに関すること 〔生命の尊さ〕 　生きることのすばらしさを知り，生命を大切にすること。 〔第3学年及び第4学年〕 A　主として自分自身に関すること 〔節度，節制〕 　自分でできることは自分でやり，安全に気を付け，よく考えて行動し，節度のある生活をすること。 B　主として人との関わりに関すること 〔感謝〕 　家族など生活を支えてくれている人々や現在の生活を築いてくれた高齢者に，尊敬と感謝の気持ちをもって接すること。 C　主として集団や社会との関わりに関すること 〔伝統と文化の尊重，国や郷土を愛する態度〕 　我が国や郷土の伝統と文化を大切にし，国や郷土を愛する心をもつこと。 D　主として生命や自然，崇高なものとの関わりに関すること 〔生命の尊さ〕 　生命の尊さを知り，生命あるものを大切にすること。 〔第5学年及び第6学年〕 B　主として人との関わりに関すること 〔感謝〕 　日々の生活が家族や過去からの多くの人々の支え合いや助け合いで成り立っていることに感謝し，それに応えること。 C　主として集団や社会との関わりに関すること 〔伝統と文化の尊重，国や郷土を愛する態度〕 　我が国や郷土の伝統と文化を大切にし，先人の努力を知り，国や郷土を愛する心をもつこと。 D　主として生命や自然，崇高なものとの関わりに関すること 〔生命の尊さ〕 　生命が多くの生命のつながりの中にあるかけがえのないものであることを理解し，生命を尊重すること。

特別活動
〔学級活動〕 (2) 日常の生活や学習への適応と自己の成長及び健康安全 エ　食育の観点を踏まえた学校給食と望ましい食習慣の形成 　給食の時間を中心としながら，健康によい食事のとり方など，望ましい食習慣の形成を図るとともに，食事を通して人間関係をよりよくすること。 〔学校行事〕 (3) 健康安全・体育的行事 　心身の健全な発達や健康の保持増進，事件や事故，災害等から身を守る安全な行動や規律ある集団行動の体得，運動に親しむ態度の育成，責任感や連帯感の涵養，体力の向上などに資するようにすること。 (5) 勤労生産・奉仕的行事 　勤労の尊さや生産の喜びを体得するとともに，ボランティア活動などの社会奉仕の精神を養う体験が得られるようにすること。

生活科	総合的な学習の時間
〔第1学年及び第2学年〕 〔学校，家庭及び地域の生活に関する内容〕 (2) 家庭生活に関わる活動を通して，家庭における家族のことや自分でできることなどについて考えることができ，家庭での生活は互いに支え合っていることが分かり，自分の役割を積極的に果たしたり，規則正しく健康に気を付けて生活したりしようとする。 (3) 地域に関わる活動を通して，地域の場所やそこで生活したり働いたりしている人々について考えることができ，自分たちの生活は様々な人や場所と関わっていることが分かり，それらに親しみや愛着をもち，適切に接したり安全に生活したりしようとする。 〔身近な人々，社会及び自然に関わる活動に関する内容〕 (5) 身近な自然を観察したり，季節や地域の行事に関わったりするなどの活動を通して，それらの違いや特徴を見付けることができ，自然の様子や四季の変化，季節によって生活の様子が変わることに気付くとともに，それらを取り入れ自分の生活を楽しくしようとする。 (7) 動物を飼ったり植物を育てたりする活動を通して，それらの育つ場所，変化や成長の様子に関心をもって働きかけることができ，それらは生命をもっていることや成長していることに気付くとともに，生き物への親しみをもち，大切にしようとする。	3 (5) 目標を実現するにふさわしい探究課題については，学校の実態に応じて，例えば，国際理解，情報，環境，福祉・健康などの現代的な諸課題に対応する横断的・総合的な課題，地域の人々の暮らし，伝統と文化など地域や学校の特色に応じた課題，児童の興味・関心に基づく課題などを踏まえて設定すること。

▲表1　食に関する教育（現代的な諸課題に関する教科等横断的な教育内容）
出典：文部科学省 [1]　PDF版 240-241

7

平成３０年度　教育活動年間計画　第３学年

月	４月	５月	６月	７月	８月	９月	１０月	１１月	１２月	１月	２月	３月
主たる学校行事等	前期始業式　発育測定　1年生を迎える会	歯科検診　なかよし遠足　体力テスト	開校記念日　プール開き			総合防災訓練	前期終業式・後期始業式　秋休み・発育測定　スポーツフェスタ	西区音楽祭		書き初め会	三ツ沢走ろう会　市学習状況調査	卒業生を送る会　卒業式・修了式
領域（健・食・体・心）	食・体・心	体	食・体	食	食	体	心	心	食	体	食	食・体・心
健康	「見つけよう　元気が出る生活」	「見直そう　昔から伝わる行事食」	「目に注目」「見直そう　昔から伝わる行事食」			「体からのパワーでステップアップ」		「自分が好き　友達が好き」	「見直そう　昔から伝わる行事食」	「見直そう　昔から伝わる行事食」		「ふり返ろう　リズムある生活」
体育	かけっこ・リレー　体づくり運動	ティーボール　マット運動	浮く・泳ぐ運動　保健	浮く・泳ぐ運動　保健		浮く・泳ぐ運動　保健　鉄棒運動	スポーツフェスタに向けて（表現、力試し運動）（走・跳）	幅跳び　小型ハードル　体づくり運動　表現運動	小型ハードル　サッカー　跳び箱運動	ミニサッカー　跳び箱運動　大工	ベース走　タグラグビー　跳び箱運動	タグラグビー　体づくり運動
総合給食等・栄養指導	食べ物のゆくえ	ごはん・パンは脳のエネルギー	歯を作る食べ物	夏のおやつ		朝ごはんを食べよう	骨の成長	よくかもう	おせち料理	給食週間	ふれあい給食	おかわり給食
総合的な学習の時間・生活					めざそう　リズムある生活							みんなで楽しく　かぜに負けない食べ物
								未来のまち今のまちの友だちに今のまちを伝えよう				
国	たんけん・はっけん・わたしたちのまち	漢字の組み立て方を学ぼう	まちのよさを見つけよう　進め！みやがやたんけん隊	わたしたちのまちのまわり・西区を絵地図にまとめよう	漢字の組み立て方を学ぼう①	事実を学ぼう②	まちの人たちの仕事・西区はどんなまち	みやがやのお店発見隊	「生きる力」　ひらがなの事典を学ぼう	文字の配列を学ぼう	みんなでさがそう　昔のくらし	まとめ　浅間神社のおまつりのお話がしって何だろう？
書写	筆と水の大陽	まっすぐ正しく書こう	筆使いを学ぼう①			調べを楽しもう		すがたをかえる大豆			みんなでさがそう　昔の	モチモチの木
社	気持ちのよい言葉学校が好き	気持ちのよい言葉　学校が好き	気になる記号	夏の楽しみ　伝えよう、楽しい学校生活	大きい数のしくみ　かけ算の筆算（1）	調べを楽しもう　伝えよう、楽しい学校生活	まちの人たちの仕事・西区を調べよう〜お店（スーパーマーケット）の人気のひみつ	すがたをかえる大豆　食べ物のひみつを教えます	三年とうげ　たから島のぼうけん　言葉を順序する	コンピューターのローマ字入力　ことわざについて調べよう	みんなてさがそう　昔のくらし	三角形と角　ぼうグラフと表　そろばん
算	かけ算　時こくと時間のもとめ方	長さのはかり方　わり算	あまりのあるわり算　暗算	あまりのあるわり算	大きい数のしくみ　かけ算の筆算（1）	大きい数のわり算　小数	大きい数のわり算　小数	重さのたんいとはかり方　円と球	分数	□を使った式　かけ算の筆算（2）	かけ算の筆算（2）　三角形と角	三角形と角　ぼうグラフと表　そろばん
理	しぜんのかんさつ　植物を育てよう	かげと太陽	ぐんぐんのびろ　チョウを育てよう	チョウを育てよう　花がさいた	こん虫のからだ　実がをできる	ものの重さを調べよう	ゴムのはたらき　風のはたらき	明かりをつけよう	じしゃくのひみつ	でこぼこもようのなかまたち	光で遊ぼう
音	明るい歌声をひびかせよう	リコーダーとなかよしになろう	リコーダーとなかよしになろう	組む音がれいなかよしになろう	拍のながれにのってリズムをかんじとろう	いろいろな音のひびきをかんじとろう	せんりつのとくちょうをかんじとろう	にじんな色の世界　いろいろな音のひびき　ザ、ザ、ザ	のこきりびいて、ザ、ザ、ザ	てくぼことものうでのなかまたち	日本の音楽に親しもう	音を合わせて楽しもう
図	絵の具と水のハーモニー	光と色のファンタジー　はたらくわたしたちのまち	小さな角の物語ひみつのへんしんショー	気持ちをすごうさいいままでにない	かんじやすいやさしい心の色　正直な	命がかがいて言えなかった話　いろいろな色の世界	本当の強さとはつながる命　よく言えなかった人にゆずる心	命のかがやきいろいろな色の世界	家族を思う・家族の大切さ日本の文化	気持ちのよい挨拶をするおおきとう	よく考えて命、大切に公平に	にこにこぺんとうペタンコランチ
道徳	気持ちのよい言葉　思いやりの心	あいさつをしよう	この数字はいくつ	この数字はいくつ	ひたむきな心相手の気持ちを大切に	相手の気持ちを大切に　目の健康	相手の気持ちを大切に　目の健康	かんじやすいやさしい心	'Brown Bear' を読もう	気持ちのよい挨拶をする	だんだんできた	自分たちの町を大切に相手の気持ちを考えて
YICA[※]	学級目標や係を決めよう　3年生になって	絵の具と水のハーモニー	明るい歌声をひびかせよう	スマイル発表会でクラスのよさを発表しよう	気持ちのよいくらしコーナーを工夫しよう好き嫌いってしてない　ほうがいいの？	学級新聞にのせるコーナーを決めよう	係のコーナーの使い方を決めよう目の健康	ものしり探検ブック　作り方を決めよう　資料の探し方	'Brown Bear' を読もう	いろいろな探検ブック　パワーアップしよう　に何を書くか決めよう	日本の音楽に親しもう　だんだんできた	自分たちの町を大切に　人の心を受け取って相手の気持ちを考えて
特活	日直の仕事を通してなるといろな仕事の仕事を考えよう　宮づくりアップ大作戦	日直や正しく生活命のふしぎわたしたちの文化	まそく正しく生活命のふしぎわたしたちの文化			学級新聞にのせるコーナーを決めよう　友だちのよさを広げよう係見を発見しよう	係のコーナーの使い方を工夫しよう目の健康	ものしり探検ブックの作り方を決めよう資料の探し方	係の活動をさらにパワーアップしよう　かんしゃの手紙に何を書くか決めよう	クラスの〇〇〇オリンピックの種目を決めよう	思い出のアルバムの内容を考えよう気持ちのよい言葉づかい	みんなが楽しめるようなドッジボール大会のルールを決めよう　買い物ごっこをしよう

▲表2　年度当初に計画する学年暦

※Yokohama International Communication Activities（横浜国際コミュニケーション活動）。

本単元の概略

　図2は、課題解決のプロセスをらせん状に表している。大まかな流れとして、保健の学習における健康な生活は、規則正しいリズムのある生活の中で「栄養　運動　睡眠・休養　清潔」について整えていく必要があることを知るところからスタートする。この知識を深い学びに変えていくため、様々な場面で課題解決を重ねていった。その中で特に食育の部分を重点的に取り扱った。主に3つの課題解決のプロセスで構成している。このような図は、まだ単元の構想中であっても、できるだけ年度当初に作成してみる。学習の計画段階において、できるだけ早期に各部署に理解を求めておくことは重要な事柄となる。そのために、想定段階での課題解決のプロセスを図に示してみることで、単元の文脈を整理し、理解や協力を頼みたい内容が可視化しやすくなる。これらは固定したものではなく、学習していく中で作り変えながら進めていく。

実際の単元の流れ

　単元配列と、主に育てたい資質・能力について**表3**に示す。

関連のある教科・単元（全42時間）					主に育てたい資質・能力
健康（保健・特別活動）	総合的な学習の時間	社会科	国語科	理科・算数科などの関連した内容	
				算数『かけ算の筆算』『表とグラフ』『はかり』	プログラミング的思考力・データの活用力・量の測定と測定方法の理解
				理科『ものの重さ』『電流のはたらき』	物質・エネルギーの理解力
			『食べ物のひみつを教えます』（9時間）		情報活用能力（課題設定・情報収集・整理分析・説明する力）・言語活用能力
		物を作る仕事『中村さんとおとめ納豆』（5時間）			生産の仕事について追究・解決し、地域の人々の暮らしに関連させて考える力
	『もっと納豆！3年2組のおとめ納豆を作ろう』（9時間　課外も含む）				情報活用能力（課題設定・情報収集・整理分析・表現する力・プログラミング的思考）
保健『健康な生活』（4時間）					健康についての見方・考え方
					健康な生活習慣を続けようとする態度
特活：給食指導『健康（食）：バランスの良い食事』（5時間）					問題発見・解決能力（生活の中で問題を見いだす力・データの活用力・健康な生活習慣を続けようとする態度）

▲表3　単元構成図（単元配列・主に育てたい資質・能力）

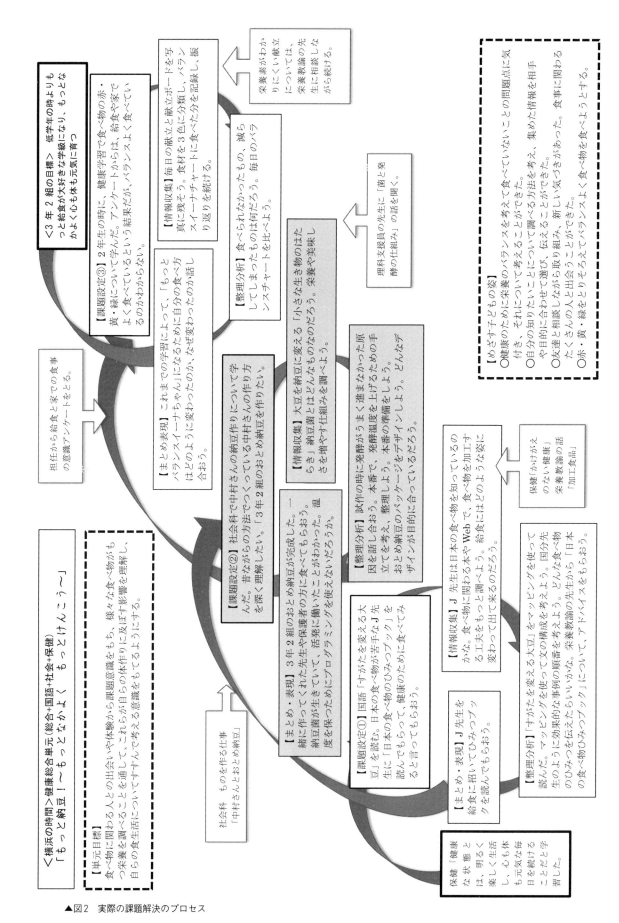

▲図2　実際の課題解決のプロセス

✎ 体育科（保健） 健康な生活（4時間）

　まず健康教育としては、3年生から始まる保健で『健康な生活』の単元に取り組む。健康について定義づけし、毎日を健康に過ごすためには運動、食事、休養および睡眠の調和のとれた生活を続けることや、体の清潔を保つことが必要であることを学ぶ。さらに、健康な生活について課題を見つけ、その課題解決に向けて考え、表現する。この課題解決の部分を、特別活動や日常の生活に合わせて、**総合的な学習の時間**において取り組んでいくことにした。

✎ 国語科　すがたをかえる大豆 ［読むこと］
　　　　　J先生に日本の食べ物のひみつを教えます ［書くこと］
　　　　　（複合単元　合計9時間）

　国語科では、『すがたをかえる大豆』（昔から日本では加工する工夫をして、おいしく栄養豊かな大豆を食べてきた知恵の素晴らしさを伝える説明文）を読み、続いて複合単元である『食べ物のひみつを教えます』で食品の加工の工夫について調べて書くという学習を行うことにした（**写真1**）。教材文では中心となる食品として大豆が取り上げられており、その多岐にわたる加工により、様々に姿を変えた加工食品となることが書かれている。1つ1つの加工によって、保存性だけでなく味も栄養価も増し、そこに昔からの知恵が生きている。児童は、この日本食文化の素晴らしさを日本食が苦手な外国人講師Jに向けて伝えた（**写真2**）。

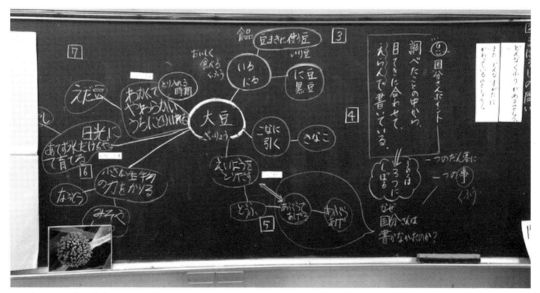

▲写真1　説明文の構成を考える場面の板書

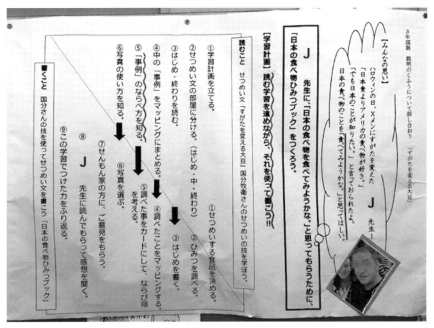

▲写真2　国語の単元のめあてと学習計画

●課題の設定

　児童らは教材文から、食品を加工する技術や発酵の加工によって栄養価を増すことなどに深い興味を持ち、価値を感じるようになっていた。児童らにとって、古くからの日本食の素晴らしい知恵について聞いてほしい相手は、以前から給食で日本の食べ物が苦手な様子を見せていた外国人講師だった。おいしさだけでなく、含まれる栄養や、食べることで期待できる効果について知れば、きっと食べてみたいという気持ちになってもらえるのではないかという目的意識を持った。

●情報の収集

　さっそく、児童らは外国人講師が日本の食べ物について何を知っているのかインタビューに取り掛かった。相手意識を明確にして、それぞれが紹介したい食品を決めることができた。学校司書に相談にいき、食品を加工することについて書かれた図書を教室に集めるとともに、レファレンスを受けながら情報を収集した。毎日の献立や、栄養教諭から出されている給食献立についてのお便りに注目するようになった。また、栄養教諭

▲写真3　栄養教諭に質問する児童

や、配膳のために教室に訪れた給食調理員にも積極的に質問する姿が見られた（**写真3**）。

●整理・分析

　集めた情報から何を選んで事例とするか検討するときには、外国人講師への相手意識、目的意識を持って選択していくことができた。書き上がった説明文を、まず栄養教諭に読んでもらい、監修を頼みたいという意見が出た。読み手に正しい情報を伝えようとする児童らの目的意識の強さが表れている。

●まとめ・表現

　外国人講師に説明文を読んでもらってからの学習でも、日本の食べ物について知らせる活動は自発的に続いた。行事食として、おせち料理について調べたときにも、授業で教室を訪れた外国人講師に、調べた料理について積極的に説明する児童の姿が見られていた（**写真4**）。

▲写真4　外国人講師に説明する児童

✎ 社会科　物を作る仕事『中村さんとおとめ納豆』（5時間）

　社会科では、『物を売る仕事』『物を作る仕事』と単元が続く。「3年生では、給食に出る納豆を作っている納豆工場に見学に行く」と楽しみにしている児童が多かった。しかし、大豆を使った食品加工を題材にした国語の教材に関連づけて、社会科でも取り扱ってきていた近隣の納豆工場が廃業したという連絡を受けた。繁華街に近い学区では、様々な形態の「売る仕事」についての見学はしやすいが、「作る仕事」としては、適切な製造業も少なく、農地もない。市内の食品メーカーの大工場が改装工事のために見学を募集しないということもあり、この年度については見学を諦め、代替となる手だてを考えていくことにした。

●課題把握

　『物を売る仕事』で近隣のスーパーマーケットを見学したとき、広い売り場に36種類もの納豆製品が並んでいた理由を考え、話し合った。それぞれの家庭から持ち寄った納豆の包装パッケージを見比べると、値段も量も様々で、それぞれの商品に特徴があり、日本全国の工場で作られていた。各家庭がいつも購入する納豆は、大体決まっていることから、様々なお客の好みに合わせて36種類もの品ぞろえをしていると結論づけた。しかし、その中に横浜市で製造された納豆が一種類もないことに疑問が生まれた。

●課題追究

　様々に調べていく中で、横浜市内にただ1つ、手作りの納豆を製造している「中村五郎商

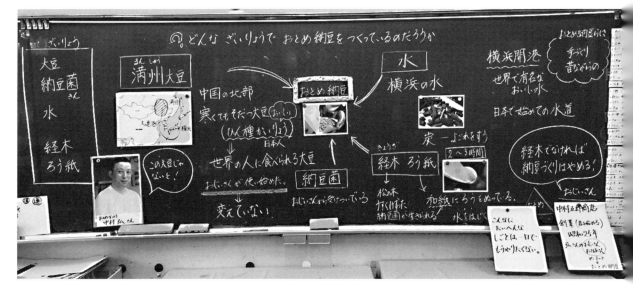

▲写真5　社会科『物を作る仕事』課題追究場面の板書

店」[2]があることがわかった。手作りのために製造個数が少なく、卸している店舗も数店舗に限られているが、運良くそのうちの1つが、学区のすぐそばの商店街にある食品店であることもわかった。このことから、次の『物を作る仕事』の単元では、この納豆を製造している中村さんにつなげていくことにした（**写真5**）。

　教師の教材研究の段階では、『物を売る仕事』でスーパーマーケットと商店街の特徴を考える計画をしていたので、スムーズに学習をつなげていけると考えていた。このような経緯から、『物を作る仕事』の学習は、バーチャル工場見学の動画を中心にした大規模工場の製造過程と、「中村五郎商店」の職人が作る納豆製造との比較で捉えていった。

　『中村さんとおとめ納豆』については、社会科で扱うための資料集を教師が制作して配布した（**写真6**）。

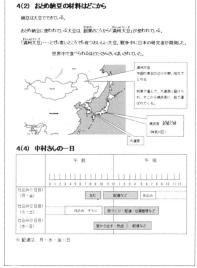
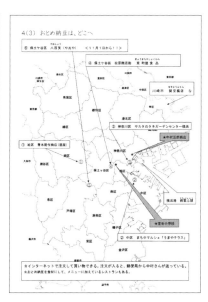

▲写真6　教師が自作した資料集

地図などの空間的な資料、仕事のスケジュールなどの時間的な資料、グラフ、職人の思いが読み取れるようなインタビュー内容などを掲載し、必要な情報を取り出せるようにした。中村さんが製造する工程がすべて手作業なのに対して、大規模工場の動画ではオートメーション化された機械が使われている様子を比較することができた。反対に、衛生面に気を配っているところは共通であることもおさえることができた。

また、限られた販路の他にオンラインで注文を受けていること、中村さんの商店の材料となる大豆は先代から変わらず満州で日本人が開発した「満州大豆」にこだわって輸入していることなどから海外とのつながりについて学ぶこともできた。

●課題解決

児童らは、スーパーの売り場にたくさん並んでいた納豆は、大量の商品を安定供給できる大規模工場から届いたものであることが理解できた。

また、職人の中村さんが小さい頃にはたくさんあった納豆製造の商店や工場が、横浜市内では唯一になってしまった理由も見えてきた。今も経木（きょうぎ）で手包みする中村さんの昔ながらの製造にこだわる姿勢や、おとめ納豆を選んで求めるお客さんに向けての言葉に、児童らの心は強く動かされていた。近くの商店街まで、保護者を伴って買いに行く児童が増え、おとめ納豆を扱っているお店の店主に熱心に取材する姿が見られていた。

✎ 総合 もっと納豆！三の二郎商店のおとめ納豆を作ろう（9時間）

社会科に続いて**総合的な学習の時間**には、手作業で納豆を製造する「中村五郎商店」の中村さんに協力していただき、実際に児童が納豆を製作した。中村さんは、祖父の時代からの昔ながらの方法にこだわって手作業で納豆を製造し、経木と呼ばれる昔ながらのパッケージで販売している。児童らは中村さんの仕事に向ける情熱に触れ、その生き方や願いを学びたいと願った。

この活動の前に、意図的に算数科の棒グラフや上皿はかりの学習、理科では温度計や物の重さの学習を終えるようにした。

●情報の収集

（1）菌ってなあに

児童らは社会科の学習で、納豆の製造過程について大まかな知識を得ていた。そこでまず、そのとき一番不思議に感じていた納豆菌そのものや、その働きについて調べることにした。

理科支援員のMさんは、前職は製薬会社の研究員で、ウイルスや菌の研究で博士号を取得した専門家だった。そこで、児童らの疑問に答えてもらった（**写真7**）。空気中にも、人間の体内にも様々な細菌が存在していることや、非常に強い納豆菌の特徴についてわかりやすく話し

てもらった。児童はここで一番活性化する温度は細菌ごとに違い、納豆菌では40〜42度であることを知った。健康教育の中ではこれよりも以前に、腸内の菌の働きと大便の習慣についての学習も終えていたので、3年生でも見えない生物についてイメージしやすかった。

 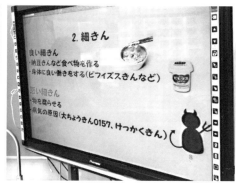

▲写真7　理科支援員の指導場面

(2) おとめ納豆を作る計画を立てよう

　納豆製作に向けて、「中村五郎商店」の中村さんに関わってもらいながら、すべて手作業で行うことを全員で確認した。中村さんから納豆を入れる容器については、プラ容器の方が失敗は少ないというアドバイスをもらったところで、大きく意見が分かれた。どうしても中村さんと同じ大豆、同じ経木を使って製作したいという意見の児童の説得によって、包み方を練習していくことになった。動画や分解写真を頼りに、休み時間にも児童それぞれが何回も教え合ったり見せ合ったりしながら画用紙を使って練習する姿が見られた。

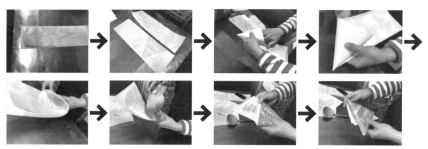

▲写真8　納豆を経木で包む手順

　また、自分たちオリジナルの包装紙をデザインすることにした。話し合いの末に、このプロジェクトの学級キャラクターを配置した手作りの包装紙に決定し、1枚1枚みんなで製作を始めていた（**写真9**）。

　並行して児童らは、専門的な工場ではなく家や学校で納豆を作るとき、どんな方法が良いのか、どん

▲写真9　学級で考えた包装紙

な道具を使うと良いのかについて調べていた。ある児童は祖父の家に遊びに行き、祖父らに藁苞（わらづと）を作ってもらっていた。祖父や祖母が小さい頃から冬になるとコタツの中で納豆を発酵させていて、それは母や叔父が小さい頃も続いていたという。親戚家族を巻き込んで作ってきた藁苞には、何もしなくても納豆菌がいるという報告を聞き、本当に煮た大豆を包んで保温すれば、それだけで納豆ができるのか試してみることにした（**写真10**）。

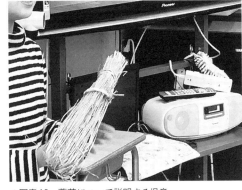

▲写真10　藁苞について説明する児童

(3) 失敗から学ぶ

　まず児童が調べてきた方法で試作をしてみたところ、発酵がうまく進まず、まったく粘りが出なかった。中村さんに相談すると、

　　「保温する温度が40度に保てていないのではないか。」

というアドバイスをもらった。この課題を解決するために、児童らは別の方法を調べ直した。調べ直した事柄からアイディアを出し合うときには、菌について学んだことや、先行して理科で学習した温度についての知識を生かしていた（**写真11**）。

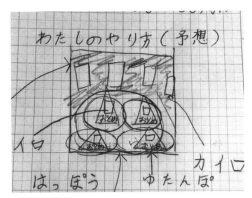

▲写真11　考えを書いた児童の自主学習ノート

▲写真12　総合的な学習の時間　問題解決の場面の板書

（4）納豆づくり

　実際の製作の前日には、一粒一粒の大豆の選別を全員で行った。その作業では、児童が予想したよりもはるかに多い「使用できない大豆」があった。児童らはとても長い時間をかけて全員で取り組んだが、

　　「この作業を中村さんは一人で毎日やっているんだね。」

　　「メーカーの工場には選別機があったのに。」

など、社会科で学習したことを振り返りながら作業することができた。

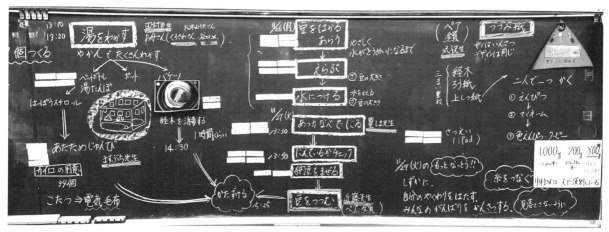

▲写真13　総合的な学習の時間　手順を話し合う場面の板書

▲写真14　納豆製作の様子

　大豆を圧力鍋で煮たり、経木に包んだりする作業は3年生には難しかったが、栄養教諭や理科支援員、個別学級担任や、保護者ボランティアなどに支援してもらい、安全に行うことができた。しかし児童の心配は、ここからの発酵場面である。試作のときと比べて、ペットボトルを湯たんぽにしたり、毛布で温めたり、持ち寄ったカイロを箱の内側に貼った

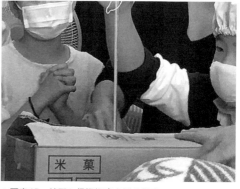

▲写真15　納豆の保温温度を測る児童

りした（**写真15**）。何度も温度計を見ながら心配そうに下校していった。

　豆を煮て、経木に包む作業を児童が学校にいる間にしようとすると、発酵の時間はどうしても日をまたいでしまう。担任は一晩中、箱を開けて温度を逃がしたり、また閉じて温度を上げたりを繰り返したりして、翌日を迎えた。翌朝、児童が登校してきてからの時間は理科支援員の助けを借りて、なんとか発酵時間が終了した。

（5）納豆完成

　発酵時間が終わって、特有の匂いが強く充満し、児童らの期待が大きく高まった。固唾（かたず）を飲んで細く糸を引く納豆に全員の目が向けられていた（**写真16**）。力強い糸が何本も引き合っているところを撮影担当の児童が一生懸命写真をとっていた（**写真17**）。

　児童らの予想と大きく違ったのは、藁苞の納豆である。納豆菌を一切入れていないにもかかわらず、最も強く発酵しているのを見て、児童らは自然の力の強さに感心していた。昔、わらに包んでいた煮豆が偶然発酵して納豆になったという話を裏づける事実だった。

　　「見えないけど、ここに納豆菌はいっぱいいるんだね！」

などと目に見えない細菌の働きを実感することができた。

　完成した納豆は、納豆製作でお世話になった方に食べてもらうことにしていた（**写真18**）。教室に中村さんを招いて試食してもらった。

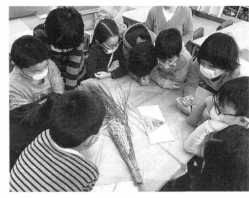
▲写真16　できあがった納豆を囲む児童

▲写真17　児童が撮影した写真

▲写真18　出来上がった納豆

●まとめ・表現

(1) 活動を振り返って ―― 生まれた次の課題

　活動を振り返った話し合いの中で成功した喜びとともに、納豆づくりのために欠かせない「温度管理」の難しさに直面したことにこだわった児童がいた。この少し前に理科で学習した電流と回路の学習を想起し、

　　「箱の中にセンサーがあって、42度以上に
　　なったら自然に回路が途切れて、42度以上に
　　上がらないようなプログラミングをして、保
　　温装置を作ることはできないだろうか。」

と発言した（**写真19**）。理科の中で会得した知識技能の内容がこの場面とつながっている。

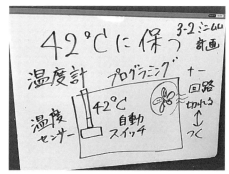

▲写真19　児童が考えた保温庫の仕組み

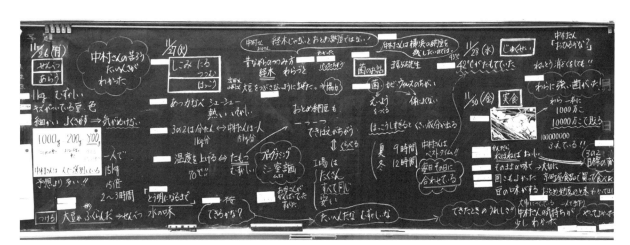

▲写真20　総合的な学習の時間　振り返りの場面の板書

(2) プログラミングについて知りたい

　年度の初めに、算数の筆算の手順で、アンプラグドなプログラミング的思考について学習していた。

　　「実際のプログラミングについてもっと知りたい。」「やってみたい。」

　これらの児童からの提案を受けて、外部講師を招いてプログラミングの仕組みや、考え方、社会の中でプログラミングが生かされている場面について話を聞いたり、機器を触ったりしてみることができた。

　今後の課題としては、もう少し時間をとって「実際のセンサーなどを接続し、プログラミングして仕掛けを作る」ことができたら、探究的な学びの中に位置づけていけたはずである。

✎ 健康　バランスの良い食事『毎日バランスイーナちゃん！』（5時間）

　赤・黄・緑の三色の栄養素を含んだ食材をバランス良く食べるために、給食での自分の摂食量を、バランスチャート（図3）に一週間記録した後に、それぞれが目標を立てた。その後またさらに一週間、同様に記録しながら自分の食生活について考えていった。

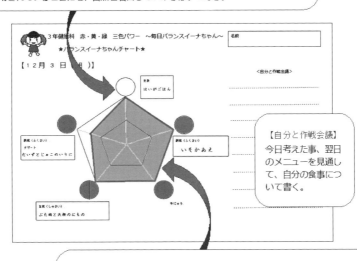

本単元のワークシート（バランスイーナチャート）について

本単元では、子ども自身が毎日の給食の摂食状況をチャート状の図に記録していく。
○期間　1次　自らの食事の傾向をつかむために、12月3日(月)から5日間
　　　　2次　本時を挟んで変容を感じていくために、12月11日(火)から4日間
○記録する時間設定と内容
　　給食後の帯タイムに、その日の摂食状況の記録と、次の日の給食メニューの確認を合わせて行う。また、食べながら気づいたことや、次の日の給食への見通しを書くことにする。教師は毎日の記述から、子どもの様子をつかみ、支援する。

【色】
　次の日の給食メニューを確認する際に、赤・黄・緑のどの色の食材が使われているのか、学級全体で共通理解し、色を塗っておく。続けていると、主食は黄色の食品、牛乳は赤の食品であり、これらは毎日摂っていることが理解できる。
　一品の中に、赤の食材・緑の食材が合わせて使われていることとともに、たくさんの食材が使用されていることにも、自然と着目していけるはずである。

【自分と作戦会議】
今日考えた事、翌日のメニューを見通して、自分の食事について書く。

【チャート】
　3年生にとって、チャート状の図は既習ではない。そのため負担にならないよう、視点として、「バランスがとれるとは、五角形に近い形であること」と捉えさせていきたい。面積が摂食量を表すが、その大きさは個人のめあてに沿って、変容を見ていくことを目的とし、人と比べるものではないことを共通理解して進めていくことにする。

【デジタルデータでの活用】
　チャートは撮影してサーバ保存し、一週間の傾向を示したり、一覧表示したり、拡大提示したりして、活用する。

健康総合—3年2組—6

▲図3　チャート図の説明

すでに2年生で学んでいる食材ごとの栄養素を、本単元では主菜・副菜・主食・牛乳の栄養素で考えていく。学級全員が同じ題材で考えることができるよう給食を取り上げた。

学習のプロセスを重ねていく間に、児童らはそれぞれに、毎日の食生活を振り返り、家庭でも話題にして学びを深めてきていたことがわかった。自分の食生活のみならず、兄弟姉妹の食生活、友達の食生活、関わった外国人講師の食生活など、様々な場面で、健康的な生活を続けていくための食生活について見方・考え方を働かせていたことがわかった。

「健康のためにバランスの良い食事をしよう」というわかりきった言葉でのやりとりに終始するような食育の授業ではなく、自分の生活について、体験を通した言葉のやりとりがあり、それぞれの児童にとって、新しい食への思いを語ってほしいという思いがあった。

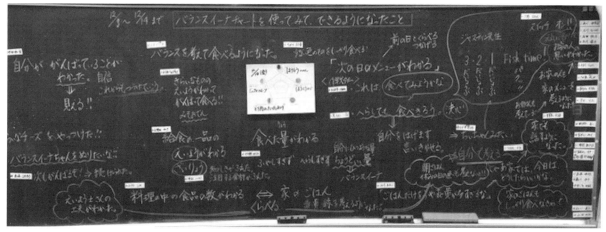

▲写真21　食育の最終場面の板書

この日の口火を切ったのは、普段から自分からは挙手をしない、最も給食の時間に悩んでいた食の細いKだった。Kは、

「これまでの学習で、次の日の給食メニューを考えて、食べてみようかな、と心に決めることが増えた。」

と発言した。一番初めのこの発言で、教室の空気が変わった。

「家庭の中で、好き嫌いしている小さい妹を叱る母の姿を見て、今まで厳しいとしか感じていなかったが、それは妹に大きく健康に育ってほしいという願いがこもっていたんだと気づいた。」

「朝ごはんや昼ごはんで食べていないものを夕飯では少し多めに食べようと考えるようになった。」

「毎日家の人と、食べ物や食事についての会話をするようになった。」

「何色の栄養の食べ物なのか、気になるようになった。」

「発酵したり、干したりしているものは栄養が高くなっていると考えて、たくさん食べるようになった。」

など、自分の考えたことを伝え合うことができた。児童にとってこれからの生活を主体的に変えていける手応えのある学習となった。単元後には全員が「学ぶ価値のある学習だった」と答えている。

実践を終えて

健康教育は、学校全体で取り組む研究であることから、児童の健康や食についての意識は高く、十分な下地があった。次の学年でもこれを発展させていくことができるという見通しを持つこともできていた（**写真22**）。

学習時期としては、主に3学年の11月～1月の間に行った学習である。年度当初から計画して食育の視点で授業を構成していっ

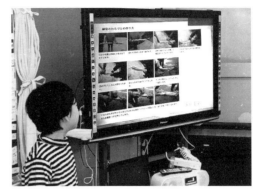

▲写真22　自主的に調べてきたことを朝の会で発表する児童

た。当然ながら、実際には4月からの国語科、社会科、健康に関する**総合的な学習の時間**など各教科等において問題解決のプロセスを繰り返し踏んでいけるように学習を進めてきていた。

学習のゴールは、様々な教科等を通して食についての知識や見方・考え方を広げたり深めたりする中で、自らの食生活について考え、バランスのとれた食事の良さを実感し、自らの食生活をより豊かにしていく姿である。学校での学びを家庭で想起し、家庭での反応を学校で話す、学校生活と家庭生活の往還の中で健康についての見方・考え方を広げ、深めていく姿があった。

カリキュラム・マネジメントのポイント

カリキュラム・マネジメントとは、学校全体で児童を育んでいく教育活動のマネジメントでもある。

生きて働く資質・能力を育成するためのカリキュラム・マネジメントとして、**総合的な学習の時間**における問題解決的な学習を中核としたい。また、そのポイントとして、次の3つを挙げたい。

✎❶児童の問題発見の質

学習指導要領解説に示される現代的な諸課題に対応していく横断的・総合的な課題は、児童が他者と関わる様々な教育活動の中で広い視野を持ち、自らの学びに深い価値を感じることができるものだと考える。学び手としての児童が、自分の学びの対象に愛情を感じたり、活動

や学習に価値を感じたりしたとき、その学習は深い学びになる。児童の本来の生きる力を存分に発揮でき、今の自分にとっても、この先の自分にとっても深く影響すると感じるような価値ある学習をデザインしていきたい。

✎ ❷社会とのつながり

単元の中で、専門的な協力者が登場した途端に児童の学習活動への姿勢が変わる。外の人材と繰り返し深く関わり、時には支援を与え、時には大きな壁となり、児童の活動に指針を示す人との出会いは、学びを推進するパワーとなる。学習は実社会とつながり、児童は実体験を伴う知識を得ることができる。社会に生きる現実の人の生き方に触れることで、児童の社会への見方・考え方は確実に深められていく。これらはその先の児童の生き方にも関わっていく学びとなり得る。さらに、学級や学年にとってだけではなく、協力者本人にとっても活動が有意義になることが大切で、互いのためになる活動であるからこそ、主体的に取り組むことができ、多方面に発展する充実した活動となる。教師自身が実社会に自らを開き、児童と共に豊かな人間関係を築いていく。そこにも視点を置いてマネジメントを図っていくべきである。

✎ ❸児童の発達段階

総合的な学習の時間の活動は、実社会に開かれたものであると同時に、いたずらに学習の範疇を大きく超えた「大人が解決すべき問題」にまで広げるべきではない。教科の学習でつけた力を存分に生かすことができ、かつ他者に向かって表現しながら常に自分に引き寄せて考えることができる活動になることを念頭において、発達段階に応じて取り扱う問題や題材を選択していくべきである。言い換えると、その学年の学習が効果的に働くような、教科のねらいをかなえ、生かしていくものであれば良いのではないだろうか。児童全員が、十分に既習を生かし、教科等で学んだ事柄や、見方・考え方を結集して全力で問題に立ち向かって答えを探していく姿を目指していきたい。その表現の中に、教科でつけた力を活用する姿を意識して評価したい。活動の目的や場は、発達段階を鑑み、学年が上がっていく段階を追って継続して高まっていくよう、プロセスを踏むべきものである。

参考文献
[1] 文部科学省「小学校学習指導要領（平成29年告示）解説」【総則編】（平成30年2月）
　　URL https://www.mext.go.jp/a_menu/shotou/new-cs/1387014.htm
[2] 中村五郎商店「おとめ納豆」
　　URL https://www.facebook.com/otome7108
○横浜市立宮谷小学校「横浜市立宮谷小学校　平成３０年度研究紀要」（平成30年12月）
○横浜市教育委員会「横浜市立学校　カリキュラム・マネジメント要領　総則編」（平成30年8月）
○横浜市小学校社会科研究会「これからの社会科づくり　２０１９」（令和2年3月）
○国立教育研究所 編『資質・能力［理論編］』（東洋館出版社、ISBN：978-4491031804）
○田村 学『カリキュラム・マネジメント入門』（東洋館出版社、ISBN：978-4491033204）

佐藤 幸江
元・金沢星稜大学

近藤実践を振り返る

❶総合的な学習の時間の取り組みとして

(1) 身近な生活の中からのテーマ設定

　小学校においては、食に関する学習がいろいろな教科で行われている。家庭科、社会科、理科、保健体育、特別活動、道徳、生活科などである。児童たちは6年間を通して、食に関する学習をかなりしていることになる。それは学習指導要領で保障されているのであるが、問題もある。一番大きな問題は、それぞれの教科等で学習したことのつながりが弱いことである。栄養のことも健康のことについても知識は持っていても、それを自分の生活を見直し改善していくことにつなげていくということが、なかなかできない。

　そこで、本実践のように単に「食生活を見直す」というだけではなく、各自が主体的に調べ、学習活動に広がりを持たせるような探究課題の設定が重要になってくる。本実践における近藤教諭の「児童は学習の中でというよりも、生活の中で健康についての見方・考え方を広げ、深めていった」という記述は、まさに児童たちの中に、探究課題が落ちていったからこその姿であろう。

(2) 教科のねらい達成を下支えする教材研究

　教科等にはそれぞれ目標や内容がある。そのために、それらと食に関する**総合的な学習の時間**の目標や内容とが、必ずしも一致しない実践も見られる。しかし、近藤教諭は、徹底した教材研究を行い、教科等における指導の目標が曖昧にならないように、児童に教科等の目標や内容を身につけさせて目標がより良く達成されることを第一義的に考え、その実現の過程に「食育の視点」を位置づけている。ぜひ、各教科でどのような工夫がされているか読み取っていただきたい。

❷担任教師にも必要なカリキュラム・マネジメント力

　本実践を見ると、担任教師が、教科の学習活動の関連を意識することが効果的な指導の礎となるということが理解できる。また、児童に対しても各学習活動の関連を明示することで、より関心や理解を深め、様々な事象を児童自身が関連させながら思考していく姿が見られるようになるということが、よくわかる。さらに、本実践のキモは、様々な人と児童たちとをつないでいく点にある。「ともに学ぶ他者や社会に生きる人にとって、深く影響するような価値を感じる学習をデザインしていきたい」という教師の願いの具現化である。

言うまでもないことだが、本実践においては、**図1**（p.5）にあるように、「食に関する全体計画（一部抜粋）」を学校全体で共有し、特別活動や道徳その他、教科等の学習の中で計画的かつ日常的に進められている。このことが、児童の健康や食についての意識を高くしている。文部科学省が示しているように、学校における「食に関する教育」の全体計画も進めていただきたい。

❸STE(A)M教育の視点から見えること

STE(A)M教育の視点が色濃く見えるのが、「納豆づくり」における探究活動である。児童が実際に納豆づくりをするためのスキルとして、算数科の棒グラフや上皿はかりの学習、理科では温度計や物の重さの学習が下支えをしている。また、納豆づくりに欠かせない「温度管理」の難しさを解決するための「制御」について、理科で実施したプログラミング教育の内容がこの場面とつながっていっている。

これまでの**総合的な学習の時間**において、国語や社会が下支えする学習内容やスキルは多くの実践から明らかにされている。今後、STE(A)M教育を積極的に実施していく場合には、問題解決のプロセスを大切にし、そこに実体のある物づくりを入れ込み、物づくりをするための下支えをする「ものの見方や考え方、スキル」等を明らかにしていく必要がある。

2

・教科・領域・ 総合的な学習の時間　国語科

金沢町家の
新たな活用方法を考えよう

福田 晃　金沢大学附属小学校

◎**ICT環境**　タブレット端末児童一人1台

本実践に至る経緯

　野村総合研究所（2015）の予測によれば、今後ますますわが国の空き家の数は増加していくこととなる。この状況は全国どこでも同じであるが非常に繊細な問題を有しているため、ブレイクスルーの糸口が見つかっていない。だからこそ、この大きな社会的課題に児童が取り組み、行動を起こすことの意義は非常に大きいと言える。それゆえ、児童の行動を起点にして社会に小さな変革が起こる実践となり得ると考えた。自分たちの学習を起点にして、社会が変わるという経験を、担任する児童に感じさせたいという思いのもと、実践化を目指した。その際には、学級全体で共通の課題意識を持ち、解決に向けて取り組んでいくこととなる。その学習過程において、意見の対立から生じる衝突もあるが、集団の中で自己を表出しながら、新たな考えを生み出していってほしいと考えている。

　また、空き家問題という児童にとって遠い題材を身近に感じさせるため、本校から徒歩10分の距離に建てられた景観と安全性に問題のある空き家を取り上げた。この空き家を導入として位置づけ、探究の起点とし、「今後ますます増えていく空き家を減らしていくには、自分たちに何ができるか」ということを大きな学習課題とした。最終的には、空き家に新たな付加価値をつけるために、これまでになかった空き家の活用方法を提案し、何らかの形で実現することを最終ゴールとして設定した。児童の学習と一緒に展開を考えていくこととなるため、構想当初に設定した最終ゴールは抽象度の高いものとなっていた。

実践の概要

　本稿では、金沢における空き家問題を題材とした**総合的な学習の時間**と国語科における実践を取り上げる（全49時間）。本実践は、町家を利用し、金沢の文化を体験するプログラムを提供する「株式会社こはく」[1] の山田 滋彦社長の全面的な協力のもとで行われた。児童はいく

つかのチームに分かれ、町家を使った新たな金沢の良さを感じる体験の場を山田社長に提案し、「株式会社こはく」での事業化を目指していった。最終的に、「❶自分と異なる考えを持つ他者と新たな考えを生み出していく力」「❷他者が納得するように自身の考えを伝える力」を育成することができた。

単元構想

　本学級は3年児童12名、4年児童12名の24名で構成された複式学級である。あらゆる教科等の授業場面で3、4人のチームでの話し合い活動を取り入れてきた。だが、3年生の意見が十分に取り入れられなかったり、4年生同士で話し合いが展開してしまったりしていることが課題として挙げられる。また、自身の考えを他者に伝えようという意欲は学級全体として比較的高い。だが、自身の考えを伝える際には、いつの間にか主張内容と異なることを話してしまったり、結論を述べず立場が明確になっていなかったりしていることから、他者が納得するような説明する力が身についていない。そこで、本単元では、「❶自分と異なる考えを持つ他者と新たな考えを生み出していく力」「❷他者が納得するように自身の考えを伝える力」を身につけてほしいと考えた。

　また、今後ますますわが国の空き家の数は増加していくものの、ブレイクスルーの糸口が見つかっていないということは先にも述べた。そもそも空き家問題は、空き家の所有者のみの問題ではない。空き家問題を解決するためには、地域住民、行政、民間企業の協働体制が不可欠である。それゆえ、この社会的課題を題材とすることは意味あることだと考えた。総合的な学習で大切にされている探究的な学びが生じることとなる。

　山田社長に提案する児童のアイディアのうち、事業化できそうなものは実際に、「株式会社こはく」の事業となる。それゆえ、本単元では、学習過程の中に、同じチームメンバーと合意形成を図りながら活用方法を考えていくこと、考えた活用方法を山田社長が納得するように伝えることが必然的に位置づけられることとなる。その特性を生かし、様々な手だてを講じる中で、「❶自分と異なる考えを持つ他者と新たな考えを生み出していく力」および「❷他者が納得するように自身の考えを伝える力」を育成していく。これらの力を育成する際には、必要な技能を児童に定義したり、確認したりすることが必要であると考えた。また、その技能が活用される場を設け、自身で振り返ることを意図的に取り入れていく。

単元の流れ

✎ 実践概略

　児童は、学校の近くにある窓ガラスが割れ、床の板がはがれ、草木が生い茂っている放置さ

れた空き家と出会う。調べていくうちに、その家が空き家であるということ、空き家には大きな問題があること、これから先にもっと空き家の数が増えていくことなどを知った。その後、金沢市住宅政策課の職員の方からの

　　「みんなも空き家の数を少しでも減らすために何ができるかを考えてほしい。」

という投げかけをもとに、児童は自分たちなりにできることを考えていくこととなった。話し合いの結果、新しい家がどんどん建てられているので、空き家に住むということを呼びかけてもあまり意味がないのではないかということになった。

　このことをもとに、児童は住むという目的以外で空き家を活用するようになれば、空き家の数は減っていくのではないかと考え、新たな空き家の活用方法を考えていくこととなった。

　クラスの子が見つけてきた、空き家を地域の人々が利用できる図書館として活用している方からの紹介に継ぐ紹介によって、児童は「株式会社こはく」の山田社長に出会うことになる。授業の趣旨を理解してくれた山田社長は、児童たちに対して、

　　「会社で管理している町家（In Kanazawa House：元染め物店）の2階が空いています。
　　石川や金沢の良さを感じる新たな体験プログラムでいいものがあったら事業化するので、
　　それをじっくり考えて、提案してくれませんか。」

と投げかけた。児童は、自分たちの提案内容が実現するかもしれないということから心に火がつき、この大きな学習のゴールに向けて取り組んでいくこととなった。

　第一に、**総合的な学習の時間**『新たな町家活用方法を考えよう』の単元において、町家見学に行き、活用方法を考える。

　第二に、国語科「話すこと・聞くこと」領域『町家活用方法を山田社長にプレゼンしよう』の単元において考えた活用方法を山田社長にプレゼンする。

　第三に、国語科「書くこと」領域『町家のよさを伝えるパンフレットを作ろう』と同時並行で、**総合的な学習の時間**『提案した体験内容をさらに具体化しよう』において自分たちが考えた体験についてそれぞれの専門家と一緒に体験内容を具体化していく。

総合的な学習の時間	育成を目指す力	国語科（技関連する技能）
『新たな町家活用方法を考えよう』（全15時間＋課外）		
	自分と異なる考えを持つ他者と新たな考えを生み出していく力	『町家活用方法を山田社長にプレゼンしよう』（全6時間）技話し合いの見える化
	他者が納得するように自身の考えを伝える力	『町家のよさを伝えるリーフレットを作ろう』（全10時間）技ピラミッドチャート
『提案した体験内容をさらに具体化しよう』（全11時間）	他者が納得するように自身の考えを伝える力	
『第二回プレゼン！ 具体化した体験内容を社長に伝えよう！』（全7時間）	他者が納得するように自身の考えを伝える力	

▲表1　単元構成図

そして最終的に、**総合的な学習の時間**『第二回プレゼン！具体化した体験内容を社長に伝えよう！』において再度プレゼンを行う。このような単元構成で学習を展開させていった（**表1**）。

　国語科をつけたい力を育む起点として位置づけ、**総合的な学習の時間**において、その力を随時活用しながら、評価する場として捉えていく。つまり、国語科の授業において、自分と異なる考えを持つ他者と新たな考えを生み出していくための技能および、他者が納得するように自身の考えを伝えるための技能を児童に提示し、**総合的な学習の時間**においてその技能の定着を図っていく。このことによって、育成をねらう2つの力が児童に定着していくと考えた。

✎ 総合的な学習の時間　新たな町家活用方法を考えよう（全15時間＋課外）

●単元概要

　採用の条件として、山田社長は児童に、「❶金沢らしい体験であること」「❷オリジナル性があること」「❸町家という古いものにマッチすること」という3点を示した。この3点をもとに、児童は体験の具体について考えていった。現実味がある体験を提案させたかったことと、児童からも、

　　　「写真に写っていないIn Kanazawa Houseの細かい部分までじっくり見たい。」

という声があったことを考慮し、実際にIn
Kanazawa Houseに見学に行った。この
In Kanazawa Houseは元は染め物店であ
り、店をたたんでからは空き家になってい
た（**写真1**）。

　この見学をもとに、3つの条件にあては
めたり、In Kanazawa Houseの背景や大
切に保管されているものを参考にしたりし
ながら考えた結果、「伝統作品づくり体験」
「和菓子づくり体験」「料理づくり体験」「シ

▲写真1　元染め物店を見学する児童

ルクスクリーン体験」「染め物体験」「昔遊び体験」「金沢からかみづくり体験」「和菓子づくり
体験」の8つのアイディアを提案することになった。その後、希望するチームに分かれ、それ
ぞれのチームで体験内容を検討していった。

●次の学習につなげるための布石

　チームに分かれてからは、1チーム3、4人で学習を展開していくこととなる（**写真2**）。自ず
と自分とは異なる考えを持つ他者と新たな考えを生み出していくことが求められていく。この
時点では、話し合いがうまく進行していかなかったり、誰かの意見が一方的に通り結果に満足
しなかったりすることが多く見られた。

この事実を次の国語科の単元で取り上げるために、毎時間の振り返りには、学習内容の気づきだけではなく、学習方法についても記述させている。たとえば、児童Aは、チームでの話し合いが時間内に終わらなかったことについて、

> 「今日は、どんな作品を作るかということも決まりませんでした。みんなが好き勝手なことを言っていたので、結局、話がまとまっていないので良くないなと思います。」

▲写真2　3、4人のチーム単位での学習

と記述している。さらに、話し合いがうまく進行していないチームの様子をICレコーダーで録音しておいた。この場面が起点となり、国語科『町家活用方法を山田社長にプレゼンしよう』における学習を展開していく。

✎ 国語科　町家活用方法を山田社長にプレゼンしよう（全6時間）

● 単元概要

それぞれのチームで体験内容を山田社長にプレゼンテーション（以下、プレゼン）することを学習のゴールとした「話すこと・聞くこと」領域における単元である。プレゼンを目的とした単元ではあるものの、今後も**総合的な学習の時間**ではチームごとに分かれた展開となっていくことを考慮し、本単元では、自分と異なる考えを持つ他者と新たな考えを生み出していく力を重点的に指導していきたいと考えた。

小学校学習指導要領解説【国語編】[2] では、「話すこと・聞くこと」における指導事項「オ　目的や進め方を確認し，司会などの役割を果たしながら話し合い，互いの意見の共通点や相違点に着目して，考えをまとめること」に該当する。

● 話し合いに関する実態を把握する（ポイントになる授業場面）

＜課題を確認する＞

本単元では、第1時のことを重点的に取り上げる。ねらいは、「自分たちの話し合いにおける問題点を見いだすことができる」と設定した。第1時の導入時に単元における学習のゴールを確認し、見通しを持った。その際に、**総合的な学習の時間**でのチームの話し合いの様子について注目させたく、児童Aの振り返りを提示した。すると、「それすごくわかる！」という反応が多くあった。その後、クラスでの話し合いについて確認したところ、傾向として全員で進めようという気持ちは比較的あるが、違う意見が出たときに困ることがあり、チームメンバーの中に話し合いに満足できていない仲間がいるということを確認できた。

<標題>＜具体的な題材で考える＞

その後、児童にどうすればチームメンバー全員が満足する話し合いになるかと問い、児童Aのチームでうまく話し合いができていなかったときの話し合いの発話記録を提示した。一人一人に配布した発話記録から各々が見つけた問題点をノートに記述していた（**写真3**）。ここでは、全員が参加していない、意見に反対している、話をさえぎる、話題がずれていくということなどを挙げていた。なかには、問題点を見つけると同時に、もっとこうすればいいのではないかということを記述している児童もいた。

▲写真3　問題点をノートに記述する児童

＜問題点を共有する＞

個人で見いだしたことを全員で確認して、自分たちの話し合いにおける問題点を明確にする必要がある。各々意見を伝え合っている段階では、「すごくわかる！」や「あるある！」といった共感の声が聞かれたこともあったため、そのつぶやきを取り上げ、

　　「このチームだけのことではなさそうだね。」

と確認し、問題点を整理した（**写真4**）。また、その際には、どうしてそうなってしまうのかということも確認した。たとえば、「話題がずれていく」という問題が起こってしまう理由を問うたところ、「夢中になっているから」や「相手の意見を聞いていたら、思わずそれに答えちゃう」といった反応があった。それ自体は悪いことではないから、具体的にどうしていくべきかを考えることが大切であると伝え、次の時間に解決方法を考えることになった。

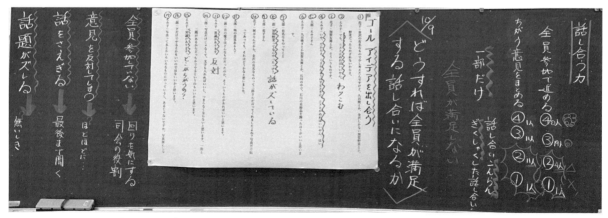

▲写真4　話し合う力の問題点を整理した板書

●課題の解決方法を考える

　次時には、どうすれば解決するかを考えていった。司会の役割を設けたり、まずは発言者の意見を最後まで聞いたりするということが大切であることを確認した。話題がずれていくということについては、熱中してくると自然とそうなってしまうということもあり、どうしていいか解決策が見いだせなかった。そこで、NHK for School「お伝と伝じろう［国語］／第9回何を話し合ったの」[3] ※1を視聴させた。この番組で取り上げられている話し合いの様子は、児童ら自身と同様に徐々にずれていっており、それを児童ら自身が認識していたのか、「こんな感じ、こんな感じ」と自分たちにあてはめて視聴していた。その後、番組で示されたテーマを意識しながら、話し合いを見える化していくことが解決につながるということを視聴後に全体で確認した。

●解決方法を試す

　この時間以降、チームでプレゼンの準備をしていく際には、話し合いの際に司会役を設け、内容を見える化することを意識して取り組んでいくこととなった（**写真5**）。

　本来の教科書を活用した展開であれば、モデル文を読み、話し合いの大事な点を確認することになるが、今回教科書教材を活用せずに、自分たちのチームの発話記録を用いた。それは、児童にとって必然性のあ

▲写真5　チームでプレゼンの準備を行う

る学習にしたかったからである。必然性のある学習の中で、自分たちで見いだした解決策に関しては、他の場面でも強く意識していくこととなるはずであると考えた。後述するが、違う単元においても同様のことが見られた。なお、プレゼンの際には、タブレット端末を用いて資料を分担しながら作成している。

●自分たちのアイディアを社長にプレゼンする

　チームごとに、山田社長に対して自分たちが考えた体験のアイディアをプレゼンした（**写真6**）。先に山田社長が提示した3つの条件をもとに、社長自身が事業化できそうだと判断した5チームの体験が仮採用されることになった。この5つの体験は、

※1　話し合いに関する問題を取り上げ、コミュニケーションの本質について考える番組である。コミュニケーションをめぐる具体的なドラマをきっかけにして、「どうしたらよいか」ということを考えていき、言語活動のスキルも紹介されている。同シリーズ番組「第7回　どうしてそう思ったの？」では、登場人物たちが合唱コンクールでうたう歌を決めるための話し合いを行うものの、気がつくと話し合いがずれていく。そのようなときには、話の流れを見える化することが大切であるということがポイントとして示される。

「詳細案がないと事業化は難しいので、さらに具体的にしてほしい。次のプレゼンでは、今よりももっと具体的になるといいですね。」

と山田社長から依頼を受けた。その際には、山田社長がそれぞれのチームに合う専門家を紹介してくれることとなり、体験をしたり、質問をしたりしながら、詳細案を考えていくこととなった。

▲写真6　第一回プレゼンの様子

🖊 国語科　町家のよさを伝えるリーフレットを作ろう（全10時間）

●単元概要

国語科「書くこと」領域において、In Kanazawa Houseのよさを伝えるリーフレットを作ることとした。山田社長の依頼を受け（**写真7**）、児童は町家のよさを紹介するリーフレットを作っていく。

本単元では、他者が納得するように自身の考えを伝える力を重点的に指導したいと考えた。**小学校学習指導要領解説【国語編】**[2] では、書くことにおける指導事項「イ　書く内容の中心を明確にし，内容のまとまりで段落をつくったり，段落相互の関係に注意したりして，文章の構成を考えること」に該当する。書くことにおいても、話すことにおいても自分の考えを伝えるためにふさわしい構成を吟味していくことは必要不可欠であり、本単元で構成を考える技能を提示できれば、自身の考えを他者に話す場面においても活用できると考えた。

　複式学級のみなさん、こんにちは。日曜日も授業を見ることができてよかったです。やっぱり、みんなは小学生とは思えないです。みんなの様子を見ていて、とてもこちらもすごく考えさせられました。プレゼン第2回も楽しみにしています。頑張ってくださいね。

　さて、プレゼンとは別にみんなにお願いしたいことがあります。少しみんなで相談してほしいことがあるのです。

　みなさんは町家は好きですか？私はすでにみんなに話をしたように大好きです。

　ですが、「町家のことを好き」とか「町家を大切にしよう」と思っている人はなかなかいません。そこで、In Kanazawa Houseの元松本染物店の町家のよさを写真と文章で表現して、学校やおうちの人に伝えてくれませんか？みんななら挑戦してくれるのではないかと思ってお願いをしました。どうぞよろしくお願い致します。

　なお、In Kanazawa Houseの写真は先生に送っておくので、それを使ってください。

山田 滋彦 社長

●構成を見える化する

　第2時では、リーフレットで取り上げたいよさを決め、そのことが読み手に伝わる構成について考えていく。ねらいは、「In Kanazawa Houseのよさが読み手に伝わる構成について考えることができる」とした。

　これまでの説明文教材では、筆者の考えとその根拠となる理由や事例をつかむ際に、ピラミッドチャートを活用して構成を図化してきた。だが、自身の考えを他者に伝えるための構成を考える際にピラミッドチャートを活用することがなかったため、本時をその技能を経験する機会として位置づけることにした。

＜学習の方向性を確認する＞

　導入場面で、「どんな構成にしたらよいか」と問うと、教室掲示の中に貼っておいた前単元の学習「アップとルーズで伝える」とつなげ、「ピラミッドチャートを使えばいい！」という反応が多々あった。ただ、ここでは、半数以上の児童が、はじめ、中、終わりのどこにどんなことを取り上げるとよいかということが見えていなかった。そこで、まずは何を取り上げればよいかを全体で確認し、その後、各々が自分が伝えたいことをピラミッドチャートにあてはめて構成を考えていくという方向性を確認した。

＜取り上げる内容を共有する＞

　リーフレットに記述する内容を考える前に、まず既習の説明文教材に立ち返り、はじめ、中、終わりにはそれぞれどんなことが書かれていたかを想起させた。はじめは「だいたいのこと」、中は「具体」、終わりは「主張」であるということを確認した。リーフレットを読む相手のことを確認したところ、「読む人は、自分たちのこともIn Kanazawa Houseのことも知らないので、はじめに町家のこと、In Kanazawa Houseそのものを取り上げないといけない」と

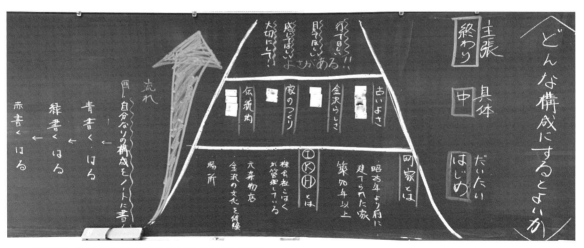

▲写真8　「どんな構成にするとよいか」を整理した板書

いうことになった。

　また、中と終わりに関しては、自分が伝えたいと思うIn Kanazawa Houseのよさを頭に置き、何を伝えたいのかを再度確認し、そのことを伝えるために必要なことを取り上げるよう指示した。このときに、多くの児童がどんなよさを伝えたいかを整理するために、総合のノートや、タブレット端末に保存されているIn Kanazawa Houseの写真を見ていた。そして、それぞれにどんなことを取り上げるかを確認し、黒板に位置づけた（**写真8**）。

＜個人の構成図を作成する＞

　リーフレットに記述する大まかな内容は黒板に整理されているので、その大まかなものを参考にしながら、自身のリーフレットの構成図をノートに記述していく（**写真9**）。

▲写真9　リーフレットの構成図を考える児童

　構成をピラミッドチャートに表現することを終えた児童は、終えた児童同士で考えた構成に関する交流を行っていた。その交流の中で、児童Bは児童Cに対し、

　　「新しい家とは異なるよさがあるから行ってほしい
　　というのが主張なんだったら、中の例をもっと違
　　うのにしなきゃいけないんじゃない？」

といった構成の修正を促す発言をしていた。これは、ピラミッドチャートによって構成が視覚化していることが要因であると考えられる。このことは非常に価値があるやりとりであるということを、全体でも取り上げ、児童Bと児童C自身にもそのよさを語らせた。

　終末部では、3名の児童が構成をピラミッドチャートに表現することができなかったが、早く終わった児童がフォローに入ってくれたこともあり、すべての児童が構成を具体化することができていた。

✏️ **総合的な学習の時間**　**提案した体験内容をさらに具体化しよう**
　　　　　　　　　　　　　　（全11時間）

●**単元概要**

　児童は採用となった5つの体験の詳細をさらに考えていく。山田社長が示す体験の詳細とは、体験で作るもののデザイン、体験の流れ、必要なもの、必要時間、場所、材料費などである。これだけのことを児童の独力で考えていくことは難しいため、単元最初の2時間では、山田社長による紹介でそれぞれのチーム専属の専門家を招き、児童自ら体験することになった。

　これまで児童は、自分たちが提案した体験については、インターネットやパンフレット、図

書資料などによる知識しかなかった。だが、この直接体験を通して、児童はこれまではわからなかった体験の面白さや難しさといった新たな気づきを得ていた（**写真10**）。たとえば、染め物体験チームに所属する児童Dは、

▲写真10　チームでさらに検討を進める

　「染め物はすぐにできるんだって思っていたけど、液を準備するのに時間がかかったり、思ったデザインにならなかったりと難しいことがあるんだなということがわかりました。」

と振り返りに書いていた。さらにその後には、

　「でも、全体を通してすごく楽しかったし、In Kanazawa Houseが元々染め物店だったので、そこでこんな体験ができれば面白いと思うから、今日のことを整理してじっくり考えていきたいです。」

という前向きに学習に取り組もうとしている記述も見られた。同様のことが他の児童にもあてはまり、もっと具体的な体験を山田社長に提案していこうということになり、まずは、それぞれのチームが体験で学んだことを整理していくこととなった。

　なお、これらを整理する際には、タブレット端末で撮影した体験時の写真や動画などの映像が大きな役割を果たしている。児童は記憶が定かではない情報を、タブレット端末を用いて確認していた。また、どうしてもわからないことに関しては、メールを用いて専門家に質問する姿も見られた。

●前単元における布石の回収

　体験で学んだことを整理していくためには、チームメンバーとの間で話し合いが不可欠となる。ここで、国語科『町家活用方法を山田社長にプレゼンしよう』での学びが生きてくる。3時間目の授業導入時に、これからの計画を共有し、学習掲示を用いて国語の学習を想起させた。全員が満足する話し合いに必要なことは何だったかと問い、司会役を立てること、まずは発言者の意見を最後まで聞くこと、話し合いを見える化することが大切であるということを確認した。

　実際に、各チームで体験を整理していく際には、児童は司会役を設け、ふせんなどを使いながら話し合いを進めていた。毎時間の振り返りには、継続して学習内容の気づきと学習方法についても記述させており、学習方法の部分では、チームでの話し合いについての自己評価をするよう指示した。司会をしていた児童Eは、

　「うまく進んだように思ったけど、途中から3年生がずっとだまっていました。もっと質問

をしたり、聞いてあげたりすることが必要
だなと思いました。」

と振り返り、次の時間には「これについてどう
思う？」と3年児童に発言を促す姿が見られた。

　一方で、自己評価があまりにも甘かったり、
厳しかったりする児童に対しては、休み時間な
どの隙間時間を利用し、教師からの評価を伝え
た（**写真11**）。自己評価と教師からの評価にズ
レがあった場合、このような機会を確保してい

▲写真11　児童に評価を伝える

くことによって、児童が次の時間における話し合い場面で意識することが明確になる。

　国語科『新たな町家活用方法を考えよう』では、全員が話し合うために必要な技能を確認で
きたが、この段階では児童にとって実際に活用することはできていない。さらに、頭でわかっ
ていることが必ずしも実際にできるとも限らない。そこで、本単元では、その技能を意識しな
がら活用する場を設け、評価と修正を行いながら、技能を活用した話し合いの機会を位置づけ
ることができた。このように活用機会を確保し、自己評価を繰り返していく中で、徐々に自分
と異なる考えを持つ他者と新たな考えを生み出していくための話し合いの力が育成されていく
と考える。

✎ 総合的な学習の時間　第二回プレゼン！ 具体化した体験内容を　　社長に伝えよう！（全7時間）

● 単元概要

　具体化した体験内容について、実際に山田社長にプレゼンしていく。導入1時間目には、第
二回に明らかにしてほしい内容を一度確認し（**写真12**）、「OK！　採用！」と言ってもらえる

▲写真12　第二回の内容をまとめた板書

プレゼンにするには何が必要かを考えさせた。前回のプレゼンの様子を見ていて、スライドを作ることや伝える方法に目が行く傾向にあると判断したためである。ここでは、内容面と方法面はどちらも大事であるが、やはり内容が伴っていないと心に響かないということを確認した。さらに、発表まで時間がないことから、つまらない口論などに時間をかけるのではなく、互いに支え合っていくことが大切であるという発言もあったため、このことも大きく取り上げた。

　児童は、これらのことに立ち返りながら、山田社長に事業化してもらうべく、チームで内容を吟味し、構成を考えながら、心をつかみ取るプレゼンの実現に向けて取り組んでいくこととなった。

✎ プレゼンの構成内容の検討

　第2時では、前単元で考えてきた具体的な体験内容をどのような構成で伝えるとよいかということを考えていく。ねらいは、「山田社長に自分たちの思いが伝わる構成について考えることができる」と設定した。

＜プレゼンに入れるべき内容の確認＞

　前時の終末場面において学習計画をそれぞれのチームで話し合わせていたこともあり、児童にはプレゼンの構成を考えなければならないということがすでに頭にあった。そのため、山田社長が以前、児童に提示した体験で作るものの詳細、必要時間などといった条件のみを確認し、あとはそれぞれのチームでどんな構成がよいかということを考えさせることとした。5つのチームのうち、3つのチームはいきなりメンバー間でホワイトボードを使いながら構成を考えていく展開、2つのチームは個人で構成を考え、その後、チームで共有する展開を取っていた。

＜状況の把握と支援＞

　ここで、国語科『町家のよさを伝えるパンフレットを作ろう』での学習が生かされることとなる。構成を考える際に、ピラミッドチャートで図化することが有効であるということを価値づけていたため、本時は実際にそのことを試すこととなる。

　「この間のピラミッドチャート使ったらいいやん。」という声もあり、児童は国語のノートや掲示物を見ながら、ピラミッドチャートの条件を確認し、構成について考えていた（写真13）。3つのチームに関しては、問題なく取り組めそうだと判断したため、彼らの自主性にまかせ、しばらくは介入しないことと

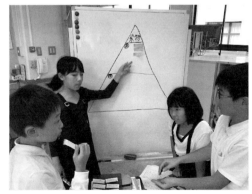

▲写真13　ピラミッドチャートで構成を検討する児童

した。彼らに共通していたことは、中の部分で取り上げるべき事項に山田社長が示した条件がすべて含まれていたという点にある。

　ただ、個人で構成を考えていたチームの1つについては、メンバー間でのサポートも見られなかったため、手が止まっている児童Fに何が困っているかを聞き、支援をした。児童Fは、最後をどのようにまとめていけばいいかわからないということだったので、今回のプレゼンで山田社長にどんな思いを伝えたいのかを確認した。そして、児童Fのつまずきをチームメンバーに伝え、その部分について吟味していくことに価値があると伝えた。結局、このチームでは、自分たちの考えた体験をすると参加者にとってどんなメリットがあるかということを終わり部分にじっくり述べることとなっていた。

　また、構成がまとまったチームから教師に説明をさせ、状況を把握した（**写真14**）。5つの

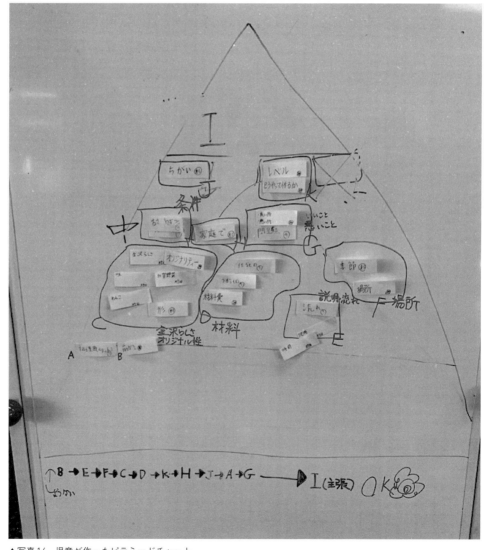

▲写真14　児童が作ったピラミッドチャート

チームの中で多少構成に修正が必要であると感じた部分もあったが、ここではすべてを修正させなかった。その詳細に関しては後述するが、児童が互いにプレゼンを見合う中で、気づき修正していくことになると考えたためである。

授業終了後、児童Eは、振り返りで、

「構成が見えるようになったので、やっぱり（ピラミッドチャートは）いいなと思いました。」

と述べていた。その後、構成に基づきプレゼンを作成していった。

●活用機会の確保

本単元も前単元と同様に、国語科の学習の中で確認した技能を意識しながら活用する場を設けている。また、ピラミッドチャートを活用したのは第2時のみだけではない。実践が2学期終盤ということもあり、早く終わったチームは自ずと互いに声を掛け合い、プレゼンを見せ合い、アドバイスをしていた。ここで、プレゼンのコメントをする際に、以前書いたピラミッドチャートを用いながら、

「最後のほうになってやっと伝わる部分があったから、こことここを入れ替えたほうがいい。」

といった構成に関する助言も見られた。特に、相互のプレゼンを見合っていた第4時では、ピラミッドチャートの良さを改めて感じていたようである。この他にも、自分たちのプレゼンの様子を、タブレット端末を用いて、他のチームの児童に撮影してもらい、自分たちで見直す姿も見られた。前単元同様に、このように活用機会を確保し、自己評価を繰り返していく中で、他者が納得するように自身の考えを伝えるための構成を考える力が育成されていくこととなる。

最終的には、第二回プレゼン（**写真15**）において5チームすべてが本採用となり、In Kanazawa Houseでの事業化が決定した。また、山田社長の声かけに応じ、クラウドファンディングにも挑戦した。

▲写真15　第二回プレゼンの様子

●児童の学びを支えるICT活用

一人1台のタブレット環境が構築できているということもあり、児童は必要に応じて、タブレット端末を活用していた。本実践を行うにあたり、タブレット端末の活用は不可欠であったと言える。その児童のタブレット端末の活用を分類すると、【児童の試行錯誤を促進する】活用、【双方向性を促進する】活用、【過去データへのアクセス】に伴う活用に大別できる。

【児童の試行錯誤を促進する】活用

　本稿で取り上げた二回のプレゼンでは、スライドを見せながら行った。当然のことだが、これまでも模造紙や画用紙などをプレゼンに用いた経験はあるものの、一度完成したものを修正することは児童にとって非常にハードルの高い行為と考えられる。だが、本実践では、タブレット端末でスライドを作成しているため、自らの気づきや他者からの指摘をもとにした気づきをもとに何度もスライドを修正することができ、それが結果的にプレゼンの質の向上につながっていた。

【双方向性を促進する】活用

　本実践では外部人材の存在が欠かせない。従来、外部人材と協力した実践では、児童と外部人材とのやりとり確保のため、授業への参加や手紙の送付などを行ってきた。しかし、日程の調整や手紙を待つ時間がかかるなどといったタイムロスが目立った。だが、今回は、授業への参加や手紙の送付に加え、テレビ会議システムやメールを活用することによって、そのタイムロスを極力なくすことができたように思う。

【過去データへのアクセス】に伴う活用

　年間を通した実践であるため、情報量がかなり多くなり、児童のノートや教室に掲示してある学習履歴だけでは、必要な情報を想起できない。それゆえ、必要だと思うものは撮影ないしは、キャプチャー機能を通して、タブレット端末のアルバムに保存させた。「あれなんだっけ？」となった際には、児童らは自らタブレット端末のアルバムにアクセスし、必要な情報を取り出すことができていた（**写真16**）。

▲写真16　タブレット端末を活用する児童

実践を終えて

　本実践では、1つの単元で終止する授業設計ではなく、単元を相互に関連づけることができたため、結果的に単元同士が有機的に絡み合うこととなった。教科等の枠を超えて相互に関連づける際には、「題材を重複させる」「つけたい力をベースにして単元を関連づけていく」という2つの視点を大切にした。このことによる成果は、次の2つである。

- 題材を重複させる視点を持つことによって、学習内容の関連性を高めたり、児童の学習意欲を高めたりする点において有用性があった
- つけたい力をベースにして単元を関連づけていく視点については、児童にもこのつながりを意識させることによって、学習したことが該当単元で終止するのではなく、連続的につながっていった。この視点で授業を構成していくことは決して簡単なことではないが、授業づくりに奥行きが出てくると感じている

　ただ、本実践は**総合的な学習の時間**と国語科をカリキュラム・マネジメントの視点で見直している。この点が本実践における課題であると言える。**総合的な学習の時間**と国語科とは異なる他の教科等との関連性を考えることによって、教育課程が一層充実するのではないだろうか。たとえば、自分たちの実験に関する考察を他者に伝える場面において、「他者が納得するような伝える力」を意識して指導していれば、さらに充実していたかもしれない。このように教育課程をさらなる広い視野で捉える必要が課題として残った。

カリキュラム・マネジメントのポイント

　総合的な学習の時間では、教科等の枠を超えて授業を展開していくことが求められている。小学校学習指導要領解説【総合的な学習の時間編】[2]には、

> 教科等の枠を超えて探究する価値のある課題について，各教科等で身につけた資質・能力を活用・発揮しながら解決に向けて取り組んでいくことでもある。

という記述が見られる。それゆえ、**総合的な学習の時間**の授業を中核におき、教育課程を見直していくことがカリキュラム・マネジメントそのものであると考えている。その**総合的な学習の時間**を中核においたカリキュラム・マネジメントを行う際のポイントは、次の3つである。

✎❶児童の実態やテーマとなり得る題材の吟味

　総合的な学習の時間にふさわしい探究的な学習サイクルが学習過程に位置づくように、これまでの学年で児童はどのような学習を経てきているのか、児童はどのようなことに興味を持つのか、どういう傾向があるかといった児童の実態把握が必要である。

　次に、題材についての吟味も欠かすことができない。題材が持つ魅力、取り上げた際のメリットやデメリット、授業に位置づけることが理想的な外部人材など検討すべきことが多々ある。学校の教育課程に位置づけられているから題材として位置づけるという枠を超えることが

大切であるように思う。

✎ ❷教科間の関連性の検討

　この点については、前節でも述べたが、「題材を重複させる」視点と「つけたい力をベースにして単元を関連づける」視点が重要である。

　なお、「児童の実態やテーマとなり得る題材の吟味」「教科間の関連性の検討」については、年度当初に同じ学年を組む教員でまとまった時間を取ることが理想的である。場合によっては、前年度の担任からの情報も非常に参考になる。

✎ ❸繰り返し行う形成的評価

　❶と❷のポイントは、授業実施前の計画段階である。大切なのは、この計画が実際にどうなのかを実際の授業を通し、教師自身が評価し、改善を行っていくことである。このことが3つ目のポイントの「繰り返し行う形成的評価」である。

　日々の授業に追われ、自身の授業を振り返ることはなかなか難しいかもしれないが、この形成的評価をどれだけ丁寧に行っていくかがカリキュラム・マネジメントの根幹であるように思う。授業における児童の気づきや、授業者の授業後の気づきを蓄積し定期的に振り返ることが理想的である。また、校内や市内の教科研究会などで研究授業を行うことも有効であるように思う。

　これらの「児童の実態やテーマとなり得る題材の吟味」「教科間の関連性の検討」「繰り返し行う形成的評価」を実際に行うことはかなりの労力がいる大変なことである。ただ、教師自身がそのことに楽しみを見いだすことができれば、徒労感で終わることはない。自分自身、「こんな学習展開になったら面白いだろうな」「児童にこんな力がついていったらいいな」といったワクワク感を持って取り組んでいくことができた。今後もこの感覚を大切にしていきたい。

参考文献
[1] 株式会社こはく「In Kanazawa House」公式サイト
　　URL https://www.in-kanazawa.com/
[2] 文部科学省「小学校学習指導要領（平成29年告示）解説」【総合的な学習の時間編】／【国語編】（平成30年2月）
　　URL https://www.mext.go.jp/a_menu/shotou/new-cs/1387014.htm
[3] NHK for School「お伝と伝じろう［国語］／第9回　何を話し合ったの」
　　URL https://www.nhk.or.jp/kokugo/otsuta/index_2014_009.html

佐藤 幸江
元・金沢星稜大学

福田実践を振り返る

❶総合的な学習の時間の取り組みとして

(1) 社会とつながるテーマ設定

　今の日本には民族間の紛争こそないが、高齢化、人口減少、人とのつながりの希薄化、地域文化消滅の危機、自然破壊、環境問題等々、課題山積である。このような中で、学校があり児童は日々生活している。そこから目を背けることなく、深まりのある課題追究ができるテーマを、いかに設定するかがキーとなることは言うまでもない。

　本実践で児童は、地域の課題に目を背けることなく挑んでいる。その裏で「課題設定までに観察・体験等を入れた時間を十分にとる」「課題意識や追究意欲を示す児童の見取りを生かす」等の手だてを行っている。しかし、本実践で一番のキーは、福田教諭である。福田教諭は、常に地域にアンテナを張り、好奇心を持って「いい教材はないか?」という視点で、地域を見つめている。それによって、児童の素朴な疑問を取り上げたり助言や示唆をしたりすることができる。結果、児童の課題の質が深まり、より本質的なものに発展していったと考える。

(2) 追究意識を持続させる工夫

　児童が課題意識を持ち、自ら考え、主体的に判断する場を設定し、動き出し動き続ける場を工夫している。たとえば、児童だけでは解決が困難だと見取ったときには、「専門家とのつながり」へ橋渡ししている。専門家に積極的に働きかけることで、作るものの「デザイン、体験の流れ、必要なもの、必要時間、場所、材料費」等について知識を広げ、自分たちで何ができるか考えを深めていく様子が見られる。

　また、「チームの話し合い時間」を確保している。全員が意見を言えるように国語科の「話すこと・聞くこと」の学習活動と関連化させて、その活用の場を設定している。さらに、福田教諭も「児童の学びを支えるICT活用」の項目で記述しているように、「ICTや思考ツールの活用」が、うまく児童の学びを支えている。

❷担任教師にも必要なカリキュラム・マネジメント力

　学校のカリキュラムに社会的意義を創り出していくためには、本実践のように**総合的な学習の時間**をコアにして、その探究活動の中に、各教科の学習活動や外部人材をリンクづけしていくことを進めたい。それによって、教科の学習では越えることができなかった境界を、

越える経験をすることができるのである。そして、これらのマネジメントは、その学級の児童の実態を把握している担任教師にこそ、できることである。

　本実践では、国語科と関連させることで、教科書教材ではない「児童の必然性のある教材」を示すことができた。それによって、**総合的な学習の時間**における協働的な学びが促進されている。地域の文化を担う専門家から学ぶ活動においては、その人の文化を守りたいという思いにまで触れることができている。このように、教科や専門性という境界を越える学びの中で、児童が地域や自分自身を見つめ直し、自分と他者との関係を深く考えていく学習が成立したと考える。

　また、カリキュラム・マネジメントは、「教育実践の質の向上のためにPDCAサイクルの確立」を示している。本実践においても、福田教諭が「カリキュラム・マネジメントのポイント」において「繰り返し行う形成的評価」を示しているので、ぜひここも参考にされたい。

❸STE(A)M教育の視点から見えること

　本実践においては、PBL（Problem-based LearningあるいはProject-based Learning）学習法を取り入れ、うまく学習者の主体性を引き出している。このように、自分たちで発見した問題を解決に向けて見通しを持ち、答えが1つに決められない問題について解決するという経験を通して学ぶ学習をこの時期に体験しておくことは、学習者主体のSTE(A)M教育の授業づくりへとつながることであると考える。

3

●**教科・領域** 総合的な学習の時間　社会科　理科　国語科　家庭科　道徳

わたしたちの
未来の食卓を考えよう

間城 美和　高知市立高須小学校

◎**ICT環境**　3、4人グループにタブレット端末1台（必要に応じて2台）
　　　　　　　MESH[※]

※センサーやスイッチなど様々な機能をもつブロックとアプリを組み合わせて、アイディアを形にできるツール。

本実践に至る経緯

　日本の食を取り巻く状況は、自給率の低下や農業就業人口の減少と高齢化など、問題を抱えている。校区には田畑が多く、5年生では例年、近隣の農家の協力を得て米作り体験学習を実施しているが、そこで学んだ農家の方々の現状に対する思いや願いと、自分たちを取り巻く食の事情とを結びつけて考えることはなかなか難しい。

　児童が20歳になる2030年ごろの日本は、これまで経験したことのない超高齢社会となり、労働力不足や介護医療制度の維持など、様々な問題が起きると予想されている。また、AI、IoTといったデジタル技術の急速な進化、導入により、社会は日々変化し続けている。この大きな変化が予想される社会の中で生きていく児童には、体験活動を通して「食」や「農業の大切さ」といった社会の現状を自分ごととして理解し、課題に対してどのような行動をするのか、思考し行動し続ける力が重要となる。

　そこで本単元では、これまでのプログラミング教育の実践をベースとして、各教科等で学んだ知識を関連させながらプログラミング的思考を育み、社会に役立ち、社会を生き抜くことができる児童の育成に励みたい。そのためにも、カリキュラム・マネジメントを含めたプログラミング教育について研究していきたいという思いに至った。新しい取り組みを考えるのではなく、毎年5年生が行ってきた米作りを起点に学習を広め、より深めることはできないかと考え本実践を計画した。

実践の概要

　本稿では、**総合的な学習の時間**に取り組んでいる米作り体験学習を起点に、社会科、国語科、理科、家庭科、道徳の学習と関連させながら進めた実践を取り上げる。本実践は、各教科の知識をインプットした後、農業に携わる方々から現在の農業について話を聞き、農業の現状、苦労、取り組みについての情報を収集し、身近な問題として捉えさせた。さらに農業機械を製造している会社や高知で開発されている最先端技術を学ぶために**ものづくり総合技術展**（高知県産業振興センター主催）[1]を見学する等、実際に未来を見据えて活動している人々の姿から学んでいった。体験を踏まえたり、実際に見たり、聞いたりする中で学習を進めること、自ら課題を見つけ、解決に向けて主体的に追究することができた。

単元構想

　本学級は、5年生32名である。本年度は、児童が社会の担い手となる未来において、より豊かな「食卓」を実現するために、消費する立場や生産に関わる立場それぞれで何ができるのか、考えさせていった。

　本単元では、これまで学習してきたことを生かして、日本の課題でもある食料自給率を高める取り組みや高知の農業の未来について考えた。また、学習過程で捉えた、農業の新たな課題を解決するために、収集した情報（技術、アイディア等）を取捨選択し、課題に合わせて情報の適切な組み合わせを考えたり、どのように組み合わせ方を改善したりすれば、課題解決により近づくのかといったことを論理的に考えていくプログラミング的思考を身につけられるようにしていった。

　学習を進める上では、実際の米作り体験学習、農家やJA、高知農業改良普及所の方の話、**ジュニア農林水産白書2019**[2]などの学習から課題を見いだし、自分たちにできることについて、根拠をもって考えることを軸にした。また、これまでの経験や聞き取りから得た情報をまとめる際には、互いに質問をし合い、相互評価によって互いの思考や表現の質を上げるという言語活動の充実の工夫を図った。

単元の流れ

✎ 実践概略

　1学期から2学期前半には、農業について様々な視点から情報を集め、農業や食について知ることを中心に取り組んだ。米作り体験学習、農家やJA、高知農業改良普及所の方からの講話、農機具製造工場やものづくり総合技術展の見学により、農業について体験を通して学習を

進めた。同時に、各教科で「農業」「米作り」「植物の成長」などをキーワードに、関連する単元の学習を進めてきた。

　そして、これまで学習してきたことから農業の課題を明確にし、その課題を解決できるように既存の技術等を活用しながら根拠をもって解決策を考えた。自由に発想するだけではなく、考えたアイディアをJAや高知農業改良普及所の方に見ていただき、アドバイスを受けながらより実現できそうな解決策として再構成した。

　また、課題の解決に向けた解決策になっているか、参観授業等においてポスターセッション形式での発表等を行い、参観者からのフィードバックを受け学習を深めていった。児童の思考の流れを踏まえつつ、**総合的な学習の時間**と各教科等との流れを単元構成図にまとめた（表1）。

	総合的な学習の時間	付けたい力	関連教科
1学期から2学期前半	『農業の現状を知ろう』（全13時間）	• 見学や体験等を通して、農業に関する情報・根拠を収集する力 〈関連教科〉 • 各教科の単元の目標を身につける • 農業に関する情報・根拠を収集する力（機能、価値、感情）	単元のねらいに沿った学習を行う中で米作りについて触れた教科等 理科　『植物の発芽』 　　　　『植物の成長』 　　　　『植物の実や種子のでき方』 社会科『米作りのさかんな地域』 　　　　『これからの食糧生産』 家庭科『食べて元気に』 道徳　『美しい夢—ゆめぴりか—』 単元のねらいに沿って学習後、発展学習として米作りを関連させた教科 国語科『資料を生かして考えたことを書こう』
2学期	『農業の課題を明確にしよう』（全2時間）	• 知識を統合する力	
	『課題解決に向けてのアイディアを考えよう』（全8時間）	• 思考、行動を融合し循環させる力	
3学期	『アイディアを提案しよう』（全4時間）	• 自分たちのアイディアを通して、持続可能な社会を実現しようとする力	

▲表1　単元構成図

✎ 関連教科

　総合的な学習の時間を軸に、各教科の単元の学習内容と関連できる部分を関連させ、両方の学習が深まるよう取り組んだ。

● 理科　『植物の発芽』『植物の成長』『植物の実や種子のでき方』

　単元を通して「植物の発芽には、水や空気および温度が関連していること・植物の種子の中の養分をもとにして発芽すること」「植物の成長には、日光や肥料などが関係していること」を学習してきた。

この学習と同時期に、**総合的な学習の時間**において、もみまきを行った。児童は、もみまきから田植えまでの間、理科の学習で学んだことを稲の成長にも重ね合わせ観察した。水や温度などに注意しながら管理し、発芽していく稲の様子を毎日記録していった。

● 社会科 『米作りのさかんな地域』『これからの食糧生産』

米作りが盛んな地域での人々の様子や工夫・努力、米作りの年間の流れ、農家の課題と安全性や質の向上等に取り組む人々の思いなどについて教科書をもとに学習した。また、教科書だけではわからない世界各国の状況などについて学ぶため**ジュニア農林水産白書2019**を活用した。この学習の際、日本の農業についての学習と併せ、高知県の農業がどのような状況であるのか、さらには校区近辺ではどのような状況で、どのような取り組みをしているかについても考え思想を深められるようにした。

● 家庭科 『食べて元気に』

本単元では、食品に含まれる栄養素の体内でのはたらきを理解したり、五大栄養素のはたらきによる食品のグループ分けを理解したりする学習を行った。さらに、ご飯とみそ汁の調理実習を行った。このとき、他教科や**総合的な学習の時間**では学んでいない玄米からぬか層をとったものを胚芽米ということなどの学習をしたり、ご飯に含まれる栄養素についてなど、家庭科で学習する内容の理解を深めたりしている。また、品種改良や栽培方法の工夫により、全国各地で米が作られていることなどについても学習を深めた。

● 道徳 『美しい夢—ゆめぴりか—』

「私たちの生活は、地域の発展のために尽くした先人たちの多くの努力の上に成り立っていることを知り、受け継がれている地域の伝統や文化を尊重しようとする心情を育てる」ことをねらいとしたこの教材を取り上げた。この教材を通して、中心となる人物の気持ちについて学習した後、高知で多く作られている「コシヒカリ」を作っている人に焦点を絞り、どのような思いや願いをもっているかを考えさせた。

上記4つの教科においては、各単元の学習内容と併せた形で、高知の農業について考えさせてきた。本来の教科の学習に加え、高知の農業や米作りについて触れていった。

✎ 国語科 資料を生かして考えたことを書こう（全5時間）

● 単元概要

「資料から情報を読み取り、読み取った情報を活用して、文章を書いたり資料を選択したりすることができる」を単元の目標として学習を行った。

まず教科書に示されている写真やグラフなどを活用して環境問題について自分の考えを記述した。教科書で学習した方法と同じ方法で、農業に関係する写真やグラフなどをもとに自分の考えを記述した。農業に関する資料として、諸外国の食料自給率を示したグラフ、1965年から2025年までの日本の食料自給率を示したグラフ、ロボット技術やICTを活用したスマート農業に関する写真、高知県の農業の現状を示したグラフや写真を載せた資料を提示した。自分の考えを記述する際には、これらを根拠に書いていった。

写真1の作文は、**ジュニア農林水産白書2019**のグラフや写真を根拠に自分の考えをまとめている部分である。この作文の最後にある地産地消については、農家やJA、高知農業改良普及所の方の話の中でも複数回出てきた。そのため、児童の中でも地産地消の大切さを考えている児童が多かった。また、外国からの輸入が多いことについて触れている児童も多く、今の自分たちには何ができるのかということについて考えをまとめているものも複数見られた。

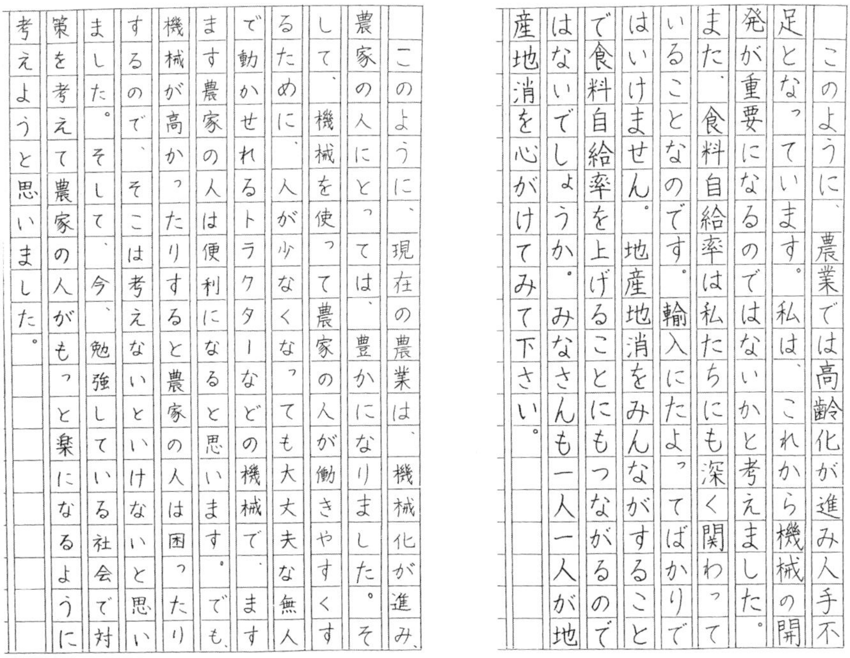
このように、農業では高齢化が進み人手不足となっています。私は、これから機械の開発が重要になるのではないかと考えました。また、食料自給率は私たちにも深く関わっていることなのです。輸入にたよってばかりではいけません。地産地消をみんながすることで食料自給率を上げることにもつながるのではないでしょうか。みなさんも一人一人が地産地消を心がけてみて下さい。

このように、現在の農業は、機械化が進み、農家の人にとっては、豊かになりました。そして、機械を使って農家の人が働きやすくするために、人が少なくなっても大丈夫な無人で動かせれるトラクターなどの機械でますます農家の人は便利になると思います。でも、機械が高かったりすると農家の人は困ったりするので、そこは考えないといけないと思いました。そして、今、勉強している社会で対策を考えて農家の人がもっと楽になるように考えようと思いました。

▲写真1　児童が書いた作文

総合的な学習の時間　［小単元Ⅰ］農業の現状を知ろう（全13時間）

●単元概要

小単元Ⅰでは、自分たちの主食である米（農業）について、体験・講話・見学などを通して情報を獲得し、知ることを中心に進めた。もみまき、しろかき、田植え、稲刈り体験を行う中で、育てることの喜び、楽しさ、大変さ等を、体験を通して感じることができた。一度の体験だけではわからないことについて、農業に携わっている方から話を聞いたり、普段触れることのない最新技術を見学しに行ったりした。

農家の方からは、農業を続けていく上での喜び、苦労などについて聞いた。さらに、JAの方からは、地域の農業の現状や課題などについて、高知農業改良普及所の方からは、県や国の取り組み、最先端技術を使った農業等について話を聞くことができた。

続いて、農業機械の製造工場へ見学に行った。ここでは、作物を作る以外の面でも農業を支える仕事があること、農機具を製造する上でも機械化されている部分と人が手作業をしなければいけない部分とに分かれていることなどについて学んだ。農機具については見学したが、他の最新農業技術を知るため**ものづくり総合技術展**へ見学に行き、高知にはどのような企業や技術があるかなどについて見聞きしながら学習した。

どの学習においても、農業をいろいろな視点で見ることができるよう、様々な体験をさせること、農業に携わるいろいろな方と出会い、話を聞ける場を設定することに力を入れ取り組んだ。

●農業に携わる方の話を聞こう（全3時間）

関連教科の学習や米作りの体験学習だけではわからない具体的なことを学ぶため、農業に携わる方から話を聞いた。講話によって、教科書では触れられていない、自分たちの住む地域のことや最先端の情報を学ぶことができた。教科書での学習や体験も重要であるが、聞くことによって、今後の学習の根拠を得ることができた。下記の児童の感想からも、体験や外部講師による講話などによって、農業の現状や課題について考えることができたことがわかる。

〈農家、JA、高知農業改良普及所の方の講話後の感想〉

- 国内の米の食料自給率を上げるために私たちにできることは地産地消をすることだと考えた。各地域で地産地消をすることで、地域の産業が盛んになるし、自分たちも新鮮なまま食べられる。また、地産地消が広がることで国内の食料自給率を上げることにもつながると思った。
- 日本の食料自給率を上げるために私たちにできることは、農家や食に興味をもったり、パンより米を少しでも多く食べたりしたらいいと思った。また地産地消をしたら、新鮮なものが食べられるし、農家の人も助かるので、できるだけ高知産の米を食べようと思った。農家の人が抱えている問題を解決するために自分でもできることはないか考えようと思った。

✎ 総合的な学習の時間 ［小単元Ⅱ］ 農業の課題を明確にしよう（全2時間）

●単元概要

これまでに学習してきた農業に関する課題、食料自給率の低下を、より具体的にし、明確化

する時間とした。児童は、学習を深めていく中で食料自給率を上げるためには、農業に関する課題だけではなく、消費者が関係していることを挙げた。そして農家を生産者、JAや高知農業改良普及所の方を支援者、家庭を消費者と分類し、それぞれの立場にはどのような課題があるのかを明確にした。その中でも、どれが一番の課題か考え、その課題を解決できる方法を自分たちで考えていった。

●課題の洗い出し

　小単元Ⅰの学習の際、各体験や講話ごとにわかったことや考えたことを書き記してきていた。そのワークシートやこれまでに集めた資料等をもとに3つの立場の課題を出していった。各立場の課題を1枚に書き出すことによって、全体の課題を把握することができた（**写真2**）。ワークシートの上半分には、課題と考えたことを書き出した。そして下半分には、上半分で挙げた課題の中でも一番の課題であると考えているものを書き出した。生産者、支援者については、体験したり、これまでの学習から感じた課題を中心に挙げた。消費者については、日頃自分で感じていることや家庭で聞き取ってきたことを課題として挙げた。この活動を行うことで、学習を整理したり、課題を明確に捉えることができた。

	課　題	理　由
生産者 （農家）	・後継者不足 ・お米の価格の低下 ・天候の問題 ・水の管理	→ 高れい化が進み、若い農家が減っていて人手不足だから。 → お米があまって、ねだんが下がって農家の人が困っているから。 → 地球温だん化で、米へのえいきょうが大きいから。 → 高れい者が多く、水の管理が大変だから・手間がかかる
支援者 （JA・普及所）	・角に、植えたりするのが、むずかしい。 ・米の品質低下 ・天候と害虫の対策	→ 角は植えたりかったりするのがむずかしく、手作業なので大変だから。 → 天候や害虫のえいきょうで、品の良いお米が作りにくく、おいしい米が作れない。 → 天候と害虫のえいきょうで、品の良い米が作れなくなっているから。

	課　題	理　由
生産者 （農家）	後継者不足	高れい化が進み、若い農家が減っていて、人手不足だから。
支援者 （JA・普及所）	天候と害虫の対策	天候と害虫のえいきょうで品の良い米が作れなくなっているから。

▲写真2　課題を書き出したワークシート

●課題の決定

　3つの立場の中から自分が解決していきたいと考えた1つを選び、同じ課題意識をもったチームをつくり考えていった（**写真3**）。まずクラス全員から出された課題のうち似ている課題をまとめ、何のカテゴリーかわかるようタイトルをつけていった。このカテゴリーから、自分たちが解決策を考えていきたい課題を決めた。

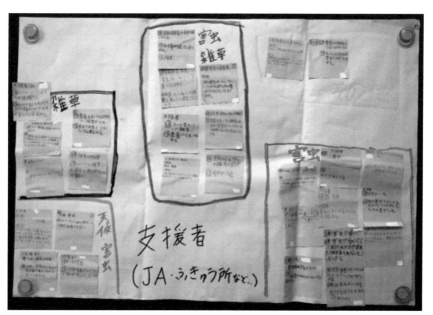

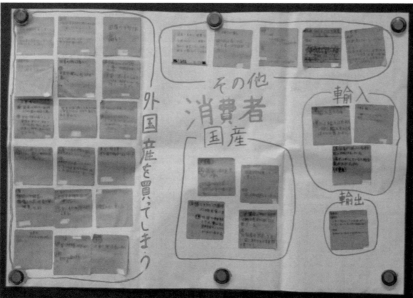

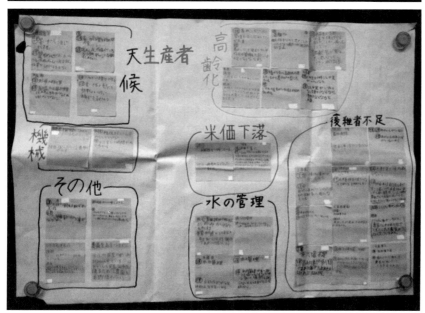

▶写真3
3つの立場：支援者、
消費者、生産者

総合的な学習の時間 ［小単元Ⅲ］課題解決に向けてのアイディアを考えよう（全8時間）

●単元概要

前時で決めた課題に対する解決策を、絵と言葉を使って考えた。1つの課題について考えていく人数を3、4人程度とし、全10チームが自分たちの決めた課題について考えを出し合っていった。

考えるときには、自分の立場・課題を明確にした後、MESH [3] のセンサーと児童がこれまでの学習で得た最新技術等をまとめたアイテムシートを使いながら解決策を考えていった。1回目は、自分たちで自由にアイディアを出し合い、絵や言葉で表していった。そして、そのアイディアをもとに、二度三度と再構成を繰り返し、最終的なアイディアを考えていった。

●最初のアイディア

これまでの学習を整理し、生産者、支援者、消費者の3つの立場で解決策を考えていくことを確認した。解決策を考えるときには、自分たちの課題を明らかにした後、その課題解決に役立つと考えたセンサーを選びながら解決方法を考えていった（**写真4**）。

▲写真4　最初のアイディアを考える

- ●生産者（4チーム）：高齢化、後継者不足、水の管理を課題として取り上げ、その解決策を考えている。
- ●支援者（4チーム）：［小単元Ⅰ］で学んだ害虫、雑草（スーパー雑草）についての解決策を考えている。
- ●消費者（2チーム）：2チームとも、意見の多かった「外国産のものを買ってしまう」ということを課題に挙げ、解決策を考えている。

幅広い児童のアイディアに対応するには、［小単元Ⅰ］で学んだセンサーだけでは数が限られているため、多種のセンサーが含まれているMESHを用いることにした。自分たちの身近で使われている複数のセンサーが利用できるため、自分たちのアイディアと結びつけて選択・検討しやすいのではないかと考えた。また、まったく新しい技術を開発するのではなく、既存の技術の組み合わせで課題を解決することを目指すため、MESHのような既存のセンサーを踏まえたアイテムシートを準備した。

●1回目の再構成アイディア

これまでの学習をもとに課題解決のアイディアを考えてきたが、学習を重ねる中で農業について質問が出るようになった。そこで、農家、JAの方へ質問を行った。その回答をヒントにアイディアを再構成した（**写真5**）。

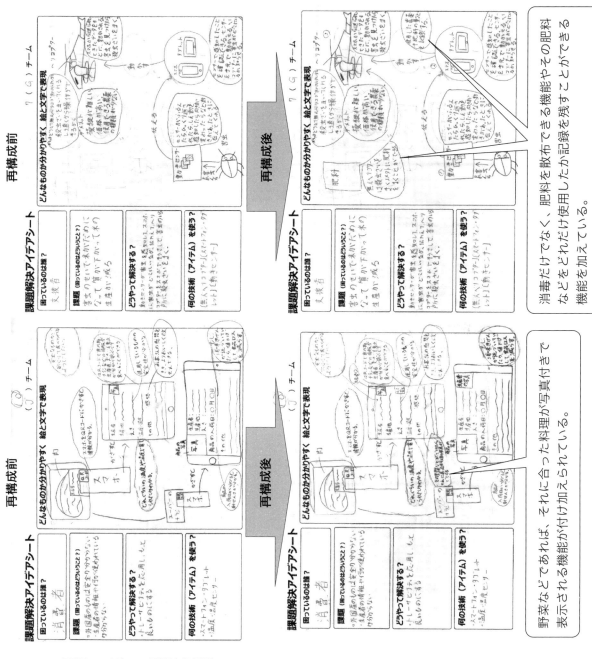

▲写真5　アイディアの再検討［1回目］

●2回目の再構成アイディア

　再構成前のアイディアを高知農業改良普及所の方に送り、全チームにアドバイスをいただいた。そのアドバイスをもとに、アイディアを再構成した。また、この時間は、小学校の先生を中心とした公開授業であったため、参観者からもアドバイスをもらいながら再構成した。

　これまでJチームには、外国産の商品についての表記が見られなかった。しかし、普及所の方のアドバイス後、外国産の商品についてのアイディアが記述されたり、消費者側・生産者側どちらにとってもメリットが得られるようなアイディアも加わったりしている（**写真6**）。再構成前と比べ、アイディアに対する視点が広がっていることがわかる。

　Gチームは「デメリットを解決するために何ができるかを考えてみると良いのではないで

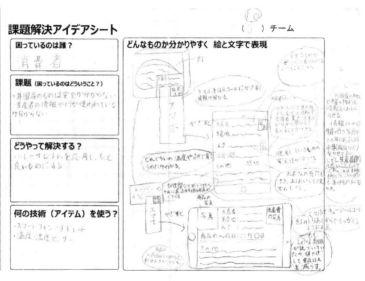

▲写真6　児童に渡したアドバイスシート（左）と、それをもとに児童が書いたワークシート（右）

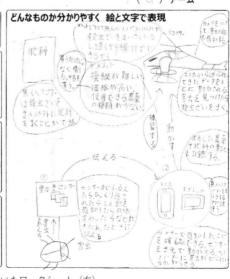

▲写真7　児童に渡したアドバイスシート（左）と、それをもとに児童が書いたワークシート（右）

しょうか」というアドバイスを受け、解決できる方法についても新たに考えを加えている（**写真7**）。

Jチームは、社会科の他の単元である水産業で学習したトレーサビリティを応用したアイディアを考えていたが、他のチームでも積極的に社会科の教科書、［小単元I］で書きためてきたワークシートなどを活用しアイディアを出し合っていた（**写真8**）。

また、自分たちの考えたアイディアを農業に携わっている方に見ていただいてアドバイスをもらうことによって、これまでとは違う視点で見直すことができた。アドバイスの中

▲写真8　アイディアを再構成中のチーム

には、バイオマスエネルギーについて触れるものもあったが、このアドバイスがきっかけでバイオマスエネルギーについて興味をもち、自分たちで調べて深めることができた。

●［小単元III］の中で

児童の豊かな発想について、相手に納得してもらったり、アイディアに現実味をもたせるための根拠をもって相手に伝えたり、考えたりすることができるように取り組んできた（**写真9**）。さらに再構成を行う際には、課題が何か、それをどのように解決していくかを明確に説明できるようにチームで話し合ってきた。

そのため、再構成によってどこをどのように改善したのか、またそれはなぜそうするの

▲写真9　アイディアを発表する児童

かなど具体的に発表することができた。機器に慣れている児童は少なかったものの、それぞれ助け合いながら機器を活用して自分たちの考えをまとめ、相手に伝えることができた。

●MESHで実現

児童は、これまでにも身近な問題を解決するためのアイディアを出し合って発表するという経験をしてきている。しかし、紙面での発表だけではなく、自分たちで考えたアイディアを実際に形にして動かすことによって、より問題を自分ごととして捉えたり、相手に自分たちの考えを伝えたいという気持ちが育つのではないかと考えた。

それまで考えてきたアイディアすべてを実現することは困難なため、その中でも今の自分たちが実現できそうな部分を取り出し、実際に動かしてみた。このとき、人感センサー、光センサー、明るさセンサーなど、身近でよく使われているセンサーを利用できるMESHを活用した。

今回は、児童のアイディアに風車に似たものが多かったため、生活用品を活用して風車を作成し、それをMESHで動作のプログラムを組んで動かした。アイディアの一部を実際に動かすことができたことによって、今ある農業の課題を自分たちでも解決することができるのではないかという思いを育むきっかけとなったように感じる。

✎ 総合的な学習の時間 ［小単元Ⅳ］ アイディアを提案しよう（全4時間）

●単元概要

これまでの学習をまとめ、パネルセッション形式で発表するために以下のチームに分かれて発表した。

- 「日本の食事」をテーマに、日本の食料自給率の変化・現状、「フード・アクション・ニッポン」の取り組みなど、日本の食に関することを調べてまとめたチーム
- 「日本の農業」をテーマに、全国の農業（米作りを中心に）、安全性、地産地消などに関することを調べてまとめたチーム
- 「お米ができるまで」をテーマに、自分たちの田おこしから稲刈りまでの体験や体験したことについてさらに調べたことなどをまとめたチーム
- 「未来の農業」をテーマに、高知農業改良普及所の方から学んだスマート農業のことや課題解決のために考えた自分たちのアイディアを発表したチーム

1年間の中で実際に体験したこと、体験の際に教えてもらったこと、見学先で見聞きしたこと、教科書で学んだ知識とそこからさらに調べたことなどをまとめた。最終発表として保護者に発表を行ったが、それまでに友達に向けて発表し合い、フィードバックを受けて内容を高めていった。

実践を終えて

実践にあたり、これまで行われてきた米作り体験学習を起点に、どのように学習を進めるか検討してきた。体験で学ぶことや教科書で学ぶこと、その仕事に携わる方々から聞いて学ぶことを、1年間の中にどのように位置づけ、どのような流れで学習を計画すると効果的なのか考えた。

学習の前半では、農業全般に関連することを教科書、体験、見学を通して、様々な視点から

学んだ。その後、これまでの学習で学んだ中から課題を見いだしていった。

　そして後半では、児童が主体的に取り組んだり、個々の考えを出し合い、互いに試行錯誤していく中で個々の理解を深めていったりするなどの姿が見られた。

　この実践を通して、どの学習でも知識をインプットするだけではなく、いかにアウトプット（表現）させるかに重点を置いて単元を構想することが必要であると感じた。また、アウトプットしたことについて、さらに深める活動を取り入れることによって、より学習が深まるように感じた。

　本実践では、JAや高知農業改良普及所の方に課題解決のアイディアを提案するところまでを予定していたが、提案が実現できなかったため課題も残る。しかし、多面的に情報を収集し課題意識をもち続けながら思考したり、様々な考えに触れ課題解決にふさわしいアイディアを試行錯誤する中で生み出そうとしたりすることで、学びを深めることができたと考える。

カリキュラム・マネジメントのポイント

　これまで**総合的な学習の時間**の中で取り組んできたプログラミング教育の実践とカリキュラム・マネジメントには、

● 教科等横断的な教育の内容を組織的に配列していくこと
● 児童の実能や地域の現状等に関する調査等に基づき、PDCAサイクルを確立すること
● 必要な人的・物的資源等を、地域等の外部の資源も含めて活用しながら効果的に組み合わせること

の中央教育審議会答申に示される3つの側面を重ね合わせることが必要であると感じた。その中でも、特に2つのことについて取り上げる。

✎ ❶教科等横断的な教育の内容を組織的に配列していくこと

　今回であれば米作りの学習を軸に据えることによって、各教科の内容と関わらせながら米作りについて深めることにもつながった。それぞれの学習をすることと、それを効果的に関連づけることの大変さはあった。しかし、一方の学習だけでは具体的にわからないことであっても、教科等横断的に取り組むことで、相互の教科の内容を深めることができた。また、**総合的な学習の時間**の中では、探究的な学習や協働的な学習も重要であるとされている。探究的な学習を実現するため、

　　（1）課題の設定→　（2）情報の収集→　（3）整理・分析→　（4）まとめ・表現
の探究のプロセスを明示され、学習活動を発展的に繰り返していくことを重視している。

✎ ❷必要な人的・物的資源等を、地域等の外部の資源も含めて活用しながら効果的に組み合わせること

本実践の取り組みから必要性を強く感じた。これまでには外部の資源等を活用しない**総合的な学習の時間**を行ったことがあったが、その実践と本実践を比べると、児童の主体性、学習の広まりや深まり等が増しているように感じた。

教科書や資料だけではわからない言葉や地域等の具体的な状況を教えてもらえることで、未来の社会を考えるときや実社会のことを考えるときに活用することができた。外部講師を招いたり見学や体験をしたりすることは、教師にとって負担も大きい。しかし、他の学習においても、本単元で学んだことが生かされていると感じることが多くあった。本実践だけでも外部の方々とのつながりの大きさを感じるが、他教科の中で本学習が生かされている場面に出会うと、とても重要な取り組みとなったと感じる。

改訂された**小学校学習指導要領解説【総合的な学習の時間編】**[4]においても、これまで以上に**総合的な学習の時間**と各教科等との関わりを意識しながら、学校の教育活動全体で教科等横断的に資質・能力を育成していくことが示されている。そのことからも、激しい変化を遂げている社会を生き抜いていく児童にとっては、教科等横断的な教育を探究のプロセスで学ぶことが必要であるように感じる。

参考文献

[1] 高知県産業振興センター「ものづくり総合技術展」
URL https://joho-kochi.or.jp/mono/mono/sogo/mono_exhibition.html
[2] 農林水産省「ジュニア農林水産白書」
URL https://www.maff.go.jp/j/wpaper/w_junior/
[3] SONY「MESH」公式サイト
URL https://meshprj.com/jp/
[4] 文部科学省「小学校学習指導要領（平成29年告示）解説」【総合的な学習の時間編】（平成30年2月）
URL https://www.mext.go.jp/a_menu/shotou/new-cs/1387014.htm

佐藤 幸江
元・金沢星稜大学

間城実践を振り返る

❶総合的な学習の時間の取り組みとして

　日本の「食」を取り巻く学習に関しては、5年生社会科の米作り体験を通して、感動したり新たな思いや願いが生まれたりすることが多く、様々な学習成果が提案されている。けれども、本実践はそこにとどまらず、日本の自給率の低下や農業就業人口の減少と高齢化問題等へも目を向けさせたいと、農業に携わる方々から現在の農業について話を聞き、農業の現状や苦労等についての情報を収集し身近な問題として捉えさせている。未来の社会の担い手となる自分自身が、より豊かな「食卓」を実現するために、消費する立場や生産に関わる立場、多様な立場を想定し、それぞれで何ができるのか考えさせるという学習を展開している点に、工夫が見られる。

❷担任教師にも必要なカリキュラム・マネジメント力

　実践にあたり間城教諭は、体験で学ぶことや教科書で学ぶこと、その仕事に携わる人から聞いて学ぶことを、1年間の中にどのように位置づけ、どのような流れで学習を計画すると効果的なのか、また様々な教科の学習内容を関連づけることができるのかという検討を重ねている。これは、担任教師にしかできないカリキュラム・マネジメントである。自身の学級の児童にどのような力をつけるために、どのように学ばせたいかという思いと、学習の途中でも児童の思考の流れを見取り、立ち止まって軌道修正をかける勇気が必要であることを示唆している。

❸STE(A)M教育の視点から見えること

　食料自給率を高める取り組みや高知の農業の未来について考え、それぞれが発見した課題を解決できるように既存の技術等を活用しながら解決策を考えている点は、STE(A)M教育における技術や工学的な視点を意識した学習であると言えよう。

　さらに、単に奇想天外な発想ではなく、より実現可能な解決策となるように、考えたアイディアをJAや高知農業改良普及所の方に見ていただき、アドバイスを受けている。最終的に予定したJAや高知農業改良普及所の方に課題解決のアイディアを提案するところまでいかなかったのは残念であるが、第6学年になったときに、この教科横断的に探究的に学んだ力は、きっと生かされていくことと思われる。このような学習を重ねることで、自身が未来の担い手として、より良い社会を創っていくという意識が熟成されることが期待される。

4

●**教科・領域** 総合的な学習の時間　算数科

お笑いを科学しよう!

盛山 隆雄　筑波大学附属小学校

◎**ICT環境**　iPadがグループに1台、PCルームに1クラス分のタブレット端末

本実践に至る経緯

　筑波大学附属小学校の**総合活動部**（校内における**総合的な学習の時間**の研究部）では、2019年6月より世界に目を向けた新しい**総合活動**をつくりたい、という思いから「STEM⁺**総合活動**」を研究テーマに実践に取り組み始めた。「STEM⁺**総合活動**」の意味を次のように定義している。

> イノベーションを創りだす力を育てるために、子どもが本来もっている力を生かして、子どもが決めた課題を、科学、技術、数学、芸術等に関わる内容を横断的・総合的に活用して追究する活動

　本校の**総合活動**が最も大切にしてきた児童の問いを生かした活動をつくることは、たとえSTEM総合になっても変わりはない。そこで、新たに「STEM⁺（ステムプラス）」という言葉が生まれた。「＋」という記号に児童が本来もっている力（問いをもつ力、素直さ、生き生きとした意欲）をイメージしようと考えた。

　STEMについては、学ぶ内容としての位置づけではなく、児童が解決したい課題に取り組むときの方法、道具とする位置づけである。しかしながら、STEMを活用することで、STEM自体への興味関心が高まることもあり、学ぶ内容そのものになることもあると考えている。

　本実践は、このような経緯の中で生まれた。児童の設定する課題を追究するために、いかにSTEMを活用するかがポイントである。

実践の概要

　本実践は、クラスで「お笑い」をつくることを目的としている。5年生のときに総合的な学

習の時間を使って『走れメロス』の劇をつくり、保護者の前で披露した。シリアスな劇を演じた児童たちは、次は「お笑い」をやりたいと言った。それを実現するために、「吉本新喜劇」[1]を観劇したり、座長の石田 靖氏に特別に来校していただいたりし、気持ちを盛り上げた。さらに、吉本新喜劇や漫才、落語などのビデオを見ながら、どのような観点で笑いが起きるのかを分析し、グラフ化を試みた。そして、自分たちが分析した観点を参考に、お笑いづくりに挑戦した実践である。

本実践に取り組むうちに、児童たちは、今までの経験や感覚でお笑いをつくるのではなく、分析した結果をもとに自分たちのお笑いについて考える姿が見られようになった。また、他の教科の学習の中でも自信をもって自分の思いや考えを表現し、積極的に友達とコミュニケーションをとる姿が見られるようになった。

単元構想

本学級は6年児童32名の学級である。男女分け隔てなく仲が良く、みんなで協力して1つのものをつくることができる学級になってきた。4年生のクラス替え間もない頃は、活発に意見をする児童が多い反面、そういった児童に押されて、自分を表現することに臆病になっている児童がいた。そのため、クラスの雰囲気がやや重く、全体的に遠慮しているような感じがあった。

そういった実態から、4年生のときに、表現することの楽しさや良さを学ぶために、**総合的な学習の時間**に一人一人が活躍できる劇づくりをし、保護者の前で披露することを提案した（本校では**総合的な学習の時間**を**総合活動**と呼ぶため、以下**総合活動**と称する）。そのときにつくった劇は『走れメロス』。感動するような劇をしたいという児童の発想から、児童と相談しながら脚本や演出を考えた。結果的に、この劇に保護者は感動し、涙する人も多くいた。

総合活動では、児童の問いや児童のやりたいことを実現することを大切にしている。『走れメロス』の劇づくりは、まだ種まきの段階と認識していた。児童は感動するような劇をしたいと言ったが、『走れメロス』という作品を提案したのは教師であり、脚本をつくったのも主に教師である。だから、比較的短時間で劇を仕上がることができた。

しかし、1本いいものをつくり、それが参観者に高く評価されると、児童たちは、また別のことをやりたくなる。次への意欲が湧く。それをねらっていた。案の定、この劇を終えた後に児童たちから、「次はお笑いをやってみたい！」という積極的な意見が出てきた。この児童たちのやりたいことをもとに、5年生になってから、喜劇づくりの単元の構想を練ったのである。

今回の喜劇づくりを行う上での条件を次のように考えた。

❶ 本物から学ぶこと
❷ 喜劇を分析すること（STEMの活用）

❸ 喜劇をつくること（グループでつくり、クラスでつくることにつなげる）

　本単元を構想するにあたり、事前に吉本興業に連絡をとり、これから行う喜劇づくりについて相談し、協力をお願いした。その結果、吉本新喜劇の観劇が可能なこと、その際に座長の石田氏が出てきて児童たちと話をしてくださること、その後に来校して喜劇づくりについて簡単に指導をしてくださること、この3つの約束を取りつけることができた。

　6年生の11月の若桐祭という本校行事のときに、本学級は、全校児童の前で劇を披露することが決まっていた。4年生でつくった『走れメロス』、5年生の喜劇づくりは、そのための布石という考えでもあった。

単元の流れ

✎ 実践概略

　お笑いをつくることが大きなテーマになり、みんなで話し合いをした。その結果、お笑いとは何か、お笑いはどうやってつくったらいいのか、といったことが話題になった。

　それを解決するために、まずは本物から学ぶことになった。日本の「お笑い」で最も有名な喜劇といえば「吉本新喜劇」という発想が児童から出てきた。そこで、吉本新喜劇を鑑賞し、その感想などを手紙にして送った結果、座長の石田氏と交流することができた。このようにして、本物から学ぶことを実現させていった。

　次に、お笑いをどうやってつくるのか。この問題を解決するために、吉本新喜劇のVTRを視聴し、お客さんが笑う場面は、どのようにして起こったのかを観察した。そして、いくつかのパターンがあることに気づき、そのパターンを笑いの観点として整理した。

　その後、喜劇を見るときには、どの観点で何回笑いが起きたかを数え、表やグラフに表した。この活動は、算数の時間を活用して、どのグラフにするべきかなどを検討しながら行った。そして、表したグラフから読み取れることを話し合った。児童たちはこのような一連の活動によって、笑いをどうやってつくるのかが、少しずつわかってきたのである。

　最後に、実際にお笑いづくりに挑戦した。まずは4人グループで小喜劇づくりをした。脚本や演出はすべて児童たちがつくった。ただ、頭ではわかっていても、実際に演じてみると、笑わせることはとても難しいことがわかってきた。そこには、相手を笑わせる表現力が必要なのだ。しかし、それについても、自分たちの演じる様子をiPadで録画し、何度も見ながら研究して次第に良くなっていった。

　グループごとの喜劇づくりが終わり、いよいよクラスで喜劇づくりをするという段階で、新型コロナウイルスの影響で学校が休校となり、活動は途切れた状態になった。

　しかし、本稿の原稿を執筆している今、新たな案が児童たちから出された。6年生になり、

4月〜5月の休校期間中は、児童たちの心のケアを目的にZoom（ズーム）※1を活用して「おはよう学級会」を毎朝開催していた。児童たちはその経験があったので、Zoomによるパフォーマンスをすることを思いついた。Zoomによる劇である。本実践については、現在進行形であり、これからの展開を楽しみにしている。

総合的な学習の時間	育成を目指す力	算数科（技関連する技能）
『本物から学ぼう！』 （全5時間＋課外）	問題を見つけ、解決に向けて主体的に働きかける力	
『お笑いってどうやってつくるの？』 （全8時間）	STEMを活用して、問題を解決しようとする力	『観点別の笑いの回数をグラフに表そう』 （2時間） 技 Excelを使ってグラフをつくる
『グループでお笑いをつくろう！』 （全10時間）	STEMを活用し、友達と協力して、新しいものをつくる力	
『クラスでお笑いをつくろう！』 （全20時間） 『クラスでZoom劇をつくろう！』	STEMを活用し、友達と協力して、新しいものつくる力	

▲表1　単元構成図

✒ 総合的な学習の時間　本物から学ぼう！（全5時間＋課外）

● 単元概要

　4年生の**総合活動**からの流れを受け、クラスで「お笑い」に取り組むことになった。

　1・2時間目は、「お笑い」について話し合いをした。その話し合いの中で、お笑いとは何か、お笑いはどうやってつくるのか、といった疑問が出された。最終的には、4年生のときに『走れメロス』の劇をつくって披露したように、劇をつくること。それも、見ている人が笑って楽しめる劇をつくる。それが今回の「お笑いづくり」であることを確認した。

　次に、どうやってお笑いをつくるかについては、いろいろな意見が出された。その結果、まずは「一流の喜劇をみんなで見よう！」ということになった。ビデオで見るのではなく、本物から学ぶという意見に皆賛同したのである。これが決まると、児童たちは、わくわくし始めた。

　話し合いの結果、新宿で見ることができる吉本新喜劇を観劇することになった。これについては、学校、保護者の了解を得ていたので、休日の土曜日に全員で観劇をすることができた。

　観劇を終えた際、吉本新喜劇の座長である石田氏が現れ、児童たちに話しかけてくれた。児童たちは、とても感激し、吉本新喜劇を見た感想を伝えることができた。

　翌週の**総合活動**の時間（3時間目）に、児童たちから、

　「石田さんにお笑いを教えてもらえないかなあ。」

※1　PCやスマホなどを使ってWeb会議（複数人数での映像・音声のやりとり）ができるツール。ビジネスミーティングやオンライン授業等で活用されている（無料版では3人以上での利用時・1回当たり40分までの時間制限あり）。**URL** https://zoom.us/jp-jp/meetings.html

という意見が出た。そこで、思いだけでも伝えようということになり、**写真1**を同封して、全員からの手紙を送った。

その週末の**総合活動**の時間（4時間目）に、石田氏が同じ新喜劇の芸人さんを2人連れてサプライズの訪問をしてくださった（**写真2**）※2。

このとき、石田 靖氏から学んだことは、次のような笑いの基本についてであった。

【笑いの基本】

1.「常識的な振り（言動）」

2.「常識外れのボケ」

3.「即座のつっこみ」

▲写真1　クラス全員の願いを込めて石田氏への手紙に同封した集合写真

▲写真2　石田氏はじめ芸人さんたちが来校して指導している様子

5時間目に、吉本新喜劇を見て学んだこと、石田氏はじめ3人の芸人さんたちから学んだことをノートにまとめる作業をした。この5時間で、まさに本物から学ぶということを児童は体験したことになった。

✎ 総合的な学習の時間　お笑いってどうやってつくるの？（全8時間）

●単元概要

お笑いをどうつくるかという問いは、児童たちに大きな課題として重くのしかかった。最初は、「サンドウィッチマン」や「霜降り明星」といった若手お笑い芸人のまねをして、みんなを笑わせたりしていたが、知っているネタが尽きると、はたと立ち止まってしまった。どうすれば笑いがとれるのか。

2時間目に、児童たちが悩んでいたときに、吉本新喜劇のVTRを流した。みんなで観劇した内容とは異なるもので、児童たちはそれを食い入るように見た（**写真3**）。

▲写真3　お笑いのVTRを見て観点を考える授業

※2　吉本新喜劇を観劇することが決まった時点で、観劇後に石田氏が児童たちに言葉をかけてくださることや、学校を訪れてくださることは、計画通りであったが、児童たちには知らせていない。

「どんなときに笑いが起きているのかな？」

という発問をして、ノートにメモをとるようにした。そして、たった9分ほどの映像であったが、その間に何度の笑いが起きたかも数えた。なんと47回も笑いがあった。

3～5時間目には、その笑いが起きる観点を次のように整理していった。これらの人を笑わせる行為（観点）を生かすには、必ず「常識的な振り」があること、その後に「即座のつっこみ」をすることが大切であることも確認した。

---

❶ 言葉のボケ　　　・反対のことを言う。　・言い間違える。　・タイミングをずらす。
　　　　　　　　　・うそを言う。　　・言葉の意味を変える。　・失礼なことを言う。

❷ 動作のボケ（扉をける。いすを引いて転ばせる。店員が商品を食べる。など）

❸ あり得ない理由　・根拠（手がふさがっているもので…）

❹ 劇の中でのコント　・一人でボケとつっこみ。　・登場人物のまね。　・回想シーン。
　　　　　　　　　・舞台上の登場人物にはわからないようにするが、お客さんには
　　　　　　　　　　わかるように説明（打ち合わせ）。
　　　　　　　　　・歌で伝える。

❺ 固定したギャグ　　（じゃまするなら帰ってや。ローテーショントークなど）

❻ ダジャレ　　　　　（おやじギャグ）

❼ 急にテンションを変える（かしこまりました。など）

❽ 同じ笑いを繰り返す

❾ 表情を変える

❿ 笑ってごまかす。または、沈黙

※人をいじる　　　　・個人のマイナスの特徴を何かにたとえる。

　上記の10の観点をつくる過程を補足すると、まずVTRを見て児童たちがノートに書いた「笑いの観察メモ」をもとに、どんな場面で笑いが起きたかを1つ1つ挙げていった。そして、47回の笑いを仲間分けし、それぞれの集合にタイトルをつける作業をしたのである。特に「言葉のボケ」としてまとめられる内容が多く、まずはそこを切り口にまとめていった。

　6～8時間目には、これらの観点をもとに、吉本新喜劇だけでなく他の喜劇、漫才やコント、『Mr.ビーン』などの外国のお笑い、落語なども見て分析を行った。たとえば漫才や落語は、「言葉のボケ」がほとんどで、分析にならなかった。『Mr.ビーン』のお笑いは、終始セリフがないので、逆に「言葉のボケ」は1つもない。「動作のボケ」や豊かな表情で笑いをつくっていた。多様な見ている人を笑顔にするという意味では、吉本新喜劇と共通点があり、笑いについて学ぶ児童たちにとって有意義であった。

なお、笑いが起きる観点を整理した頃に、**総合活動**と並行して、算数科でグラフづくりを行った（詳細は次項で触れる）。

算数科 観点別の笑いの回数をグラフに表そう（2時間）

●単元概要

総合活動の時間に笑いが起こる観点を整理して、笑いの回数をみんなで数えた際、自然に観点別に数えている児童がいた。その数え方を取り上げてみんなに紹介した。そのように数えると、特にどの観点の笑いが多いかがわかり、私たちの喜劇づくりの参考になる。そのときに、グラフにしたらもっとわかりやすいという意見が出た。単純な大小比較でいいので、棒グラフに表すことになった。

このような経緯から、算数の時間を使って、ある吉本新喜劇の映像を見て、グラフにする活動を行った。観点別に数を数えたら、グループごとにExcelを使って、**図1**のようなグラフを作成した。

図1のグラフは、吉本新喜劇『おぼっちゃま』のある場面についての分析である。

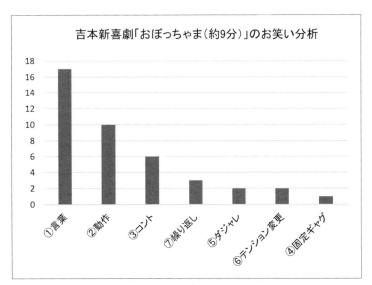

▲図1 吉本新喜劇のある場面を分析したグラフ

これを見ると、明らかに「言葉のボケ」による笑いが多いことがわかった。

最初は、「言葉のボケ」というものをひとくくりに考えており、何か言葉で変なことを言って笑わせたら1回の笑いとして数えていた。しかし、ある児童が、

　「言葉のボケもいろいろあるから、もっと詳しく調べてみよう。」

と言い出した。そこで、改めて「言葉のボケ」に絞って、どのような種類の「言葉のボケ」があるのかを考えることにした。

図2のグラフは、その「言葉のボケ」をさらに分類整理して表したものである。

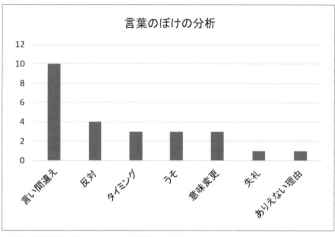
▲図2 「言葉のボケ」の中身を分析したグラフ

　これを見て、わざと言い間違える「言葉のボケ」が最も多いことがわかった。

　たとえば、2人組の男性と一人の女性が会話する場面がある。一人の男性がダジャレを言ったので、男性2人で大笑いをする（女性は笑っていない）。これがいわゆる「振り」である。

　男性2人は、自分たちが笑った後に、相手の女性に対して、

　　「そんなに笑わないでください。」

と言う。これが「言葉のボケ」である。

　それに対して、近くにいた別の人が、

　　「いや、まったく笑っていないでしょ。」

と即座につっこみを入れる。

　このようなやりとりが、吉本新喜劇には多いことがわかり、これから喜劇をつくろうとする児童たちにとって、大きな収穫であった。

✎ 総合的な学習の時間　グループでお笑いをつくろう！（全10時間）

●単元概要

　4人ずつのグループに分かれて、脚本づくりから始まった。脚本づくりは難しかったので、児童たちとの話し合いによって、まったくのオリジナルでなくてもよいことにした。

---

❶ 昔話をアレンジしてつくる。
❷ 今まで見た吉本新喜劇をまねてつくる。
❸ 自分たちのオリジナルな脚本をつくる。

---

　❶と❷でつくってもよいことにしたら、児童たちの脚本づくりは進んだ。そして、大切なのは、すぐにやってみること。脚本がある程度進んだら、その場面を実際に演じてみる。しっく

りきたら、次の場面の脚本に進む、といったように、脚本づくりと演技を同時進行で進めるようにした。

　2時間目からは、完全にグループごとに分かれ、脚本づくり、演技づくりを行った。教室と総合教室の2教室を使い進めた。ある程度できた班からみんなの前で発表してもらい、みんなから意見をもらって修正を図った。最終的にできた脚本は、次のようなものであった。紹介する脚本は、児童たちがつくったオリジナルである。

（8時間目の授業）
【2月14日（金）初等教育研修会における**総合活動の提案授業で発表する。**】
［脚本］題名「ホテルスーパークリーン」　　出演　（ゆきな、つむぎ、りゅうへい、りひと）

ゆきな	「あー、やっとついたか。」
つむぎ	「そーだねー。ここがホテルスーパークリーンかあ。」
ゆきな	「ブログには、ぴかぴかだって書いてあったよ。」
つむぎ	「私きれい好きだからすごい楽しみ。」
ゆきな	「こんにちはー。」
	（ホテルに入る）
りゅうへい	「いらっしゃいませ。私は支配人のダイソンです。」
りひと	「私は、ルンバと申します。」
つむぎ	「なんかジャパネット高田で聞いたような名前だわ。」
ゆきな	「ホームページに書いてあったとおりね。とにかくホテルがぴかぴかって書いてあったから。」
	（あたりを見回しながら）
りゅうへい	「当ホテルは、TTきょうだいをモットーにしています。」
つむぎ	「えー、どういう意味ですか。」
りゅうへい	「つるつるてかてかということです。」
つむぎ	「私の担任の先生と同じだわ。」
ゆきな	「きょうだいという言葉は関係ないんですね。」
りひと	「それではこちらへ。チェックインをしましょう。」
	（歩いていくときに、ごみを1つ落とす）
りゅうへい	「きぇー。」（2人が争うようにごみを拾う）
つむぎ	「どうしたんですか。」
りひと	「ごみを拾ったのです。うちでは、3秒ルールがありまして、ごみが落ちたら3秒以内に拾うというルールです。」
ゆきな	「すごいルールですね。」
つむぎ	「へー。」（ごみをもう1つ投げる）
りひと	「うわー。」（2人がまた必死に拾う）

▲写真4　初等教育研修会での提案授業（2020.2.14）

ゆきな	「犬みたいだね。」
りゅうへい	「からかわないでください。」（はあはあとした息づかい）
りひと	「では、チェックインを。こちらの用紙にお名前をお書きください。」
ゆきな	（ペンをもらって書く）「はいどうぞ。」
りひと	「ちょっとお待ちください。」（手袋をはめて受け取る） 「ありがとうございます。」 （匂いをかぎ、鼻をつまんで）「くっさー。」（消毒してふく）
つむぎ	「ちょっと、失礼じゃないですか。そんなにきたなくありません。」
りひと	「いえ、人間の手には多くの細菌が付着していますので。」
りゅうへい	「申し訳ございません。当ホテルは、TTきょうだいをモットーにしておりますので。」
つむぎ	「つるつる、てかてかって言えばいいでしょ。わかりづらい。とにかく、あなたも人間でしょ。」
りゅうへい	「いえ、私はダイソンです。」
りひと	「私は…。」
ゆきな	「ルンバでしょ！」
つむぎ	「もういいわ。荷物を預かってください。」
りひと	「かしこまりました。こちらの荷物ですか。」
ゆきな	「そうよ。お願いします。」
りひと	（手袋をはめ、荷物を2重にくるむ）
ゆきな	「ちょっと、やりすぎですよ！　部屋に持っていくだけでしょ。」
りゅうへい	「申し訳ございません。当ホテルは、TTきょうだいをモットーにしておりますので。」
つむぎ	「もういいですよ。とにかく運んでください。私たちでどうにかしますから。」（部屋に到着する）
りひと	「どうぞ、こちらのお部屋になっております。」
ゆきな	「なにこれ、きたなーい。」
つむぎ	「ベッドメーキングも何もしてないわよ。」
ゆきな	「ごみがちらかってるし、髪の毛まで落ちてるー。」
つむぎ	「どういうことよ！　このホテルはきれい好きなんでしょ。」
りゅうへい	「申し訳ございません。前のお客様がご使用になられた部屋がきたな過ぎて触れないんです。」
りひと	「すみませんが、掃除をしておいてください。」
つむぎ・ゆきな	「もういや！」
（終わり）	

▲写真5　初等教育研修会の提案授業で小喜劇を披露する児童（2020.2.14）

▲写真6　初等教育研修会の提案授業で小喜劇を披露する児童（2020.2.14）

総合的な学習の時間　クラスでお笑いをつくろう！（全20時間）
→ 変更 クラスでZoom劇をつくろう！（全20時間）

●単元概要

グループでのお笑いづくりからクラス単位でのお笑いづくりへ。これが当初からの計画で、児童たちもよくわかっていた。そのために、どのような喜劇をつくるかの話し合いが始まった矢先に、新型コロナウイルスの影響により休校になった。

話し合いでは、クラスの32人全員が舞台に登場し、迫力あるお笑い場面をつくるなど、大人数だからこそできる笑いを想像していた。しかし、完全にその計画は途切れた。集団で劇をつくることは、当分の間難しくなったのである。

学校が再開されたとき、児童たちは、6年生になっていた。5月末に、追い打ちをかけるような知らせが伝えられた。楽しみにしていた清里合宿（八ヶ岳の三ツ頭登山）、富浦合宿（遠泳）、運動会（組体操の帆掛け船）がすべて中止という知らせだった。本校では、この3つの行事のカッコ内のことが、6年生にとっての3つの山と呼ばれ、この3つをクリアすることが、本校生徒の愛称「筑波っ子」としての目標になっていた。児童たちは、「3つの山が消え、砂漠が広がった」と表現し、落胆した。

ここで担任の私から新たに、「Zoomによる劇づくり」を児童たちに提案した。この提案の前段階として、休校期間中、児童たちの心のケアをするために、4月から5月にかけて、平日の朝9：00～9：30の時間に「おはよう学級会」をZoomで開催していた。事前に家庭の通信環境を調べ、全員参加できることを確認してから、分散登校が開始されるまで、通算38回実施することができた。この経験により、児童たちがすっかりZoomの扱いに慣れていたので、思いついた案が「Zoomによる劇づくり」であった。これは、STEMの中の「T」であるTechnologyを活用した**総合活動**ということになる。

現在は、全体のシナリオ担当、三ツ頭登山場面担当、富浦遠泳場面担当、帆掛け船場面担当、そして、4つ目の山担当に分かれて、ストーリーを考えている。4つ目の山とは、「仮想3つの山」を乗り越える場面をつくって満足するのではなく、自分たちが本当に体験する4つ目の山（課題）をつくり、実践しようというものである。この発想は、児童たちから提案されたものであった。

このZoom劇をつくるにあたって、担任の私は、三ツ頭登山をしたり、富浦で泳いだりして、風景などを撮影したりする予定である。児童たちをこのまま――何もないまま卒業させるわけにはいかない。

『クラスでお笑いをつくろう！』から『クラスでZoom劇をつくろう！』への変化は、これこそ**総合活動**の特徴ではないかと考える。社会や学校の状況、児童たちの思いに柔軟に応じ、カリキュラム・マネジメントをしながら児童たちの自己実現を手助けする。現在進行形のこの**総合活動**をぜひ成功させたい。

実践を終えて

　本実践では、問題を見つけ、解決に向けて主体的に働きかける力の育成と、算数の学習内容を活用し課題を解決したり、友達と協力して新しいものをつくったりする力の育成を目指した。

　それらの力は、新型コロナウイルスの影響で休校になり、急きょ活動の方向を見直したときに大いに発揮された。状況に応じて、今だからこそできるICTを活用した劇づくり、そして自分たちの思いを最大限にのせた劇づくり、そこに向かおうとする児童たちのアイディアと発想と思いこそが、本実践の成果が表れた児童の姿であると考えられる。

　本実践は、総合的な学習の時間と算数科を、カリキュラム・マネジメントの視点で関連させて単元全体を構成した。『お笑いを科学しよう！』というタイトルは、算数で学習した観点別に分類整理することや、表やグラフに表現して分析する学習があることでできたものである。分析することで、児童たちは「お笑い」の中に新たな世界を見ることができた。

カリキュラム・マネジメントのポイント

✎ ❶児童の実態や児童の思いを捉える

　カリキュラム・マネジメントをする際は、児童の実態や児童の思いを捉えることがまず重要である。的確に捉え、課題を明確にするところに時間を割く必要がある。それがないところに、いくら教師や学校がエネルギーを注いでも意味がない。

　児童の思いを実現する活動をつくろうとしたとき、どうしても1つの教科・領域の枠組みでは不自由である。だから、カリキュラム・マネジメントをして柔軟に教育活動を展開するという順序になることが大切である。その活動がうまくいったのなら、最後には児童たちが喜ぶ姿があること、感動する姿があることになる。それが評価の基準と考え、その視点で形成的評価をして活動を練り直すようにする。

✎ ❷保護者の理解を得る

　次に、保護者の理解を得ることである。総合的な学習の時間は教科書がないので、その活動にどんな意味があるのか保護者に伝わりづらい。意義がよくわからない状態で国語や算数と関連させて教科の時間を使うと、不安に思う保護者が出る可能性がある。お手紙や保護者会などで、しっかりとした説明をすることが大切である。できれば何らかの形で保護者も巻き込んで行うような教育活動を目指すべきと考える。

✎ ❸学校内の理解を得る

　学校内の理解を得ることも重要である。校長、教頭といった管理職、同学年や他学年の教員

に随時報告、相談し、理解を得るようにする。そして、必要に応じて人的、物的支援をお願いする。

これらのことは、繰り返すようだが、児童たちが「やりたい！」という思いが土台にあることが大切で、そのような児童の姿が、保護者や他の教員の気持ちをも動かすのである。

参考文献

［1］吉本興業「吉本新喜劇」公式サイト
URL http://www.yoshimoto.co.jp/shinkigeki/

佐藤 幸江
元・金沢星稜大学

盛山実践を振り返る

❶総合的な学習の時間の取り組みとして

　本実践は、附属小学校の強みを生かした**総合的な学習の時間**を創り出している。つまり、4〜6年生までクラス替えがないという強みである。そうなると、前年度の経験を積み上げることができる。本実践も、4年生のときに、表現することの楽しさや良さを学ぶために、一人一人が活躍できる劇づくりをし、保護者の前で披露している。児童と教師とがアイディアを出し合い一緒に脚本や演出を考え創り出した劇は、保護者の感動を呼び、児童にとっては記憶に残る体験となった。そして、この劇を終えた後に、「次はお笑いをやってみたい！」という積極的な意見が出されていたことを教師は見逃しておらず、5年生になっての「喜劇づくり」へとつながっている。

　毎年、クラス替えのある公立小学校においてはなかなか難しいことであるが、毎年**総合的な学習の時間**の足跡カリキュラム等を残すことで、ぜひ盛山教諭のこだわりポイントである「児童の問いや児童のやりたいことを実現する」時間を、実現していただければと思う。

❷担任によるカリキュラム・マネジメントのポイント

　盛山教諭は、児童たちのコロナ禍のマイナス感をプラスに転じている。これこそ、「社会や学校の状況、児童たちの思いに柔軟に応じ、児童たちの自己実現を手助けする」という、担任教師によるカリキュラム・マネジメント力の発揮どころと言えよう。

　そのポイントを、盛山教諭は以下の3点に整理している。

① **教科・領域の関連化ありきではない。**児童の思いを実現する活動をつくろうとしたときに、1つの教科・領域の枠組みではとどまらなくなる。だから、カリキュラム・マネジメントをして柔軟に教育活動を展開するという順序になるのである。

② **保護者の理解を得ること。**総合的な学習の時間は教科書がないために、その活動にどんな意味があるのかが保護者には伝わりづらい。しっかりとした説明をすることが大切であり、できれば何らかの形で保護者も巻き込んで行うような教育活動を目指す。

③ **学校内の理解を得ることも重要。**校長、教頭といった管理職、同学年や他学年の教員に随時報告、相談し、理解を得るようにする。

❸STE(A)M教育の視点から見えること

　『お笑いを科学しよう！』というタイトル自体に、STE(A)Mの要素を学習活動に組み込もうという教師の意図がうかがえる。単に笑いをとるために言葉を練るだけではなく、「言葉のボケ」をさらに分類整理、表やグラフに表現して分析することで、「お笑い」の中に新たな視点を見いだしている。「お笑いをつくりたい」という探究活動を、算数の学習内容が下支えをするという点において、提案性の高い実践となっている。

◆**教科・領域** ◆ 総合的な学習の時間
教科横断：国語　算数　社会　理科　音楽　体育　図工　道徳　英語

休校期間中のリモート授業
──ハッピープロジェクト

山中 昭岳　学校法人佐藤栄学園　さとえ学園小学校

◎**ICT環境**　休校期間中の「リモート授業」（自宅での学習）。一人１台タブレット端末（セルラーモデル：
保護者負担の法人レンタル契約端末。その他、自宅にある端末）
Google（G suit for Education）、Evernote、Zoom、スタディサプリ、Qubena 等

本実践に至る経緯

　新型コロナウイルスのため突然の休校が決定した。2020年2月末の政府からの休校要請の直後、3月2日より休校が始まり、休校期間中の授業を「リモート授業」と設定した。自宅で学校と同様の内容の学習ができることとし、オンラインでの対面のやりとりを必須とせず、全教科毎時間、その時間内にできる課題を設定し、それらの課題を達成することで授業を受けたこととする、と定義づけた。

　このことが可能かどうかを3月の1か月間の休校期間の午前中、主要教科等で実証実験し、4月より1日6時間の「リモート授業」を実施してきた（**図1・図2**）。

　1日6時間の「リモート授業」では、設定している各教科のカリキュラムを通常通り達成していった。「リモート授業」の学習形態は、学校で行われている通常の授業での形態で実施できるよう、

● インプット型（一斉授業：動画視聴）

● インタラクティブ型（グループ学習等：オンラインミーティング）

● アウトプット型（作品づくり・発表：クラウドへの保存、やりとりツールでの提出）

と様々なツールを活用して設定した。そして、この学習形態の最終形として、

● プロジェクト型（自律学習）

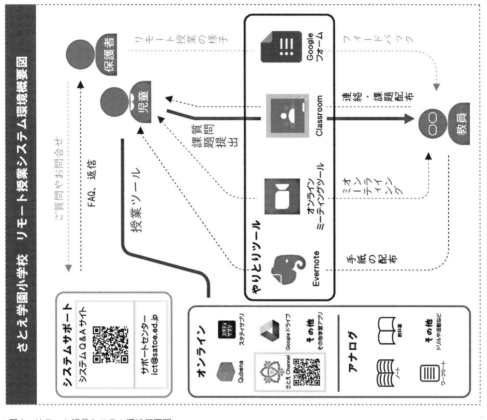

▲図1 リモート授業システム環境概要図

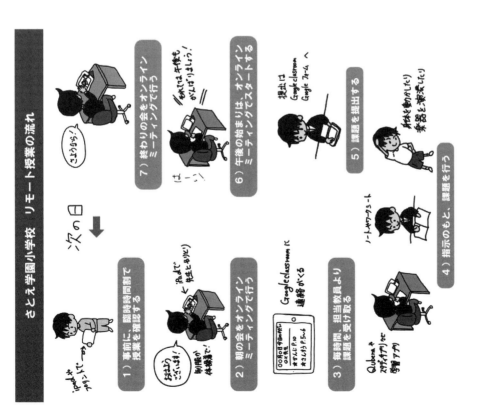

▲図2 リモート授業の流れ

をこの「リモート授業」で目指し、本実践がその実践事例となる。

実践の概要

　本実践は「リモート授業」下において、**総合的な学習の時間**の探究のサイクルである「課題設定→情報の収集→整理・分析→まとめ・表現」といった一連の学びの流れを児童一人一人が実現でき、自律的に学びを進め、主体性を育成することを目指した1か月間のプロジェクト学習である。

　1日6時間の「リモート授業」、はじめの4月の1か月間は、通常実践しているプロジェクト（ビオトーププロジェクト）において、探究のサイクルでの学び方を習得する流れで行い、5月の1か月間で「ハッピープロジェクト」と題し、3年生から6年生で実施した。各自で課題設定し、追究活動を行い、それぞれが自らの1か月の成果と課題をまとめることができた。

単元構想

　休校期間中、1日6時間のリモート授業において、各教科から出された課題を多くの児童たちは着実に進めていった。外に出かけることもできず家にいることがほとんどである中、学校に登校しているときと変わらず学習を進めていく習慣化ができている。

　また、家族との関わりが普段以上に多くなり、学んでいる様子や学習の定着等、様々な意味で児童たちの学びの姿を家族に理解してもらえる機会となっている。

　しかし、4月の1か月を過ぎ、ずっと家の中での学習のため、やはりストレスを抱えたり、ただ学習をこなしていったりするだけの様子が見られてきた。1日6時間のリモート授業を実施しているが、それでも家での時間をもてあましたり、友達とのつながりを求めたり、と学びを進めていく上でのさらなる欲求が高まっていった。

　このように学校と同様な学習活動を進められるようになってきたからこそ、次のステップとして自ら学びを進めていくことができる、すなわち主体性を育成する単元の開発が必要となった。

　5月、休校がさらに続くことが決定し、このような児童の状態の中、こちらから与えた課題のみをやっていくのではなく、自らがやりたいことを自由にできる教材の設定が必要となった。そこで、5月の休校期間中のリモート授業での**総合的な学習の時間**において、1か月間自分たちで進めていくプロジェクトとして「ハッピープロジェクト」を設定した。

　この「ハッピープロジェクト」は、このような状況下においてストレスを抱えていたり、課題をこなすだけの学習になっていたりする児童たちに、自分のやりたいことをしてもよいと安心させ、そして自らが自らのペースで学びを進めていくことを基本とした。どっぷりと自分の

やりたいことに取り組んでもらうが、その際の条件として「誰かの役に立つこと」を加えた。

　4月の時点で5月の休校も想定しており、4月の1か月間の**総合的な学習の時間**に、一人で学びを進めていくための探究のサイクルを習得する学習活動を行った。これら習得したことを実際に活用する場として本単元を設定した。

　自ら学びを進めていく力は児童たちそれぞれで異なるため、フォロー体制を整えた。週2時間ある総合の時間は、Web会議システムによるオンラインミーティングで相談室を開設し、探究の活動のそれぞれのやり方については動画を作成し、クローズドな動画サイト（以下、さとえChannel）にアップしてオンデマンドで活用できるようにした。

単元の流れ

✎ 実践概略（全7時間＋α）

　本単元では、児童一人一人が各家庭においてそれぞれ自ら進めていくものである。全7時間と設定しているが、これは6月の1か月間、週2時間Web会議システムによるオンラインミーティングでつないでいる時間であり、実際の活動時間は一人一人違っており、＋αと表現している。

　週2時間のオンラインミーティングの時間の参加は任意であり、質問や相談したいことがある場合に参加することとしている。学習を進めているかどうかについては、週2時間の**総合的な学習の時間**の授業のときに毎時間Google Classroom [1] で配信される課題に、何をやったのかを返信することで見取り、必要に応じてClassroom上でのやりとりを行っている。

　本稿では、全体の流れを示し、事例として1名の児童の取り組みを紹介する。

●(1) 単元目標

●探究的な学習の過程において、課題の解決に必要な知識および技能を身につけるとともに、自らが探究している事象についての特徴や必要性に気づき、それらが人々の努力や工夫によって見いだされ、自らもその一端を担うための探究的な学習を行うことの良さを理解する。
【知識および技能】

●実社会や実生活の中から自ら問いを見いだし、その解決に向けて課題を設定し、情報を収集・編集したりして根拠を明確にしてまとめて表現することができる。
【思考力・判断力・表現力等】

●探究的な学習に主体的・協働的に取り組むとともに、互いの良さを生かしながら、積極的に社会に参画しようとする態度を育てる。
【学びに向かう力、人間性等】

●(2) 単元構成・計画

　本実践では、児童たち自らが課題を設定するものであり、教科等との関連についても児童たち自らが進めていく。そのため、**表1**では各教科等の関連づけてほしい技能を掲載している。

総合的な学習の時間	育成を目指す力	各教科等　関連する技能
○1か月間やってみたい課題を設定しよう	☆自分の興味・関心から課題を設定し、解決方法を見つけて取り組もうとしている。（中学年） ☆現代の諸問題も踏まえて課題を設定し、解決方法を見つけて見通しを持って追究している。（高学年）	
○課題を解決するための情報を集めよう	☆身近なところから目的に応じた情報源を決め、情報を集めている。（中学年） ☆目的に応じて手段を選択し、情報を収集したり、自ら必要な情報を選んだりしている。（高学年）	◇【国語】言葉の特徴や使い方（漢字の習得、文字の組み立て方を理解し、形を整えて書く、など） ◇【算数】日常の事象を数理的に処理する（計算の仕組み、図形、表やグラフ、など） ◇【理科】観察・実験（物質・エネルギー、生命・地球）
○集めた情報から自らの課題に合ったものを選び、解決するために組み合わせよう	☆考えるための技法（思考スキル）を用いて情報を編集している。（中学年） ☆考えるための技法（思考スキル）を使いこなして情報を編集し、客観的な視点に立って課題解決へ向かっている。（高学年）	◇【社会】資料や調査活動を通して適切に調べまとめる（地図帳や各種の資料を調べ、白地図などにまとめる、行きたい場所等の地域の地理的環境の概要資料で調べる、など） ◇【音楽】音楽表現（歌唱、器楽、音楽づくり、など）
○自分がやってきたことを振り返ろう ○交流会に向けての準備をしよう ○交流会をしよう	☆相手に応じてわかりやすくまとめて表現し、自分の発表を振り返ろうとしている。（中学年） ☆明確な根拠に基づいた主張をつくり、伝える相手に応じて工夫して表現している。（高学年） ☆振り返りをもとに新たな課題を見いだそうとしている。（全学年）	◇【図画工作】創造的につくる（材料や用具を使う） ◇【家庭】家族や家庭、衣食住、消費や環境などの日常生活に必要な基礎的な技能 ◇【体育】基本的な動きや技能（体づくり、ゲーム、表現運動、保健、など） ◇【外国語】実際のコミュニケーションにおいて活用できる基礎的な技能 ◇【道徳】より良く生きるための基盤となる道徳性、自己を見つめ、物事を多面的・多角的に考え、自己の生き方について考えを深める

▲表1　単元構成図

※単元計画表は次のサイトからダウンロードできます。
URL https://www.shoeisha.co.jp/book/download/9784798163239

✎ 総合的な学習の時間（教科横断）　休校期間中のリモート授業

●（1）オリエンテーション

　本時のみオンラインミーティングでつないで説明することを全体でアナウンスし、教師より5月1か月間の**総合的な学習の時間**の学習について説明した。ここで説明したのは、この1か月間のハッピープロジェクトでの学び方（**図3**）とルーブリック※1である。通常の**総合的な学習**

※1　ルーブリックとは、自分がこの授業の終わりにはどうなっていれば、この時間のめあてが達成されたのかを具体化したもので、児童たちとともにつくっていく。

の時間では毎時間めあてとルーブリックを設定しているが、今回は1か月間のルーブリックを以下のように提示した。

＜めあて＞

みんながハッピーになることをしよう

＜ルーブリック＞

S　了承を得た上でいろいろな人と協力して、日本、世界中の人たちを元気にすることができる

A　自分のため、生き物のため、家族、まわりの人のためになることを見つけて、実行することができる

B　楽しみ、ちょっと苦しみながらもずっと続けることができる

その上で、具体的な1か月後の姿をモデルケース（**写真1**）として提示し、1か月間の活動のイメージ化を図った。**写真1**のワークシートは郵送しており、全員が必ず提出するものとして設定した。

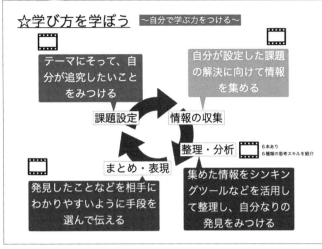

▲図3　ハッピープロジェクトとは？（プロジェクトでの学び方）

▲写真1　プロジェクトのモデルを示したワークシート

●（2）課題設定

引き続き、課題設定についての説明を行う。課題設定はプロジェクトを進めていく上で重要なポイントであることを告げ、ここまでを全体で説明することとする。

このような状況下だからこそ、今までできなかった「自分のやりたいこと」にどっぷり取り組むことを前提に、課題設定の5か条（**図4**）を提示して課題設定の大切さを伝える。

また、やりたいことがたくさんある場合はカテゴリーごとにまとめたり、見つからない場合はイメージを広げたりできるイメージマップを活用して見つける方法（**図5**）があることを紹介し、この時点で、自ら進められる児童にはオンラインミーティングより退出してもよいことを告げ、活動を始めるようにした。

なかなか課題設定のイメージがつかみにくい児童に向けて、約60の課題例（**図6**）を提示した。

表2は、実際に児童たちが設定した課題の一部である。児童自らが各教科等とつなげて学びを進めていく。

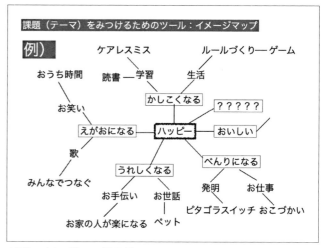

課題（テーマ）設定の5か条
これがクリアされていないと課題（テーマ）ではない！

□ 本当にやりたいと思っているか。

□ ワクワクするものになっているか。

□ 1ヶ月間続けることができるものか。

□ だれか（自分、生き物、家族、まわりの人など）のためになっているか。

□ なぜこれをしたいのか、説明できるか。

▲図4　課題設定の5か条

課題（テーマ）をみつけるためのツール：イメージマップ

例）

ケアレスミス　　　ルールづくり―ゲーム
おうち時間　　読書―学習　　生活
お笑い　　　　　　かしこくなる　　？？？？？
えがおになる―ハッピー―おいしい
歌
みんなでつなぐ　　うれしくなる　　べんりになる
お手伝い　　お世話　　発明　　お仕事
お家の人が楽になる　ペット　ピタゴラスイッチ　おこづかい

▲図5　イメージマップのモデル

課題（テーマ）例
学習編

・計算がミスなく速くできる方法
・漢字を必ず覚える方法
・ケアレスミスをなくすために
・どうしたら勉強が好きになるか
・文章題が解けるになるにはどうすればいいか
・読書が好きになる方法
・だれでもできる自分で勉強できる方法
・文章を人にわかりやすく書くやり方
・心がほっこりする物語をつくろう
・勉強しやすい環境づくり
・日本地図マスターになろう
・だれでもわかる○○算
・受験問題攻略法
・○○新聞づくり

など

▲図6　課題（テーマ）例の一部

		課題例	関連する教科・領域と活用する技能等
学習系		字をていねいにかく 漢字をかんぺきに覚えよう ことわざ名人になる！ 読書が好きになる方法 新聞づくり 漢字の覚え方 漢字がすぐに覚えられる方法	◇国語 • 日常生活に必要な国語の知識や技能 • 言語に親しみながら理解すること • 言葉が持つ良さに気づき、幅広く読書をし、国語を大切にし、思いや考えを伝え合おうとする態度
		九九を楽しく 算数の文章問題を解く方法 計算をすばやくする方法	◇算数 • 数の概念とその表し方、計算の意味を理解すること • 数量や図形についての感覚を豊かにすること • 受験問題等の難題を読み解く技能
		都道府県を楽しく学ぶ方法 歴史クイズ 百名城を知ろう！ 家族旅行のガイドさんになろう！ 都道府県ガイドブックをつくろう 旅行ガイドブックをつくろう	◇社会 • 身近な地域や市町村の地理的環境、地域の産業や消費生活の様子、地域の様子の移り変わりを理解すること • 調査活動、地図帳や各種の具体的資料を通して、必要な情報を調べまとめる技能 • 社会的事象の特色や相互の関連、意味を多角的に考えること • 社会に見られる課題を把握して、その解決に向けて社会への関わり方を選択・判断できること
		折り紙マスターになろう！ ダンボールめいろをつくって遊ぼう！ 自由工作をつくろう おもしろ4コマンガをつくろう ゴム車づくりに挑戦しよう	◇図画工作 • 対象や事象を捉える造形的な視点について自分の感覚や行為を通して理解すること • 材料や用具を使い、表し方などを工夫して、創造的につくったり表したりすること
		ふてくされないようにするには？ 医療関係者をおうえんしよう 人を幸せにする言葉 みんなで言葉をつなげようプロジェクト 世界のハッピーあいさつ 勉強できないことをなくそう 遊びで学習する方法	◇道徳 • 自由を大切にし、自律的に判断し、責任ある行動をすること • 自分の特徴に気づき、短所を改め長所を伸ばすこと • 自分でやろうと決めた目標に向かって、強い意志を持ち、粘り強くやり抜くこと • 誰に対しても思いやりの心を持ち、相手の立場に立って親切にすること • 日々の生活が家族や過去からの多くの人々の支え合いや助け合いで成り立っていることに感謝し、それに応えること • 他国の人々や文化に親しみ、関心を持つこと
		アレンジした曲を琴の音色で表現	◇音楽 • 表したい音楽表現をするための器楽や音楽づくりの技能
		羊毛フェルトの作り方 マスクづくり ハッピー料理プロジェクト 石鹸をつくろう フェイスシールドづくり	◇家庭【衣食住の生活】 • 健康・快適・安全で豊かな食生活、衣生活、住生活に向けて考え、工夫する活動を通して、目的に応じた用具の安全な取扱いを理解し、適切にできること
生き物系		クワガタ博士になろう 人と動物の心を通わせる 生物多様性について 魚博士になる（美味しい魚） Stay Home でも季節を感じよう カマキリブックをつくる 家庭ビオトープをつくろう 地球温暖化から世界を救おう 生き物博士　アリジゴク 救おう絶滅危惧種 ビオトーププロジェクト カモの観察日記	◇理科【生命・地球】 • 身の回りの生物、人の体のつくりと運動、環境問題などについて理解すること • 観察・実験の技能
科学・物理系		よく飛ぶ飛行機の作り方 ピタゴラスイッチをつくろう ウイルスと細菌の歴史について タイムラプスで雲を撮影 未来のロボットデザイン	◇理科【物質・エネルギー】 • 物の性質、物の運動、規則性や働きなどについて理解すること • 観察・実験の技能

▲表2　児童たちが設定した課題の一部

次ページへ続く⇨

	課題例	関連する教科・領域と活用する技能等
家庭系	お家時間を楽しく過ごす お母さん楽ちんプロジェクト おふろそうじ名人 お手伝いをしておこづかいをためる方法 家族が笑顔に ストレスをためない方法 家族が喜ぶお手伝い お母さん家事時短プロジェクト 家族が楽になることをしよう お父さんのストレス解消法 肩のマッサージを上手にするには？ みんなに思いやりプロジェクト 家の前の道路をそうじしよう 家族が喜ぶお手伝い 自分も家族もハッピーにしよう いろいろな場所の片付け方法 洗濯のお手伝い 家のお手伝いをする お母さんを元気にさせる方法 家族にイライラがないように 家で楽しめるゲームをつくろう 家のルールをつくろう	◇家庭【家族・家庭生活】 • 家族や地域の人々と協力し、より良い家庭生活に向けて、考え工夫する活動を通して、日常生活の中から問題を見いだして課題を設定し、より良い生活を考え、計画を立てて実践できること
スポーツ・芸能系	テニスでプロになるためのこつ なわとびチャレンジ	◇体育 • 各種の運動の楽しさや喜びに触れ、その行い方や健康で安全な生活や体の発育・発達について理解すること • 基本的な動きや技能を身につけること
ICT系	iPadとの上手な付き合い方 ポケモン種族地　使用率ランキング	◇情報 • 必要な情報を選択し収集すること • 収集した情報を整理し、分析すること

▲表2　児童たちが設定した課題の一部（続き）

【児童A（3年生）の事例】「課題設定」

　課題を「医療従事者をおうえんしよう」と設定し、その理由としては、

　　「今、コロナで病院という場所がこまっているのでどうにかしてたすけられないかなと思ったからです。」

ということであった。

　本課題を見たとき、児童自らがどのようなことができるのか、何かをするのは難しいのではないかと思ったが、次のステップでどのような動きになるかを期待して見守ることにした。

●（3）情報の収集

　2時間目以降は、オンラインミーティングにおいて全体の指導はなく、インターネットを使う上での心得（図7）や実際の情報収集でやること（図8）を含む説明スライドを配信し、オンデマンド（さとえChannelに説明動画がアップされている）で説明動画を見て、児童たち自ら学びを進めていく。説明動画は、探究のプロセスそれぞれのやり方を示しており、どのように進めていけばよいかわからない児童は、この説明動画を見て進めていく。それでもわからない場合は、週2回の総合の時間にオンラインミーティングをオープンにしているので、そちらに参加してもらって相談や質疑を行う。

情報収集（インターネット）の6か条

これらを守って情報収集しよう！

□だれが発信しているか確認する。

□更新している年月日を確認する。

□一つのサイトだけで知りたいことを理解するのではなく、複数の
サイトをみて比較しながら判断する。

□インターネット以外のものからの情報も集める。

□そのページにある文や言葉、写真や絵は勝手に使ってはいけな
い。使うときは、きちんと出典をかく。

□何かおかしいなと思ったら先生かお家の人にみせるようにする。

▲図7　情報収集（インターネット活用）の心得

実行・実験・作成

みつけたハッピーをやってみよう

・情報を収集して、やってみたいことの根拠をつくりましょう。

・実際にやってみてどうなったか、記録に残しておきましょう。

・情報カードは追加分は送っていませんので、ノート等にわく組を
かいたりして情報収集をしましょう。

さあ、だれかをハッピーにしていますか？

▲図8　情報収集でやることの提示

【児童A（3年生）の事例】「情報収集」

　次のステップとして児童Aは、実際に医療従事者へのアンケートを実施し、情報の収集を
行っていた。その内容は、「今困っていることは何か？」「あったらいいなと思うものは何か？」
などであった。これは、保護者のサポートがあり実現したものである。

　このように保護者とともに学びを進めることができることも、本プロジェクトでの大きなね
らいでもあり、他の多くの児童たちにおいても保護者が関わり、プロジェクトを進めていく様
子が見られた。

●（4）整理・分析

　探究のプロセスの整理・分析の場面では、**図9**、**図10**のように今まで活用してきたシンキン
グツールを活用してたくさん集めてきた情報を整理し、そこから課題解決に向けての糸口を導
き出すように説明動画でも促している。

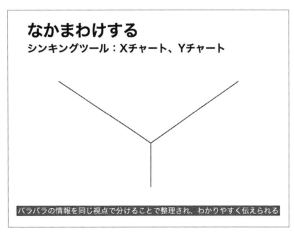

くらべる
シンキングツール：ベン図

ちがうところと同じところをみつけることで新たな何かを発見する

▲図9　整理・分析で活用するベン図の紹介

なかまわけする
シンキングツール：Xチャート、Yチャート

バラバラの情報を同じ視点で分けることで整理され、わかりやすく伝えられる

▲図10　整理・分析で活用するYチャートの紹介

【児童Ａ（3年生）の事例】「整理・分析」

　児童Ａは、医療従事者より集めたアンケートを整理し、まとめた結果、一番多かった声は「児童たちからの応援メッセージがほしい」との結果となった。そこで、児童Ａは学年全体へ呼びかけたいと教師に申し出て、教師はそれを受けて学年全体へ「協力してくれる人は次のオンラインミーティングに参加してもらうよう協力者を募るメッセージ」を送った。

　次のオンラインミーティングには学年のほとんどの児童が参加し、児童Ａは参加者に応援メッセージの提案と、それに対する質疑を行いながら、自らが主体となってオンラインミーティングを進めていった。ここで、このプロジェクトに協力してくれる人は10秒ほどの医療従事者に向けてのメッセージ動画を、もしくは動画が難しければ言葉のメッセージを次回までに提出することとなった。

●（5）まとめ・表現

　他の探究のプロセスと同様に、まとめ・表現においても図11～図13のように説明動画をアップし、必要に応じて自らオンデマンドで視聴することとなっている。

　表現方法も、今まで習得してきた表現方法から児童たち自らが選択し、つくっていくこととした。さらにこの機会に自ら習得できるのであれば今まで学校でやったことがないものでも可とした。まとめ・

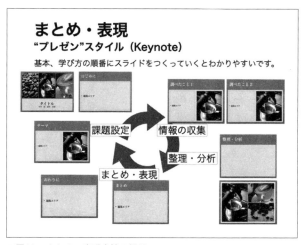

▲図11　まとめ・表現方法の提示

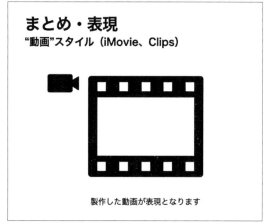

▲図12　表現方法「動画」の紹介

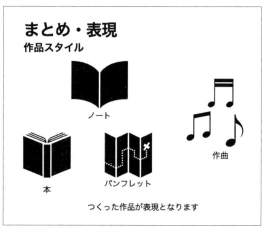

▲図13　表現方法「作品スタイル」の紹介

表現のゴールとしては、学校再開後にプロジェクト交流会を実施し、その中で友達に紹介し合い、いいなと思うものを広げていく取り組みをすることを告げ、そのときに紹介しやすい方法で発表してもらうということを伝えている。

【児童A（3年生）の事例】「まとめ・表現」

学年の多くの児童たちから応援動画、応援メッセージが届いた。児童Aに確認してもらい、1つにまとめて学年全体で視聴し、医療従事者の皆さんに対して思いが届くかどうかという視点で修正点など話し合った。そして、修正点を改善し、完成となり、本児童を通して医療従事者の皆さんへメッセージが届けられた。

実践を終えて

初めての試みであったが、休校中でありながら自ら課題を設定し、他者と協力しながら問題を解決していく主体的な学びを実現することができた。休校中でありながら本実践の実現が可能であった大きな要因は、カリキュラム・マネジメントがうまく機能したこと、そしてオンラインでつながっている環境があったからである。

学校では、教育目標・内容・方法をカリキュラム（全体計画、年間指導計画、時間割、単元指導計画、週案、本時指導計画等）として組み立て、組織的に教育活動に取り組んでいる。そしてカリキュラム・マネジメントとは、このカリキュラムを手段として、学校の課題を解決し、教育目標を達成していく営みである。まさにこの休校下の中で主体性を育むという目標をどのように達成すればよいかという課題を本実践は解決したものとなる。

今回カリキュラム・マネジメントとして行ったことは、個々の授業を単独で存在するものと捉えず、総合の単元の一部であり、様々な教科・領域から成る学校のカリキュラムの一部として捉え、1か月間の大きな単位での学びをするという授業の概念を変えたことにある。そして、オンラインで児童たちとつながっていることから、常時児童たちの学習状況についてのデータ（学習実施状況、作品、質疑、自己評価等）を収集でき、何をどう変えればより適切で効果的なカリキュラムになっていくのかの見通しを持つことができた。つまり、本実践での学びを実現していくために必要な人材（教員、保護者も含め）、物、時間、情報といった条件を整備し、修正しながら進めていくことができたのである。このことは、ポスト・コロナの授業においてこそ必要な知見であると思う。

課題としては、オンラインでのつながりの良さは実証されたが、リアルで会う学校の真の価値を模索していかなければならないこと。そして、学校が再開した後、これまでと同様の教育、授業ではなく、オンラインの良さと融合したリアルの学校の学びを進化させなければならないことである。

今、クラス内での学力差の問題で一斉授業の成立が難しくなっている状況において、オンラインを取り入れた学習形態を試みてはどうだろうか。クラスを上位層、中位層、下位層の3つに分け、同じ教室にいながら同じ課題をやり、それぞれのやり方で習得していくというものである。上位の子たちは自律型のオンライン学習でどんどん自ら進めていき、下位の子たちには教師が直接関わり指導する。そして中位の子たちにはオンライン上にある授業動画等を活用して教師はファシリテートしながら授業を進めていく。

　さらに進化していくと、上位の子たちが自らの学習の定着を図るために教える側に立って他の子たちと学び合いをしていく。今までは、教師から習得の仕方を学ぶしかなかったが、この形態では様々な子たちの習得の仕方を知ることができ、自分に合った学び方を得ることができる。

　このようにオンラインを取り入れていくには、教師のあり方を含めて授業デザインを進化させなければならない。今までやってきたことを否定するのではなくアップデートさせていくという発想で、しかも新しい形を勇気を持ってつくっていくのである。

カリキュラム・マネジメントのポイント

　今回の休校時における実践で得られたカリキュラム・マネジメントのポイントは、教育のアジャイル化である。アジャイルとは「すばやい」という意味で、仕様や設計の変更があることを前提に開発を進めて、検証を重ねていくアプローチを行うソフトウェア開発の手法である。つまり、完璧を目指さず、最低限からスタートし、できる一歩から始めて修正していくスピード重視の教育である。

　しかし、そのためには先を想定する力が必要となる。具体的には中期、長期目標の設定である。ゴールが見えているため、それに向けてのアプローチはスピード重視で行うことができる。変化が激しく、常に新しい未知の課題に試行錯誤しながらの対応が求められる知識基盤社会だからこそ、教育もカリキュラム・マネジメントが重要となってくる。

　このようなカリキュラム・マネジメントを実践していく教員の資質・能力として、次の5つが挙げられる。

●0から1を生み出す（経営企画力）

●他責にしない（できることとできないことを整理し、できることから始める）

●事実ベースで物事を判断する（感情労働の教員との離別）

●先を想定し、目標設定する（PDCAサイクルを常に回す）

●情報＆人材のキャッチアップ（組織のメンバー全員の脳内リンク化とそれぞれの能力を見極める）

そして、何よりも教師を魅力のある仕事にする役割がある。個々の教師の能力を把握し、教師自ら主体的に動く仕組みづくりをしていかなければならない。

　そのためには、担任や教科指導、生活指導等の経験値を積み、学校教育とはどのようなものなのかを理解した上で、他分野（経営学等）からマネジメントについて学ぶ教員の研修システムづくりが必要である。すべての教員がこのマネジメントを学ぶのではなく、特性を見て、教科指導、生徒指導などそれぞれの分野に分業化していくことが教員の働き方改革にもつながる。教員の多忙感は多岐にわたる仕事内容を一人の人間がやることが原因であり、分業化を図ることが今までの教育を生かしながら、教育のアップデートにつながると考える。

参考文献

［1］Google For Education「Google Classroom」公式サイト
　　URL https://edu.google.com/products/classroom/

小学校3〜6年・教科・領域・総合的な学習の時間　教科横断：国語　算数　社会　理科　音楽　体育　図工　道徳　英語

佐藤 幸江
元・金沢星稜大学

山中実践を振り返る

❶総合的な学習の時間の取り組みとして

　予測不可能な未来に対応できる力の育成に関して、2020年度全面実施**小学校学習指導要領**の総則に示されている。その対応力を、学校として見事に見せてくれたのが、本実践と言えよう。

　「学びを止めない」というスローガンはあっても、実行の伴わないまま時間だけが過ぎ去っていった学校が多い中、2020年4月の時点で、すでに5月の休校も想定して実践したという。4月の1か月間の総合的な学習の時間に、一人で学びを進めていくための探究のサイクルを習得させ、そこで習得してきた力を実際に活用する場として、5月の1か月間、自分たちで進めていく「ハッピープロジェクト」を設定している。そして、自立的に学べるようにと、課題発見のための思考ツールの活用、自ら学びを進めていくためのオンラインミーティングによる相談室の開設、行き詰まった際に活用できるクローズドな動画サイト「さとえChannel」等、様々なサポートを充実させた。

　児童は、**総合的な学習の時間**の探究のサイクルである「課題設定→情報の収集→整理・分析→まとめ・表現」といった一連の学びの流れを実現していったという。今後のオンライン学習を含めた**総合的な学習の時間**の進め方に、大きな示唆を与えている。

❷カリキュラム・マネジメントのポイントは「教育のアジャイル化」

　今回の経験から得られたカリキュラム・マネジメントのポイントが、「教育のアジャイル化」という提案である。

　通常、学校では、3年計画くらいの見通しで、「教育目標・内容・方法等」をカリキュラムとして編成する。時として、「紙キュラム」といった言われ方をするくらいに固定化し、一度編成されると棚にきれいに並べられて、あまり授業で活用されないこともあった。しかし、本来の役割は、学習指導要領で総則に記載されたように、各学校が編成、実施、評価、改善を計画的かつ組織的に進め、教育の質を高めることにある。本実践は、まさに、この休校下の中で主体性を育むという目標を実現していくために、必要な人材、もの、時間、情報といった条件を整備し、修正しながら進めていくという課題の解決を試みたものである。

　　「完璧を目指さず、最低限からスタートし、できる一歩から始めて修正していくスピード
　　重視の教育である。しかし、そのためには先を想定する力が必要となる」
と山中教諭は記述している。今後のカリキュラム・マネジメントのあり方として、各学校で

試行してほしい。

❸STE(A)M教育の視点から見えること

　このような状況下だからこそ、今までできなかった自分のやりたいことにどっぷり取り組ませたいという教師の願いから、1か月というスパンで本実践は進められた。児童は、教師から示された1か月後の具体の姿のモデルを自身の姿と重ね合わせ、1か月間の活動のイメージを持って取り組んでいった。そういうプロセスの中で、児童自らが各教科等とつなげて学びを進めていく姿が見られるようになったという。教科のつながりを学習者自身が意識していく学習活動は、テーマを変えることで科学や数学との関連化を意識した学習へつながることを示唆していると言えよう。

6

● 教科・領域 ● 理科　音楽科

和楽器「箏」の演奏方法を科学の目で見て、自分の演奏に生かそう

岩﨑 有朋　鳥取県岩美町立岩美中学校　（共同実践者　音楽科：八木谷 和葉）

◎ ICT環境　　タブレット端末グループ1台
　　　　　　　演奏見本の自作動画。FreqCouner（音声分析アプリ）

本実践に至る経緯

　岩美中学校は平成28年度から汎用的スキルを「Iwami 10 Skills」と定め、それを各教科の授業を通して育成する校内研究を進めてきた。その研究の過程で、当然各教科が育成するスキルは、単元によっては教科を超えて共通することもあり、新学習指導要領で求められている教科等横断の授業づくりにつながることもあって複数教科で教科横断的な授業づくりに発展していった。

　ただし、教科担任制の中学校において、教科横断することのハードルは高いので、初めはコンテンツ・ベースで共通する内容から連携できる教科ごとに進めていった。その実践を重ねる上で、互いの教科の内容を補完する実践ができそうな感覚や、連携する教科で重なり合うスキルを鍛えたり、逆に相互の教科で扱うスキルのばらつきが出ることで、全体的には多くのスキルを網羅できそうだという感覚も芽生えてきた。

　そこで、本実践は音楽科の「箏（そう）」と理科の音の学習で扱う「弦（げん）」という共通コンテンツをきっかけに、本校が実践研究しているスキルのつながりについても単元設計の段階から計画的に組み込み、最終的にはコンピテンシー・ベース（能力）での教科横断的な実践を行うに至った。

実践の概要

　本実践は、音楽科と理科の教科横断的な学習を実践し、その学習を受けた学習者の立場を踏まえて教科横断カリキュラムを開発する要因を明らかにすることを目的とした。

　理科で奏法原理を学習した後に音楽科で創作・鑑賞を行ったクラスは、音楽科で創作・鑑賞後に理科で奏法原理の学習を行ったクラスと比較した結果、創作活動、協働場面、特殊奏

法の3つの項目で値が高くなった。2つの教科を横断する場合、最初の教科の内容を補完するように次の教科を配置し、その学習内容を扱いながら、さらに最初の教科の学習をすることがカリキュラム開発の要因として挙げられた。

単元構想

中学理科の内容に音の性質を学習する単元がある。主にモノコードという単弦の実験器具を使って、弦の長さや張りの具合が音にどのように影響するのかを試しながら、音の性質を学習する。このモノコードの仕組みがギターや箏につながるが、楽器として作られているわけではないので弦を弾いても良い音色が出るわけではない残念さがある。かといって調弦してあるギターや箏を使って、弦の張りを変えたりして試すわけにもいかない。

一方、音楽は週の授業時間数が1.3時間と非常に少なく、学習指導要領には知識や技能を得たり生かしたりしながら、創作表現を創意工夫するとあっても、それを十分に行うことが厳しい現状がある。本校には「箏」が2人に1台ずつの割合であり、ペアで活動しながら実際に触れて演奏する時間は確保できるのだが、それでも様々な技法を習得する時間、創作するための創意工夫の時間などを十分に行うことはできないといった時数的な背景がある。

そこで、互いの教科のデメリットを補うことができないかと考えて取り組んだのが本実践である。音楽では技法を教えるが、その原理を扱うことはない。一方で理科では原理は理解しているが、それがどう演奏につながるのかは実際の楽器を使うわけではないのでそこで終わってしまう。そこで、図1のように音楽で学んだ奏法をもとに、理科で原理を解明し、その理解のもとで演奏を深める学習を計画・実施した。生徒は創作曲を箏で演奏するが、創作の

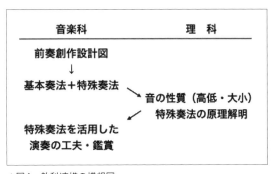

▲図1 教科連携の構想図

イメージを表現する技法の原理がわかれば、場当たり的な奏法の組み合わせではなく、意図をもった奏法の組み合わせになると考えた。その結果、創作活動がより充実したものになることを求めた。

また、本校では「Iwami 10 Skills」という汎用的スキルを学校独自で設定し、それらを授業の中で意味づけしながら活用させ、教科の力と将来活用できる力の両方を鍛える研究を進めている。この「Iwami 10 Skills」は内発的動機、自己管理力、自己有用感、持続的探究、問題解決力、批判的思考、社会的責任、合意形成力、多様性受容、情報活用力の10のスキルで構成されており、教科や単元によって授業に組み込みやすいスキルが違ってくる。たとえば、

理科の場合は問題解決力や批判的思考を使った授業はかなり多く考えられるが、音楽の場合はそうではない。一方、音楽では自分で曲を作る創作となると内発的動機との関連が出てくる。教科横断を通して、互いの教科でスキルの活用場面をカバーできることも強みの1つと捉えて構想を練った。

　本実践は中学1年で実施したが、生徒たちには入学時から徹底して「個人の考えをもつこと」「他者と協働すること」「今の学びが将来の自分につながること」などを事あるごとに意識づけしてきた。上記のスキルに関しても、授業の初めには本時に関連するスキルを示し、それを意識して活用させてきた。

　本実践は、春の段階で連携して3学期初めごろに実践することが予定されていた。それに向けて授業での標準の評価基準は教師が示すが、さらに発展レベルの評価基準は生徒と相談して決めるようにして、学習を自分ごととして意識させるように工夫してきた。自分たちで合意して決めた発展レベルの評価基準を生徒自身が認識することで、学習に主体性が出てきたと感じている。

単元の流れ

　この単元のそれぞれの教科目標は、次の通りである。

- **理科**：弦の振動と音の変化の関係性を明らかにし、箏の特殊奏法を科学的に理解することができる。
- **音楽**：前奏を創作し、特殊奏法の原理を理解した上でいくつかの奏法を活用して演奏することができる。

　この学習の学習過程は、**表1**のように設定した。

　理科の「音」、音楽の「音」が一緒だから教科横断を一緒にするという表面的な考えだけではなく、どんな力をつけたいのか単元設計を行い、互いの教科の進度を調整しながら実施した。また、互いに「Iwami 10 Skills」のどのスキルが扱えそうかということについてもこの単元構想時に確認し、互いの教科で意識して扱うスキルを明確にして授業を行った。

　小学校のように学級担任が自分一人で教科横断する場合と違い、教科担任制の中学校ではこの単元設計をしながら、互いの指導観をすり合わせたり、目指すゴールを共有したりする事前の教材研究の時間が重要である。さらに、それを文字に表したり、表にしたりすることで活動の1つ1つが明確になり、教科間での学びのキャッチボールができる。

　この実践のキモとなる時間は、次の3つである。

No.	理科	Iwami 10 Skills	音楽科
1		内発的動機 社会的責任	○箏の説明（時代背景、各部位の名称） ・「さくらさくら」の前半部分の演奏 ※特殊奏法を使わない
2		内発的動機 社会的責任	○「さくらさくら」前半の演奏 ○後半部分の演奏練習 ・特殊奏法：押し手（弱押し、強押し）
3		内発的動機 社会的責任	○特殊奏法を用いて後奏をつける ・後奏用特殊奏法：かき爪、割り爪、合わせ爪
4		内発的動機 社会的責任	○特殊奏法を用いて後奏をつける ・後奏用特殊奏法：スクイ爪、ピッツィカート、流し爪、トレモロ
5	○音が発生する仕組み・音の伝わり方 ・物体の振動（音叉） ・音の伝わる速さ	内発的動機 問題解決力	
6	○音の大小高低 ・音の大小と音源（オシロスコープ）　波形の描画 ・音の高低と音源（オシロスコープ）　波形の動画	問題解決力 内発的動機	○特殊奏法を擬音化する ・映像視聴しながら特殊奏法を擬音化する ・自分の前奏イメージを文章化・描画する
7	○楽器の音の出し方の秘密を探る ・特殊奏法の音の変化の原因を探る ・モノコードと箏の仕組みの違いと音の変化の関連づけ	問題解決力 社会的責任	
8	○特殊奏法を科学的に説明する ・専門家チーム代表による模範奏法＋解説 ・ホームグループで各担当が説明、奏法の指導	社会的責任 自己有用感 持続的探究 情報活用力	○特殊奏法を用いてイメージに合う前奏を作る ・イメージを表現するのに適した奏法を前奏に組み込む ・代表者による中間発表を行い、他の生徒も参考にする
9		多様性受容	○発表会で、創作した前奏を披露する（鑑賞を含む） ・自分の演奏の工夫を言葉で説明する ・他者の演奏を聴き、感じ取ったことを言葉で表現する

▲表1　理科・音楽科　教科横断授業プラン（1年1組版）

❶「特殊奏法を擬音化する」という前奏創作設計図づくりの場面（音楽科第5時）

❷「楽器の音の出し方の秘密を探る」という特殊奏法を科学的に解明する場面（理科第3〜4時）

❸「特殊奏法を用いてイメージに合う前奏を作る」という場面（音楽科第6時）

✎ 音楽科 ❶特殊奏法を擬音化する場面（3時間：表1のNo.2〜4）

　生徒は写真1のように、ワークシートにそれぞれの奏法のイメージを言葉で表している。このとき、タブレット端末にそれぞれの奏法の動画クリップ（写真2）を入れておき、それを繰り返し再生して、自分なりの表現でそれぞれの奏法を捉える時間とした。同じかき爪でも、ある生徒はタラーンと書き、写真1のようにドゥルンと書いている生徒もいる。音楽活動を通して、音色と奏法の関わりを実感を伴って捉えるためにも、自分なりの言葉で擬音化する時間は大切であった。

そして、一通り特殊奏法を知った上で、「さくらさくら」の前奏イメージを文章と図で表す取り組みを行った。春の暖かさが訪れ、桜が一気に開花するシーンが初めに来て、それを見る人たちが桜の木のもとで楽しそうにしている。それを見て、桜自身も揺れて喜びを表している。そのような情景をこの生徒は思い浮かべ、その情景を表現する奏法を組み合わせていることがこの設計図（**写真3**）から見て取れる。自分だけの前奏を作ることはハードルが高いが、だからこそ、そこに至るまでの擬音化や文章化、そして設計図と少しずつ段取りを重ねることで、一人一人の生徒が気持ちを切らさず、粘り強く学習に取り組んだ。

　この時間の「Iwami 10 Skills」は内発的動機だが、まさにオリジナルの前奏という価値を感じて生徒が学習に取り組む姿があった。他の教科でも言えることだが、あなただけの課題とか、自分だけの設定といったことになると生徒のモチベーションはグッと上向きになる。しかし、40人近いクラスでそれを行うことは困難も伴うが、今回の音楽科の教員のように、1つずつのステップを細かく丁寧にすることで、結果としてすべての生徒が目指す前奏設計図作りにまでたどり着くことができた。個別最適化が求められる今後、このようなスモールステップでオリジナルの学習成果を求める課題作りは授業設計において必要な資質になると考えられる。

奏法	難易度	自分のイメージ	奏法	難易度	自分のイメージ
かき爪	★	ドゥルン	スクイ爪	★★	タンタン
割り爪	★	デンデン	後押し	★★	ピュフワーン
合わせ爪	★★	パン	トレモロ	★★★	ジャカジャカジャカン
流し爪	★	ツラララーン	引き色	★★★	ピューン
散し爪	★	ダーン	揺り色	★★★	ピョーーン
ピッツィカート	★	ボーン	突き色	★★★	ピョヘン

▲写真1　音の擬音化

▲写真2　奏法の動画クリップ

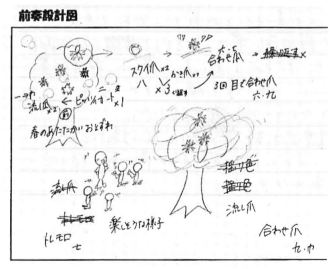

▲写真3　前奏設計図

　理科　❷楽器の音の出し方の秘密を探る場面（1時間：表1のNo.7）

　生徒は、それぞれの奏法について方法はわかっている状態である。ただし、なぜそのような操作をするとその音が出るのかという原理の部分はわかっていない。今回の教科横断のねらいとしては、音色を変える原理を理解することにより、より一層演奏についての創意工夫が充実するであろうということである。

　理科において、弦と音の関係を弦の長さ、弦の張り具合、弦を弾く強さといった各種条件を変えることで体験的に理解させることが目的である。箏の場合、琴柱は固定されているので、対象となる弦の長さは変わらない。一方で、複数の弦があり、それぞれの長さが違う。そのような中で、比較しながら音の変化を調べ、理科の見方・考え方として弦と音の関係を理解する。

　その実験場面で工夫したことは主に2つである。1つは可視化で、もう1つはモデルと実物の関連づけである。初めはモノコードという理科の実験器具を使い、1つの弦の長さや張り具合を変えながら音の変化を調べた。そのときに、タブレット端末に入れたオシロスコープのアプリ（FreqCouner [1]）で音の波形を表示することを通して、音の高低や大小を可視化した。たとえば、弦を短くすると音が高くなり、その結果オシロスコープの波形は小刻みになる。となると、弦を長くすると逆に音が低くなり、波形の刻み具合は大きくなる。オシロスコープを使う前に、比較的音程の高さの違いが少ない2つの音を聞かせ、聞き分けさせたが、全員が正確に聞き分けられるわけではないことがはっきりしていた。そこで、やはり可視化することで正確に音の高低がわかるという納得につなげていった（**写真4**）。

▲写真4　モノコードの実験

　実験器具のモノコードを使った実験では、音の変化の原理は理解できたが、箏の場合は、それぞれの弦で琴柱の位置が違い、弦の長さが違っている。モノコードで理解したことをもとに箏の弦を弾き、オシロスコープのアプリで波形を確かめ、

　　「確かに高いよね。」「この弦とこの弦の音の高さは同じだよね。」

とアプリの画面を見ながら確認する姿が見られた。また、「押し手」という特殊奏法があるが、これは弦を弾く右手ではなく、左手の指で弦を上から強く押し込み、弦の張りを意図的に強くすることで琴柱の位置を変えることなく音程を高くすることができる奏法である。モノコードの場合は、ネジを巻き、弦の張り方を強くすることで音を高くしたが、弦が強く張られるということと指で押し込むことで弦の張りが強くなることがここで一致することで、押し手の奏法＝弦が強く張られる＝音が高くなるという理解につながった。

　実験器具で学んだことをすぐその場で実際の楽器を使って確かめられる。弦の仕組みについては、今までも口頭で伝えてきたが、今回の実践のようにモノコードで実験したことを、すぐにその場で箏を弾いて確かめられる。このような環境作りをするだけで、生徒は学んだことを

生かすことができるという価値を実感を伴って感じられたのではないかと考える。

　理科の3～4時については、主に3つの特殊奏法の原理について扱ったが、2グループずつ1つの奏法についての原理を解き明かすように指示した。そして、グループごとに担当になっている特殊奏法がどのような原理でどんな音が出るのかを説明し（**写真5**）、

▲写真5　特殊奏法の原理の説明

箏を使って実演し、互いに理解を深めるような授業設計にした。ここでは社会的責任を2時間共通のスキルとし、3時については問題解決力、4時については自己有用感のスキルをそれぞれ価値づけた。役割分担をして、担当の特殊奏法の原理を解き明かすことと、それを責任をもって伝え切ることで相手にも伝わり、自分たちの有用感を高めるイメージである。説明が終わると自然と拍手が起き、その後は自分たちの箏のところに戻って、今習ったことを試してみる。この即時性も効果的であったと考える。

✎ 音楽科　特殊奏法を用いてイメージに合う前奏を作る場面
（1時間：表1のNo.8）

　理科で奏法の原理を理解し、演奏に生かせる手応えを感じたところで、いよいよ仕上げの場面である。**写真3**で示した前奏設計図を拡大してみると（**写真6**）、最初の書き込みに二重線を引いて消している。その横には新たに書き加えたであろうものも見られる。表現したいイメージに合った奏法を考えている途中で、別の奏法が良いのではという気づきの足跡だと考えられる。

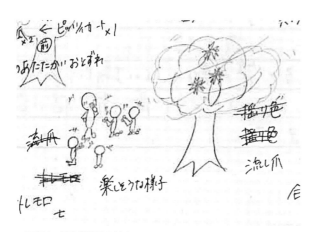
▲写真6　前奏設計図の拡大

▲写真7　前奏創作の試行錯誤

　このような活動の重要なポイントとして、試行錯誤の時間を十分に保障するということがある。生徒は、オリジナルの前奏を作るのだから何度も弾いて納得して終わりたいはずである。

たとえば、**写真7**の生徒は手元のプリントと動画クリップの両方を行きつ戻りつしながら少し弾いては考え、また少し弾いては考えることの繰り返しを行っていた。タブレット端末が近くにあると、疑問に思ったときにすぐに確認でき、それをもとに試すことができる。

ちなみに生徒が使っている動画クリップは自作教材である。携帯端末で動画を撮影し、動画編集アプリを使って、説明の文字をいくつか入力し、動画として出力する。それを各タブレット端末に入れるだけなので、1つの動画クリップを作るのに5分程度で済む。自作の良さは、ピンポイントで欲しい映像資料が作れることであり、最近のアプリはその編集作業もプレゼン資料を作るスキルがあれば、ある程度簡単に作れるようになってきた。このことにより、授業の目的に沿った動画クリップを容易に生徒に届けられるようになった。生徒は視聴して、すぐに演奏で確かめ、それを繰り返しながら、次第に自分なりの前奏に注力していく。この時間の設定スキルは持続的探究と情報活用力だが、まさにその2つのスキルを十分に活用しながら創作活動に没頭する姿が見られた。

また、この後、音楽科ではオリジナルの前奏を組み合わせた「さくらさくら」の演奏会を行った。自分のイメージを語り、その後に演奏することで互いの思いを曲として聴き、評価し合う姿が見られた。

実践を終えて

授業後は振り返りとして、授業を通して考えたこと、感じたことや他教科との連携についてといった観点で文章記述をさせた。生徒の記述をテキストマイニングしたところ、**表2**のような結果が得られた。

1年1組			1年2組			1年3組		
コード名	頻度	%	コード名	頻度	%	コード名	頻度	%
＊教科連携	12	7.0%	＊教科連携	11	7.6%	＊教科連携	15	7.7%
＊理科の内容	24	14.0%	＊理科の内容	19	13.2%	＊理科の内容	25	12.9%
＊音楽科の内容	23	13.4%	＊音楽科の内容	26	18.1%	＊音楽科の内容	38	19.6%
＊創作活動	23	13.4%	＊創作活動	9	6.3%	＊創作活動	19	9.8%
＊鑑賞	1	0.6%	＊鑑賞	2	1.4%	＊鑑賞	6	3.1%
＊協働場面	19	11.1%	＊協働場面	5	3.5%	＊協働場面	24	12.4%
＊公共心	0	0.0%	＊公共心	0	0.0%	＊公共心	2	1.0%
＊日本の伝統文化・文化の認識	4	2.3%	＊日本の伝統文化・文化の認識	6	4.2%	＊日本の伝統文化・文化の認識	2	1.0%
＊特殊奏法	12	7.0%	＊特殊奏法	3	2.1%	＊特殊奏法	16	8.3%
＊原理の理解	30	17.4%	＊原理の理解	30	20.8%	＊原理の理解	38	19.6%
＊課題解決	5	2.9%	＊課題解決	0	0.0%	＊課題解決	3	1.6%
＊気持ち	6	3.5%	＊気持ち	10	6.9%	＊気持ち	18	9.3%
＊技能	10	5.8%	＊技能	4	2.8%	＊技能	8	4.1%
#コード無し	64	37.2%	#コード無し	72	50.0%	#コード無し	61	31.4%
（文書数）	172		（文書数）	144		（文書数）	194	

▲表2　クラス別単純集計

時間割の関係で、1年2組だけは**図1**で示したような教科連携の順番で実施できなかった。

- 1・3組：音楽（特殊奏法）→理科（奏法解明）→音楽（奏法を生かした演奏）
- 2組　　：音楽（特殊奏法）→音楽（奏法を生かした演奏）→理科（奏法解明）

　1・3組と2組の学習過程の違いは、「理科で奏法原理を学習すること」と「音楽で創作・観賞の学習を行うこと」の展開順である。

　3クラスとも最初に音楽で奏法を扱っているが、それは奏法の手順としての理解であって、なぜその奏法にすると音が変化するのかまでは理解していなかった。しかし、1・3組はその奏法について、音の変化の原理を理科で学び、その次に音楽科で創作する過程において、たとえば音を高くしたいので「音を高くする→弦を強く張る→押し手」という科学的な考え方を使って創作活動を行ったと推測される。生徒の感想には、

　　「特殊奏法について理科でなぜこの音になるのかなどを調べていたから音程などを意識できた。」

と理科の学習を音楽科の創作につなげている振り返りもあった。生徒の中で音楽科と理科の学習内容がつながっていることの現れの1つだと言える。

　本実践は、音楽科の箏を扱った実践において、弦と音の関係性を理科を通して科学的に理解した上で音楽科の創作や鑑賞につなげている。つまり、2つの教科横断的な学習を構想する上では、最初の教科の内容を補完するように2つ目の教科を学習過程に介在させ、それを受けてもう一度最初の教科を学習することが効果的ではないかと考えられる。音楽科（奏法の基礎）→理科（奏法の原理）→音楽科（創作での活用）という1・3組の学習展開のときに創作活動、協働場面、特殊奏法の観点での生徒の理解が深まったことから明らかである。

　また、介在させた理科だけに限って言えば、「弦の張りや長さと奏法原理の関係の理解」については、展開の順番にかかわらず各クラスとも同じような認識の程度だった。今回のように音楽→理科→音楽といった展開の順の場合、介在させる教科（理科）にだけ関しては、その前後の教科との展開順は大きく影響しないと考えられる。一方、前後に位置する教科については、介在する教科の学習内容が特に後半に意味をもってくるので、順番を考慮することの必要性が見えてくる。

　本実践のポイントは、トキ、モノ、コトの3つである。理科でモノコードを使った学習は4時間、音楽の箏もかなり無理をして時数を確保している。しかし、教科横断で学習内容を一部でも重ね合わせることができれば、関連した学習になり、結果として**図2**のよう

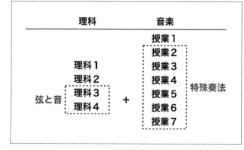

▲図2　教科横断による重なりのイメージ

に単独よりも多くの時間をかけて学ぶことになると考える。

　モノコードだけを扱えば単純に2時間しかない。しかし、理科の方向から今回の実践を見れば、その授業の前に弦を実際に弾き、音の変化を実感している状態なので、これは課題意識をもたせる過程とも捉えることができる。そして理科で実験を行い、また音楽で実世界での活用につなげる。ただ単に「音」というテーマが同じだから教科横断しましょうという表面的な実践だけでなく、学習内容を互いに関連づけ、価値づける構想力のようなものが授業者には求められると思う。

　振り返りの最後は、個人的な感想になるが、教科横断は正直パワーが必要である。計画通りにうまくいくことはないかもしれない。でも、遠い先のゴールからは目をそらさず、起きたトラブルにも柔軟に対応したり、時数や実施時間の変更にも腐らず焦らず、粛々とやる。絶対にたどり着くという教師の強い覚悟を生徒は感じるはずである。それに、何より一緒に授業を創る同僚がいる。教科担任制において仲間と一緒に授業を創る魅力は、やった人しかわからない。様々な苦労もあるが、それ以上の達成感と授業を見る視野の広がりなど、得るものは多い。その経験が、発展して**総合的な学習の時間**と自分の教科の関連づけになったり、柔軟なカリキュラム・マネジメントの発想にも必ずつながると考える。

カリキュラム・マネジメントのポイント

　なぜカリキュラムを組み立て直してまで実践をするのか。ただでさえ中学の時間割は一人動かすと他者への影響も大きい。それは授業者が次のようなことを日頃思っているからである。

● 世の中の問題は教科別に分かれているわけではない
● 学習したことは自分の中で組み合わせが変わりながら自分なりの知識の塊になる
● ある教科の「見方・考え方」で別の教科の内容を見るとその教科が違って見える

　上記のようなことを学習者に感じてほしいという強い願いがある。もし、学校生活の中でこれらのことを感じることがあれば、学習の面白さに少しでも触れる機会になる。社会に出てからも学び続ける学習者を育てるためには、「学ぶって面白い」という感覚にいかに出合わせるかだと思う。新学習指導要領で示されているからカリキュラム・マネジメントをしたとしても、それは表面的なものになるのではないだろうか。

　今回は教科横断の事例を扱ったが、**図3**をご覧いただきたい。

　たとえば、4時間で扱う単元を50分ずつ同じペースで進めるのではなく、内容3でじっくり考えさせたいとした場合、内容1・2はペースアップして、その余剰時間を使って、内容3を通常の設計の2倍以上の時間を使って扱う。この単元で学習者に気づかせたい、感じてほしい、

そういう内容を教材研究で見いだし、与えるのではなく学習者が気づくためにも時間を確保する。授業者は、単元を見通した授業設計力が今まで以上に必要になってくる。また、GIGAスクール構想により児童生徒に一人1台情報端末が整備されることにより、一人一人の考えの明確化、グループでの交流、それを経てのさらなる自分の考えの更新といったこ

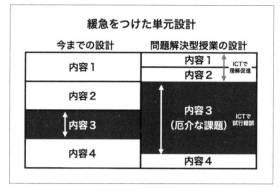

▲図3　単元内のカリキュラム・マネジメント

とがスムーズに行われることになる。そうなると、今までの授業とは関わり合うスピードも変わるだろうし、端末情報を集約すれば学習者の成果物の見取りも変わるので必然的に評価についても改善が求められる。

　図3のように内容3の部分で時間をしっかり確保できるのであれば、場合によっては外部講師にオンラインで参加してもらい、ミニ講演やアドバイスをもらうことも可能である。開かれた教育課程の充実のためにも、担当教員だけで授業をするのではなく、「餅は餅屋」的に、その道の専門家から話をしてもらうだけで、同じ内容を扱っても学習者への浸透率は変わるはずである。決めた通りに進める単元運営から、状況に応じて授業展開のスピードを変化させたり、関わる人を変えるなど、柔軟なカリキュラム・マネジメント力が求められる。

　最後にもう1つ。カリキュラム・マネジメントは教師の仕事だが、これから行う単元の意義、目指す姿などを学習者には説明すべきである。この単元はこのような内容の授業を行うが、その理由はこうであるといった具合である。一緒に新しい授業を作っていこうと学習者に意義を説明すれば、彼らはきちんとそれに応えようとする。学習者を信頼し、教師側の手の内を見せ、一緒に創造するという気持ちが一番大切なのかもしれない。

参考文献

[1] Junfei Peng「FreqCounter」App Store サイト
　　URL https://apps.apple.com/jp/app/freqcounter/id410756795

佐藤 幸江
元・金沢星稜大学

岩﨑実践を振り返る

❶理科を核とした取り組みとして

本実践は、2教科間の連携の提案である。中学理科の内容に、モノコードという単弦の実験器具を使って音の性質を学習する単元があり、一方、音の原理を理解しないまま少ない時間数での授業を強いられている音楽科がある。その2つの教科のデメリットを補うことができないかという発想から、本実践が始まったという。これまで教科連携という経験の少ない中学校や高等学校においても、まずは2教科間に着目して関連化してみるということは実現可能ではないだろうか。もちろん、両方の教科の担当者が、教科連携のメリットを理解していることが、前提ではある。

❷教科担当教師にも必要なカリキュラム・マネジメント力

本実践の優れた点は、単にテーマが同じであるとか、学習内容が近いとかいうことで、教科を連携させているのではないという点にある。「Iwami 10 Skills」という汎用的スキルを学校独自で設定し、教科の力と将来活用できる力の両方を鍛えるための指標がある、ということである。たとえば、

> 「理科の場合は問題解決力や批判的思考を使った授業はかなり多く考えられるが、音楽の場合はそうではない。一方、音楽では自分で曲を作る創作となると内発的動機との関連が出てくる。教科横断を通して、互いの教科でスキルの活用場面をカバーできる」

という記述に見られるように、教科や単元による育成するスキルの違いに着目し、それを補い合えるようなカリキュラム・マネジメントを実施していることにある。

ここはなかなかハードルが高いが、実践する中でスキルを関連づけていくことも可能である。まずは、始めてみることが肝要かと思う。

❸STE(A)M教育の視点から見えること

STE(A)M教育は、新しい教育のスタイルである。日本においては、どのような規模感をもって、どのようなテーマや学習内容を実施するのか、また、PBL（Problem-based LearningあるいはProject-based Learning）という学習方法に関しても、まだまだ手探りの状況にある。しかし、本実践を見ていると、教師がそれを楽しんでいるように思えてくる。生徒と共に目指したゴールには「絶対にたどり着くという教師の強い覚悟を生徒は感じるはずである」という教師の強い思い入れ、「何より一緒に授業を創る同僚がいる。教科

担任制において仲間と一緒に授業を創る魅力は、やった人しかわからない」という同僚性を大事にする姿勢が、本実践のキモとも言えよう。

　さらに、岩﨑教諭が理科担当ということから、ぜひ2教科間の連携から、実体のある物作りへの試み、その制作の試行錯誤のプロセスにおいて、理科、算数、技術等の知識、スキル、見方、考え方を生かしていくという実践を期待したい。

7

教科・領域 総合的な学習の時間　家庭科　英語科

Healthyな弁当レシピを英語で作成しよう

反田 任　同志社中学校

◎**ICT環境**　タブレット端末生徒一人1台（BYOD：学習専用に設定されたiPadを保護者負担で用意）
　　　　　　iTunes U（授業支援アプリ）

本実践に至る経緯

　近年、中高生の健康に対する意識の中でダイエット志向が強い傾向が見られる。独立行政法人国立青少年教育振興機構が、平成29年度に高校生を対象として実施した**高校生の心と体の健康に関する意識調査報告書―日本・米国・中国・韓国の比較―**[1] によると、

> 日本の高校生は、BMI（体格指数)の判定で「普通体重」の割合が7割を超え、4か国の中で最も高い。しかし、女子は・・・(中略)・・・自分の体型に「満足している」「まあ満足している」と回答した者の割合が2割強にとどまり、4か国の中で最も低い。

という傾向にある。

　「中学生にとってのHealthyとは何か」を考えるきっかけと、「食育」を関連させることを考え、英語の命令文の指導と合わせて実践した。実践を考える中で、栄養学の専門家に中学生向けに講義をしてもらい、また栄養学を専攻する大学生にレシピについてのアドバイスをしてもらうなど、科学的な視点も取り入れた。また、レシピ（料理の手順）を考えるにあたって、プログラミング的、論理的思考を大切にした。学びのゴールとして中学生が栄養バランスを考えたレシピを英語で作成し、それを発信することによって中高生がより良い食生活を考えていくきっかけになることを目指した。

実践の概要

　本実践は、中学1年生の英語の命令文の単元で、食育も含めた技術・家庭科との教科横断的なテーマとして「弁当のレシピ」作りに取り組んだ。英語の教科書では"Sit down."や"Look at the blackboard."のような例文が出てくるが、英語では料理のレシピや取扱説明書はすべて命令文で書かれている。レシピは料理の手順であり、一種のプログラミングである。レシピを考える過程で専門家による講義やアドバイスをもとに、健康について目を向け、「中学生にとってのヘルシーとは何か」「栄養バランスを考えた食事」を考え、自らの健康についても見直すきっかけにする。また、レシピをプログラミング的視点からわかりやすく表現することを目指す。

単元構想

　本実践は、中学1年生英語（生徒296名、8学級）の授業で実施する。筆者の担当する授業は週1時間で、普段から3人1グループでのオンライン英会話の講師との活動など、グループでの活動を数多く取り入れている。オンライン英会話の講師との活動では毎時間グループを変えているが、どのクラスもグループ内でわからない点を教え合うなど相互の協力関係は成立している。

　検定教科書で扱われている「命令文」は、

　　"Use this computer.（このコンピュータを使いなさい）"

　　"Read this book.（この本を読みなさい）"

など日常の動作に依拠したものが多いが、本単元では実際には英語で命令文はレシピや取扱説明書で使用されていることに着目し、ただ単にレシピに関して命令文を使って作成するだけでなく、❶「健康」や「食育」の視点を入れながら作成し、また❷料理に関係する動作や食材に関係する身近な単語の習得を目指す。

　また、英語でレシピを作成するにあたり、生徒と学校外の栄養学の専門家（大学の先生、大学生）とICTを活用してつなぎ、解説やアドバイスを受ける機会を取り入れる。学びの手順、レシピの作成については週1回の授業であるため、タブレット端末の授業支援アプリ（iTunes U [2]）を用いて、授業コースとして提示し、家庭学習の際に活用できるように考える。最終的には一人一人が考えたメニューに関してICTを活用してグループで1つにまとめる。

単元の流れ

✎ 実践概略

　英語の命令文の単元で、英語でレシピを書いて調理してプレゼンテーションにまとめ、発表する取り組みは以前から行っていた。今回、同様に命令文の単元を扱うにあたって、中学生のダイエット意識と関連させて「食育」の点から授業を考えてみることにした。

　中高生になると体型を気にする生徒が少なからずいて、ダイエットに関心が向くことが多い。冒頭に紹介した**高校生の心と体の健康に関する意識調査報告書**の結果[1]を見ても、日本の生徒はBMI（体格指数）が普通であるにもかかわらず自分の体型を気にしている傾向がある。そのような視点をレシピ作りに生かせないかという思いから、「食育」の視点を英語でのレシピ作りに取り入れることとなった。

　技術・家庭科（家庭分野）の授業との連携も考えたが、生徒に自分ごととしてより一層の実感を持ってもらえるように大学の研究者からインパクトのある話を聞き、またそれをもとにレシピを考えることによって自ら食事の際に栄養バランスを考えたり、日常生活を見直したりすることがこの取り組みを通してできるようになればと思った。

　週1時間の授業であるので、ICTを活用して次節で詳述する授業コースを生徒のタブレットに配信し、効果的に授業時間を活用することも工夫した。

　まずこの実践の前段階として、英語の命令文の表現について学び、命令文について理解する。次に、英語で命令文は料理のレシピや電気用品の取扱説明書の中で使われていることを紹介した。それらは授業コースの中でWebサイトへのリンクやPDFによって提示した。その際に中学生にわかりやすいイメージを持ってもらうために、NHK WORLD-JAPAN「**Dining with the Chef**」[3]、NHK for School「**基礎英語0〜世界英語ミッション／第16回　レシピを読んで料理を作れ！**」[4]、「**Japanese Cooking 101**」[5]などのWebサイトを紹介した。

●授業コースで「学び」を進める

　本実践では授業や資料、課題をWeb上で配布・管理できる教育支援システムを活用した授業コースを作成した。この授業コースでは授業の進行手順を提示し、授業で必要な動画、PDFなどの書類、参照すべきWebサイトなどすべての資料をシステムを通じて配布し、授業の進行にあわせてアップデートができる。

　担当する授業は週1回であるため、次の授業までの準備が必要であること、グループでの作業を伴うために全員が授業の見通しを持つことが必要である。そのために授業コースを作成し、随時確認できるようにした。授業は全4時間で授業の流れを**表1**にまとめてみた。英語の授業の中で技術・家庭科（家庭分野）の視点も入れながら授業をデザインした。

時間	技術・家庭科（家庭分野）	育成を目指す力	英語科
1	料理のレシピに関わって五大栄養素と弁当の栄養バランスについて理解する	（知識・技能） 健康、食に関して考えるための基礎知識を身につける	命令文の導入と言語活動。料理のレシピや取扱説明書を紹介して「命令文」が使われていることを紹介する。英語のサイトや辞書を使って料理に関係する単語や英語表現を調べる
2	中学生にとって、Healthyとは賢い脳や丈夫な体を作るための栄養バランスを考えることであることに気づかせ、食育の視点から授業を考える。放送番組「どうしてやせちゃダメなの？」[6]大学研究者の解説動画「中学生にとってのHealthyとは？」を視聴して栄養バランスについてグループで検討し、意見交換する活動も行う	（知識・技能） 健全な食生活を実現するために必要な知識や技能を身につける （思考力・判断力・表現力等） 自らの健康や食を見直し、健全な食生活を実現するために情報収集し、何が必要かを考え、検討し、表現する力を身につける	料理や食材に関係する英語表現について調べる
3	栄養学専攻の大学生からのアドバイスをもとに各個人でレシピを再考するレシピをもとに調理し、調理の画像と合わせて完成させる	（思考力・判断力・表現力等） レシピを再考する中で、栄養バランスについて考え、検討し、英語でレシピとしてまとめ、表現する力を身につける	料理に関係する英語表現を学ぶ レシピを英語の命令文を使って英語に直す
4	グループで全員のレシピを合わせて1つにまとめ、お互いのレシピについてレビューする	（学びに向かう力・人間性等） レシピを考えることを通して、主体的に健全な食生活を実現しようとしたり、健康づくりに貢献しようとする態度を身につける	レシピの英語を見直し、完成させる

▲表1　授業の進め方（すべての時間でICTを活用する）

　また、生徒に提示した（タブレット端末に配信した）授業コースは、**表2**の通りである（図1・図2）。

　授業コースによって、「次に何を学ぶか」「プロジェクトの進め方はグループでどのようにすればよいか」などの見通しを生徒自身が予想できるメリットがある。

　注意すべき点は、授業コースを提示してもそのまま順番にこなしていくだけではなく、生徒が考えて深く学ぶための仕掛けをコースに置いておくことがポイントである。

トピック（アウトライン）	内容
英語で弁当のレシピを考えよう	英語で弁当のレシピを考えよう（文法項目―命令文） • レシピや取扱説明書（英語版）の命令文の紹介 • カロリー計算ができるWebサイト
中学生にとってのHealthyとは？ 〜弁当メニューについて考える〜	西南女学院大学　手嶋英津子先生に同志社中学校1年生の皆さんのために解説動画を作っていただきました。 動画を見るポイントは (1) 中学生にとっての"Healthy"とはどういうことか？ (2) 弁当メニューを考える際のポイント（カロリー、主菜、副菜） に留意し、各班のレシピ作りに活かしてください
グループでレシピを考えよう	• 各グループで中学生にふさわしいHealthy弁当メニューを考えてみよう 　※フォーマットファイルに入力して提出する • 各クラスのレシピを見てみよう（学び合おう） • フィードバックビデオを見てレシピをさらにより良いものにしよう 　※西南女学院大学（保健福祉学部栄養学科）の学生によるコメント
英語でレシピを書こう	• メニュー用紙テンプレート • 料理用語を英語で（参考Webサイトの紹介）
ブックを制作する	英語のレシピを制作し、デジタル本にまとめる • 調理の写真を貼りつけて手順がわかるように工夫しよう
まとめ	出来上がったレシピ本の評価をしよう

▲表2　生徒に配信した授業コースの概要

▲図1　タブレットに配信した授業コース

▲図2　大学研究者による講義動画画面

✎ ❶英語の命令文について学ぶ（1時間目＋別の英語授業）

●授業概要

　英語の命令文について基本的な内容を学習する。命令文の学習内容についてここでは割愛する。

　命令文について学んだ後、英語では命令文が料理のレシピや取扱説明書などに使用されていることを紹介する。意外に知らない生徒も多い。英語のレシピに関連するWebサイト（**図3**）や放送番

▲図3　料理に関するWebサイトの例

111

組を見せて紹介しながら、生徒は命令文の用法を確認するとともに、料理に関係する動詞や食材の名前について学ぶ。

料理に関係する語は数多くあり、たとえば「切る」という表現1つをとってみても、

cut（切る）、chop（刻む）、slice（薄く切る）、shred（みじん切りにする）

など多くの表現があることに気づかせる。

生徒は配信された授業コースに紹介された料理に関連するWebサイトを閲覧しながら、英語でレシピを作成する際のイメージをつかみ、あとで3人一組で取り組むプロジェクトの参考にする。

生徒の感想によると、英語の命令文の学習はあまり面白くないが、英語のレシピを通して実際の生の英語に触れることができ、また身の回りで使う日常生活と関わりの深い語がたくさん覚えられた等が見られた。

✏️ ❷大学研究者から学ぶ「中学生にとってのHealthyとは？」（2時間目）

●授業概要

英語でレシピを考える際の参考にするため、大学研究者に「中学生にとってのHealthyとは？」をテーマに講義をしてもらった。これは、学校外の方に話をしていただく機会を持つというカリキュラム・マネジメントの視点と合わせて、科学的にレシピを考えるというSTE(A)M的な視点を生徒に持ってもらう意味がある。自分ごととして健康について考えたり、健康を支える1つの要素である「食」について、カロリーバランスや栄養などを科学的に捉えて考えたりすることは大切である。科学的に食生活を見つめることにより、自分の生活自体をより良いものに変えていくきっかけとなる。

英語の授業であるが、最終的な成果物であるレシピを英語で仕上げるだけでなく、成果物を完成させる過程において様々な視点や思考を入れ、深く掘り下げる学びを目指した。

動画で学んだ後、3人一組のグループになって、弁当レシピについて話し合った。最低3つの弁当のおかずを考え、食材やレシピについてタブレットを使って調べながらグループで1つにまとめる作業を行った。レシピ案を仕上げることが必要なので、日本語でまとめた。提出されたレシピ案は、栄養学を専攻する大学生のもとへ送付し、レシピに対するコメントを後日いただくことになった。

料理のレシピはその内容をわかりやすく的確に伝えようとすると、手順を追って論理的に説明する必要があり、その点について留意するように伝えた。

●テーマを理解し、グループでレシピをまとめる

まず、授業のテーマを理解し、どのような目的でレシピを作成するかを考えることからスタートした。

生徒は動画（**図4**）を見て「中学生にとってのHealthy」ということが理解できた様子で、「ヘルシー」とは「ダイエットをする」ことや「やせてスタイルが良い」ということではなく、「将来の体をつくるためのヘルシー」「賢い脳をつくるためのヘルシー」という大学研究者からのメッセージをしっかりと受け取り、レシピ作成に取り組んでいるグループがほとんどであっ

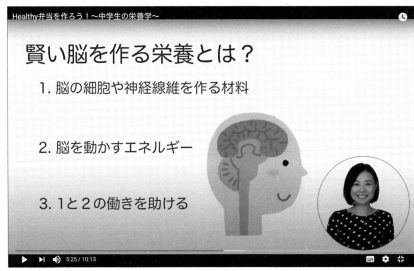

▲図4　解説動画の画面より

Healthy弁当メニュー（何を作るか？Healthy弁当のメニューを記入）

ミニハンバーグ・ブロッコリーとジャコのナムル・トマトときゅうり和え・にんじんのきんぴら

材料(Ingredients) メニューごとに書く

材料	量	材料	量	材料	量	材料	量
〔ミニハンバーグ〕合いびき肉	200g	〔ブロッコリーとジャコのナムル〕ブロッコリー	1/2株	〔トマトときゅうり和え〕トマト(小)	1個	〔にんじんのきんぴら〕にんじん	150g
塩	小さじ1/6	料理酒	大さじ1	きゅうり	1本	赤唐辛子	1本
こしょう	少々	しょうゆ	小さじ2	玉ねぎ(みじん切り)	大さじ1	いりごま(白)	大さじ1
ナツメグ	少々	にんにく(薄切り)	1/2片分	青じそ	4枚	ごま油	大さじ1
玉ねぎ(みじん切り)	30g	ちりめんじゃこ	大さじ2	しょうゆ	大さじ1/2	しょうゆ	小さじ2
オリーブオイル	小さじ1	ごま油	大さじ1/2	みりん	小さじ1/2	みりん	小さじ1
サラダ菜	適量			ごま油	小さじ1/2		
パン粉(生)	大さじ2						
豆乳	大さじ2						
トマトケチャップ	大さじ1と1/2						
ウスターソース	小さじ1						
みりん	小さじ1						

作り方 (Directions)

メニュー1（主菜）
1. パン粉・豆乳を混ぜ合わせる。
2. ボウルにひき肉と塩を入れ、粘りが出るまで混ぜ、こしょう、ナツメグ、1を加えて混ぜ、玉ねぎも入れてさらに混ぜる。
3. 4等分して小判型に形を整え、真ん中を少しくぼませる。
4. フライパンを熱してオリーブオイルを敷き、3を入れて蓋をして中火で2〜3分焼き、弱火にして4〜5分焼く。ひっくり返して同様に焼き、器に盛り付ける。
5. フライパンに残った油を捨て、トマトケチャップ・ウスターソース・みりんを入れてさっと煮立てる。
6. 4にサラダ菜を添え、5をかける。

メニュー2（副菜）
1. ブロッコリーは小房に分ける。
2. 1がかぶるくらいの湯を沸かし、酒・しょうゆ・にんにく・1を加えてゆでる。
3. 火が通ったら汁気をきり、じゃこ・ごま油を加えて弱火にかけ、汁気を飛ばしながらじゃこを絡める。

メニュー3（副菜）
1. トマトは乱切り、きゅうりは縦半分に切ってさらに斜め薄切りにする。
2. 玉ねぎはペーパータオルで包み、水にさらして水気を絞る。青じそもみじん切りにする。
3. 1・2をしょうゆ・みりん・ごま油で和える。

メニュー4（副菜）
1. にんじんは皮をむき、4cm長さのマッチ棒くらいの太さの棒状に切る。
2. 赤唐辛子は半分に切って種を取る。
3. フライパンにごま油を熱して2を炒め、1も加えて中火でていねいに炒める。油が十分にまわったら、しょうゆ・みりんを加え、中火で水気をとばしながら炒め、いりごまをふる。

▲図5　グループで1つにまとめ完成したレシピ（日本語）の例

た。またカロリー計算サイトで弁当全体のカロリーを計算して必要量に達しているか、栄養バランスはどうかという点について議論を展開していた。

その後、各グループで一人一人が考えた弁当のレシピを1つにまとめた（**図5**）。

タブレットでファイルをやりとりしながら編集作業を行い、完成させた。解説動画の中では主食のご飯、主菜の肉類、副菜の野菜の割合も解説されていて、生徒はその解説に則りながら相談して、栄養バランスが良くなるように意見交換している様子が見られた。

出来上がったレシピは栄養学を専攻している大学生にチェックをしてもらい、1つ1つのレシピにコメントが返ってきた。

レシピを考える際に、まず「料理は一種のプログラミングである」ということを意識させた。手順がわかりやすく記述されていること、誰が調理しても同じものが作れること、材料・調味料の量を数値化するなどできるだけ具体的に記述するようにした。また、なぜそのレシピを選んだのか、栄養バランスや弁当の主菜、副菜の考え方から説明できるよう考えさせた。

❸大学生からのフィードバックとレシピ英語版作成（3時間目）

●授業概要

前回の授業で完成させたレシピ（日本語）について、栄養学専攻の大学生からコメントが返されてくる。そのコメントをもとに生徒はグループで話し合ってレシピを修正し、英語に翻訳する。さらにどのような画像を準備すればレシピとしてわかりやすいかについてもグループで相談する。

この単元では最終的な目標である英語のレシピを完成させるために英語の表現についてもチェックを入れる。

●大学生のアドバイスをもとにレシピを修正し完成

大学生から返ってきた動画によるコメント（**図6**）をもとに各グループでレシピを修正し、全体的なバランスを見た上でレシピを完成させる。この段階でレシピを英語に翻訳する。授業コースで提示されているレシピのサイトの表現を参考にしながら、グループでまとめたレシピを書き上げていく。時間内にやりきれなかった場合は家庭で作成し、その後レシピにしたがって調理し、画像を撮影する。

生徒は大学生が返してくれたコメントがとても嬉しかった様子で、ICTを活用することで、学校外の人からも学ぶことができる実感を味わったようである。またグループでレシピをまとめる際に、グループで英語の表現を共有しながら最適な表現を模索していた。さらにわかりやすいレシピになるように食材と説明文の配置などを工夫していた。残るは調理中と出来上がった後の画像の撮影であるが、これは担当者各自が行った（学校で調理の過程の画像を撮影する場合は、家庭科の時間とタイアップすることも1つの方法である）。

お弁当のメニュー拝見させていただきました。トマト、卵、レタスと赤黄緑が使われているので彩の良いお弁当になると思います。主菜のチーズハンバーグですが玉ねぎだけではなくてニンジンとかも、みじん切りにして入れてもいいと思いました。お弁当の完成を楽しみにしています！

▲図6　栄養学専攻の大学生によるレシピへのフィードバック例

❹グループでレシピを統合し完成（4時間目）

●授業概要

分担して作成してきたヘルシー弁当の英語のレシピをいよいよ1つにまとめ、完成させる。

まず、ファイルを個人のタブレットからパソコンへと転送し、グループで議論しながら編集作業を行う（**写真1**）。レシピの英文、画像の配置など最適なものを選択し、レシピを見る人にわかりやすく伝えるために意見を交換し、検討を重ねる。レシピの手順が間違っていないか、英語の表記は正しいか、内容が画像と合っているかなど、グループ内で検討する際に必要な項目も提示した。また、ICTを活用して効率良く編集作業を行う体験をする機会としても位置づけた。

前時の授業で大学生から返ってきたコメントをもとにレシピに修正を加え、グループのメンバーで分担し、それぞれがレシピを完成させる。

▲写真1　レシピの編集作業の様子

▲写真2　調理しながら撮影した画像

このとき、レシピの手順で調理し、画像を撮影する（**写真2**）。タブレット端末からパソコンへファイルを転送し、全員でパソコンの画面を見ながら編集し、1つにまとめる。レシピに入れる画像について、どれを入れると良いか、話し合いながら検討を進めていく。英語のレシピを検討する中で、手順はわかりやすく、調理の順番通りに記述されているか、大学生のアドバイスが取り入れられたレシピになっているかについても見直しや確認を行った。

最後に、グループで検討を重ねて完成させたレシピを提出する。レシピは形式を揃えるため

Lunch Box Menu: casserole of rice
cheese in hamburg steak
sweet potato
coleslaw of carrot and spring cabbage

Ingredients

ingredients	quantity	ingredients	quantity
ground beef and pork	150g	cabbage	two cabbage leaves
beaten egg	a egg	Garlic paste	teaspoon one half
bread crumb	tablespoon three	milk	tablespoon three
solt	teaspoon one quarter	pepper	proper quantity
for pizza use cheese	40g	grain mustard	teaspoonful
worcester sauce	tablespoon two	catchup	tablespoon two
salad oil	tablespoonful		
rice	360g	chicken leg	150g
carrot	one quarter carrot	shimeji mushroom	one half
konnyaku	one quarter konnyaku	deep-fried bean curd	one half
cooking alcohol	tablespoonful	soy sauce	teaspoonful
mirin	two teblespoon	salt	one half teaspoon
Japanese stock granule	teaspoonful	soy sauce	tablespoonful
water	suitable amount		
Sweet poteto	one	water	Appropriate amount
suger	3 tbsp	mirin	3 tbsp
Spring cabbage	4 sheets	carrote	Quarter book
Ham	4 sheets	Comcan	3 tbsp
salt	1/3 teaspoon	mayonnaise	2 tbsp
sugar	1/2 teaspoon	vinegar	2tbsp

Directions
Main dish casserole of rice casserole of rice

1. Polish rice. To rinse in cold water.
2. Quarter slice carrot. Cut off shimeji mushroom's ferrule, flake meat off shimeji mushroom.
3. Pour boiling water over deep-fried bean curd, and cut it in half, and cut it in 5mm width.
4. Cut into bite-size chunks the chicken leg.
5. Put chicken leg and cooking alcohol tablespoonful and soy sauce teaspoonful into bowl.(●)
6. Put (●) and mirin two tablespoon and salt one half teaspoon and soy sauce tablespoonful and Japanese stock granule teaspoonful water to 2 go line into rice cooker pot, and mix they.

4. Mix ground beef and pork, cabbages, beaten egg, garlic paste teaspoon one half salt teaspoon one quarter pepper proper quantity until they become sticky.
5. Cut it into four pieces, and shape align.
6. Shape for pizza use cheese, wrap up ingredients for hamburg steak in the center.

7. Put salad oil into frying pan, and medium heat.

8. Put ingredients into frying pan, and brown it, and turn, and put a lid on, and heat for six-seven minutes, and to heap up a container.
9. Wipe extra grease on the frying pan.
10. Put grain mustard and worcester sauce and catchup, and heat until it starts to thicken low.

11. Put sauce on, completion.

3. Side dish   sweet potato
Ingredients are one sweet potato, three tablespoons of sugar, an appropriate amount of water, and three tablespoons of mirin. Place 8-10 mm thick sliced sweet potatoes in a frying pan.

▲写真3　完成したレシピの例

　に、配布した共通のメニュー用紙テンプレートに英語で具材と手順を入力する（**写真3**）。
　　グループで検討する最終過程において、
　　　「手順を英文で詳しく説明するなどもう少し考えればよいのでは」「英文に合わせて説明す
　　　るためにこの場面の画像を撮影しておけばよかった」
　といった会話もあちこちのグループから出てきて、レシピをわかりやすく見せるという視点か

ら、検討することができていた。この気づきはプログラミング的な思考、論理的な思考につながるものとして今後の学習に生きてくると感じた。

🖋 授業全体を通してのICT活用

この実践を通して、ICTの活用はほとんどの場面で行われていた。「情報の検索・取得」「情報の共有」「レシピの作成」など様々な活用を取り入れることで、生徒の機器の操作スキルを向上させるとともに、授業の中の内容や活動とシームレスにつながる活用を意識し、授業を考えた。

●情報検索・取得

まず、4時間の授業全体の授業コースがタブレット端末で閲覧でき、授業に関する情報が提供されていることで生徒は授業の目標や学習内容、授業時の活動も見通すことができ、「レシピを作成する」という課題に取り組みやすかったと思う。

一人1台のタブレット端末環境でタブレット端末が常に手元にあるため、「英語の命令文」の習得が単元目標の授業において、実際に表現が多用されているレシピや取扱説明書の例や料理に関する表現、具材の単語などをすぐに調べることができた。また、大学研究者の講義動画を授業だけでなく、何度も閲覧できたのは良かった。

●情報共有

生徒が作成したレシピを栄養学専攻の大学生と共有し、フィードバック（コメント）をもらうことやグループの生徒でレシピを共有するためにICTを活用した。メニューを送信してから1週間あまりでフィードバックをもらうことができ、生徒とも情報をすぐに共有できた。このような情報共有においてもICT活用のメリットを最大限に生かすことができた。

●レシピの作成

タブレットで共通フォーマットをダウンロードしてレシピを作成した。グループでお互いのレシピを共有する際もタブレットやパソコンの通信機能を使いながら授業中に瞬時に送信し、共有することができた。グループでお互いのレシピを共有することができ、検討の際に議論しやすかった。

完成に向けて、タブレット端末の写真フォルダから簡単に画像をレシピの文書に挿入することができ、また個人で作成したレシピの文書をグループで統合する際にパソコンと連携させたことも生徒にとっては珍しい経験で、こんな使い方ができるのかと驚いていた。個人ではタブレット端末で作成、グループで取りまとめる際はパソコンという使い分けでレシピの作成もスムーズにはかどったように思う。

実践を終えて

本実践では英語の命令文の単元をもとに、英語のレシピを関連させることにより、生徒の「食」についての意識を見直す機会を持つことができたことが大きな収穫である。前年度は単に「好きな料理のレシピを英語で紹介する」課題であったので、ただ命令文を使ってレシピを作るということに終わっていた。レシピを考えることで「食育」の視点から、生徒が自分自身の食生活を見直し、「健康」についても考えるきっかけになったことは大人になるための体づくりをする時期である中学生にとって良かった。

この4時間の授業の中で、大学研究者の講義ビデオから「中学生にとってのHealthyの意味」をまず考え、家庭科の内容でもある栄養素や栄養バランスを考えながらレシピを完成することができた。そして、作成したレシピに対して専門的な視点で大学生からのフィードバックがあったことで、科学的な視点で考えながら、英語の課題に取り組めたことは良かった。学校外の人とつながって学べることは大変意義がある。このようなことが実現できたのは前述したように、ICTをフルに活用した授業デザインを意識したことが大きい。

今後に向けての課題としては、週1時間の授業であるがゆえに授業コースを作成して学習の目標や課題に関するWebサイトを紹介し情報提供を行ったが、情報を検索し収集することをもっと生徒の手に委ねても良かったかもしれない。さらに、出来上がったレシピの中からよくできた作品を生徒が考えたランチメニューとして学校外へ発信していくことに取り組めたら良かった。

カリキュラム・マネジメントのポイント

カリキュラム・マネジメントをする際に考えなければならない点は、次の3つであると考える。

✎ ❶課題におけるテーマ設定

生徒が与えられた課題に対して関わり、「本質的な問い」をどう考えるかにつながる。課題におけるテーマを考えるとき、生徒がその課題を自分ごととして捉えることができるか、現実の生活や社会に結びつくものであるかどうかが大きなポイントであると考える。

✎ ❷学びのプロセス

教科内容と関連した他教科の内容を学んだり、学校外の実社会の状況や専門家から情報を得たりすることが、単に教科内容を習得するだけにとどまらない学習効果がある。これらの点を考えながら授業をデザインすることにより、生徒の新しい気づきを引き出すことができ、さらに「深い学び」へとつながっていく。

✒ ❸学んだことをどう生かすか

　授業の中で学んだことが「自分ごと」として身につき、また生かしていけるように最終的なアウトプットをどうするかを吟味していかなければならない。プレゼンテーションやレポート制作という成果発表もあるが、さらに学んだことを学校外の社会に向けてどう発信していくか、また地域や社会にどう役立てていくかという視点が大切になってくる。生徒も自分が学んだことを「自分ごと」として捉え、考え、学んだ糧が現実に役立っていくという学びにおけるつながりができれば、「学ぶこと」の価値をしっかり見いだしていくに違いない。

　以上の3つの点を踏まえながら私が授業の中で大切にしていることは、次の5つである。

(1)　チームワーク

(2)　実社会との関わり

(3)　個々のニーズや自分ごととしての学び

(4)　批判的思考力

(5)　創造的なアウトプット

　課題に取り組むときには、(1) チームを作り、その中でお互いのアイディアや意見交流を持つことができるか、(2) 学校外の専門家や有識者、地域の人とつながり、交流をする中で学ぶことができるか、(3) 課題の内容が個人の考えやニーズを包括したものであるかどうか、(4) 批判的思考力が課題に取り組む中でどう発揮できるか、(5) 学んだことをベースに創造的なアウトプットができるようになっているか、という5つの視点を常に問いかけながら授業デザインに取り組んでいきたい。

参考文献

[1] 独立行政法人国立青少年教育振興機構「高校生の心と体の健康に関する意識調査—日本・米国・中国・韓国の比較—」（平成30年3月）

　URL https://www.niye.go.jp/kenkyu_houkoku/contents/detail/i/126/

[2] Apple「iTunes U」App Store サイト

　URL https://apps.apple.com/jp/app/freqcounter/id410756795

　※iTunes Uのサービスは2021年末で終了予定（同社の教育機関用アプリ「クラスルーム」「スクールワーク」へ置き換え）。

[3] NHK WORLD-JAPAN「Dining with the Chef」

　URL https://www3.nhk.or.jp/nhkworld/en/tv/dining/

[4] NHK for School「基礎英語0〜世界英語ミッション／第16回　レシピを読んで料理を作れ！」

　URL https://www.nhk.or.jp/eigo/mission/

[5] Japanese Cooking 101

　URL https://www.japanesecooking101.com/

[6] NHK for School「10min. ボックス　生活・公共／第3回　どうしてやせちゃダメなの？」

　URL https://www.nhk.or.jp/syakai/10min_koukyou/

佐藤 幸江
元・金沢星稜大学

反田実践を振り返る

❶英語科を核とした取り組みとして

　実社会において、英語で書かれたレシピや取扱説明書では、命令文が使用されている。そこに反田教諭は着目し、本実践は中学1年生の命令文の単元を核にして、食育も含めた技術・家庭科との教科横断的なテーマとして「弁当のレシピ」作りに取り組んでいる。また、レシピを考えるだけではなく、そのプロセスにおいて専門家による講義やアドバイスを受ける場を設定している。自身の健康について見直すきっかけ作りにするためである。さらに、料理の手順はプログラミングであることから、レシピをプログラミング的視点からわかりやすく表現することを目指している。

　このように、教科をつなぐことで、日常的に英語を使うことのほとんどない日本の環境下において、学習者が様々な視点から英語について考えたり、英語の意味を捉える機会を保障したりするプロセスを経てアウトプットするという、練られた実践と言えよう。

❷教科担当教師にも必要なカリキュラム・マネジメント力

　前年度は、英語科として「好きな料理のレシピを英語で紹介する」という課題で、命令文を使ってレシピを作るということに終わっていたという。本実践においては、技術・家庭科と連携することで、実社会とのつながりを意識した課題を設定し、専門家との関わりを設定したりプログラミングを取り入れたりした。それによって、生徒がその課題を自分ごととして捉える姿が観察された。また、英語科の学びも、レシピの英文を検討したり、英語の表記は正しいか再確認したりというように、より主体的に取り組む様子が見られた。

　まさに、教科担当者が、これら一連のプロセスを通して、インプットがアウトプットにつながり言語運用能力が身につくようなカリキュラム・マネジメント力を発揮した事例であると言えよう。

❸STE(A)M教育の視点から見えること

　課題解決のためのものづくりの計画をしたりそれを実施したりする段階で、理科、数学の「知識や見方、考え方」を活用していることを意識できるようにすることは、STE(A)M教育では重要な視点となる。本実践においては、英語でレシピを考える際に、専門家に「中学生にとってのHealthyとは？」をテーマに講義をしてもらっている。これは、科学的にレシピを考えるという、STE(A)M的な視点を生徒に持たせるための重要な仕掛けとなっている。

8

・教科・領域・ 総合的な学習の時間　英語科　芸術科（美術）　情報科

国内で実現できる
国際協力プロジェクト

品田 健　聖徳学園中学・高等学校

◎ **ICT環境**　　生徒はBYOD（保護者負担で用意）によるiPadを一人1台
教員は学校貸与でiPadを一人1台、Windowsラップトップを一人1台、一部教員には
iMac、MacBook Pro
校内SNSであるTalknote（社内コミュニケーションツール）を全生徒・保護者・教職員で
使用し、情報の連絡や共有に活用

本実践に至る経緯

　本校では中高一貫校の環境を活用し、ローカルな活動からグローバルな活動へ段階的に取り組んできた。中学1年では15年以上交流を続けている新潟県阿賀町へのホームステイを行い、農作業等を手伝うことや町の活性化アイディアを提案する活動を通して、首都圏とは異なる生活を体験している。中学2年では関西研修を行い、日本の伝統に触れる機会を得ている。語学力が向上する中学3年からはカナダ・ニュージーランドへのホームステイに参加、高校に進学してからは様々な海外研修や留学が用意されている。

　生徒はグローバルな体験をする機会には恵まれているが、「良い思い出ができたね、良い体験ができたね」で終わらせず、これらの体験で得たものをどのように他者への貢献に反映させるのかが課題となっていた。

　また、問題解決型のプロジェクトでは机上の空論的な解決案を提示してしまいがちなため、国内にいても実際に展開できる解決案を実行することを授業のゴールとして設定した。

実践の概要

　本実践は、対象国について調査し、現地で活動した方々へのヒアリングを行い、どんな問題や課題があるのかを発見し、具体的な解決策を検討、可能な限りその解決策を具現化するというプロジェクトである。またこのプロジェクトでは、解決策を提案することまでで終わらせず、いかにそのアイディアを国内にいながらにして具現化するか、そしてそのプロジェクトを通してどんな経験をしたのか、実現への障害に対してどのような解決のアプローチをしたのか、さ

らにはどんな失敗をしたのか、成果発表会でプレゼンテーションやポスターセッションを通して参加者に伝えることまでを最終目標としている。

単元構想

　これまでも地域や国について調査を行い、問題や課題を発見し、解決策を検討して提案するという取り組みは行われてきた。遠隔地や海外を対象とした場合、調査が図書資料やWebでの検索にとどまることで問題や課題の見極めが不十分であったり、現地の実態にそぐわないものであったり、解決策も現地では実現できないものであったりすることが見られた。

　このプロジェクトでは、学外に協力を求め、実際に現地で支援活動を行った方や大使館の方の講演やワークショップを行い、中間発表や最終発表ではこれらの関係者に加えて大学の研究者、企業の経営者などからコメントやアドバイスをいただくことで、現地の実態や実現可能性に即した解決策が提示できるようにしている。そして、以下の4つの力の育成を設定している。

❶ 必要な情報を多角的に収集し、適切な情報を取捨選択する力
❷ 選択した情報をもとにして問題や課題を発見する力
❸ 環境や条件に即した解決策を他者と創造し実行する力
❹ 他者へ自らの体験を様々な表現方法を通して伝える力

　また、提案する解決策は実行することを原則としている。サンプルを作成して現地へ送付、クラウドファンディングを実施、SNSを用いてプロジェクトを展開等、実社会とのつながりを重視している。その中でさらに問題や課題を解決することだけでなく、実現できず失敗することもプロジェクトから得られる成果と考えている。

　生徒は中学や高校での海外研修等や姉妹校や訪問校との交流を通して異文化体験をしてはいるが、学校や家庭、地域といった狭い範囲での経験でしかなく、その国全体の実態や世界における位置づけについては極めて理解が浅いのが実態である。国に対する調査も、当初はほとんどの生徒・グループがWebでの簡単な検索によるものに限られている。現地で実際に過ごした方々のお話を伺うことや研究者の指摘をいただくことによって、調査方法を見直し、調査結果を深めることを期待している。

　最終的に成果発表会を行い、自らの経験をプレゼンテーションやポスター、動画等を用いて同級生・下級生や学外からの参加者へ伝える機会を設けている。

　指導者としても、個人・グループでの課題解決型の学習における生徒への適切な働きかけについて検証する機会としている。事前のアンケートにより、生徒が意欲的に取り組めるようになった働きかけ、意欲をなくした働きかけについて調査を行って指導の改善を図っている。

単元の流れ

✏ 実践概略

　総合的な学習の時間を軸として、情報科の授業で取り組んだアプリケーションやサービスが実践の中で活用できるようにカリキュラムの設計を行っている。たとえば、**総合的な学習の時間**で企画書を作成する前に情報科ではワードプロセッサを扱い、表やグラフ、画像などを組み込んでページレイアウトしたドキュメントの作成を支援している。

　また、情報科の授業は美術科教員がティーム・ティーチング（TT）で参加しており、ドキュメントやポスター、プレゼンテーション作成時にデザインの講義や作品へのアドバイスを行っている。**総合的な学習の時間**と情報科でそれぞれ別の実践を行っているように見えるが、実際には**総合的な学習の時間**の取り組みをテクニカルな面やデザイン面で情報科がサポートしながら年間の実践が進行する形を取っている。

　総合的な学習の時間、情報科ともに週に1時間の授業であり、時間数の不足を補うためにオンラインでの活動を積極的に導入している。諸連絡や指示は校内限定のSNSを利用、解説や操作説明等については動画を配信、アプリケーション別のマニュアルを電子テキストとして発行、アンケートや確認テストはGoogleフォーム等を使用する等、生徒・教職員がOne to One（一人1台）でiPadを使用できる環境を最大限に有効利用するように努めている。

　全体の進行としては、**総合的な学習の時間**で対象国についての調査やヒアリングを行い、その間に情報科でワードプロセッサの指導を行う。調査の段階で英語表記の資料を使う際など言語的なサポートが必要な場合は、**総合的な学習の時間**にティーム・ティーチングでついている英語科の教員が指導を行う。

　続いて、解決策についての企画書を作成し、並行して情報科ではプレゼンテーションの指導を行い、中間発表に向けてのプレゼンテーションを準備する。プレゼンテーションで用いる動画の作成については高校1年の情報科で指導済みであるが、合成動画の作成等について随時、情報科でサポートし、デザイン面は美術科がアドバイスを加える。

　最終発表会に向けて、具体的な解決策を実行するために**総合的な学習の時間**で進めていくが、全員で行うポスタープレゼンテーション作成を情報科の授業で指導する。また個人、グループによってSNSを用いたり、3Dプリンターの使用を希望したりするので、個別に情報科の授業で対応する。

　例年は3月に最終発表会を行っているが、2019年度については新型コロナウイルス対策により休校となったため、急きょすべてのグループのポスタープレゼンテーションと優秀グループのプレゼンテーションを動画で撮影し、学校のYouTubeチャンネルに掲載して参加予定であった外部講師や教職員、生徒で共有した。

総合的な学習の時間	育成を目指す力	情報科（英語科・美術科）
対象国の調査（全5時間＋オンライン）	• 必要な情報を多角的に収集し、適切な情報を取捨選択する力	Pagesを用いた企画書作成法（全2時間＋オンライン） 英語科による言語サポート
アイディア表出（全2時間）	• 選択した情報をもとにして問題や課題を発見する力	
企画書作成①（全2時間＋オンライン）	• 環境や条件に即した解決策を他者と創造し実行する力	プレゼンテーション技術（全4時間＋オンライン） 美術科によるデザイン講義
企画書外部評価（全1時間）		
企画書作成②（全2時間＋オンライン）	• 環境や条件に即した解決策を他者と創造し実行する力	
中間発表プレゼンテーション作成（全4時間）	• 他者へ自らの体験を様々な表現方法を通して伝える力	（プレゼンテーション、動画作成に関して随時対応）
中間発表プレゼンテーション		
解決策の再検討（全3時間＋オンライン）	• 必要な情報を多角的に収集し、適切な情報を取捨選択する力 • 選択した情報をもとにして問題や課題を発見する力	
解決策の具体化（全6時間＋オンライン）	• 環境や条件に即した解決策を他者と創造し実行する力	（動画作成・製作物に関して随時対応）
ポスタープレゼンテーション、プレゼンテーション作成（全3時間＋オンライン）	• 他者へ自らの体験を様々な表現方法を通して伝える力	Pagesを用いたポスターの作成法（全2時間＋オンライン） （プレゼンテーション、動画作成に関して随時対応）
最終発表会		

▲表1　単元構成図

✎ 総合的な学習の時間　対象国の調査（全5時間＋オンライン）

● 単元概要

❶ 本年度取り組むプロジェクトについて担当教員よりオリエンテーションを行う。生徒は前年度の最終発表会に参加しているため、最終的にどのような成果物が求められているのかを理解してはいるが、どのような段階を経て取り組んでいくのかを年間計画を提示されることで把握する。また、国際支援についての意識調査をGoogleフォームを使ったアンケートによって実施する。

❷ 前時に引き続きオリエンテーション。国際協力活動について、JICAからの派遣経験をもつ本校美術科教員から事業内容や国際協力についてのプレゼンテーションを行う。

❸ 対象国についてのヒアリング。JICAや協力企業、大学等の研究機関からの協力者から対象国の現状や支援活動の実態についてプレゼンテーションを行っていただく。

❹❺ 対象国についてWebや図書資料等を使っての調査を各自で行う。

オリエンテーション

　生徒は支援活動そのものに興味がなかったり、自分にはたいしたことはできないと考えていたりするということが例年の意識調査によって明らかになっている。また支援といっても、何

か物品を寄付する、募金を集めて現地へ送るといった活動を想起する生徒が初期段階では大半である。

　そこでいきなり対象国の調査へ入るのではなく、実際に現地へ赴いて支援活動を行った本校教員やJICA関係者に来校いただいて、現地の状況や具体的に行われている支援活動やその成果と課題に関するオリエンテーションをお願いしている（**写真1**）。さらにヒアリングにも協力いただいて対象国のリアルな様子について人を通して知ってもらうようにした。このオリエンテーションについては動画を残し、YouTubeの限定公開を利用していつでも参照可能にしている。

　これらのオリエンテーションを終えてから、生徒はWebや書籍を用いた対象国の調査へと進む。

▲写真1　オリエンテーションの様子

✎ 情報科 Pagesを用いた企画書作成法（全2時間＋オンライン）

●単元概要

　総合的な学習の時間のオリエンテーションと並行して情報科ではワードプロセッサアプリケーションであるPagesを用いての企画書作成の授業を行う。高校1年時に「Pagesで模擬定期考査を作ろう」という取り組みをしており、Pagesの機能については一通り習得できている。ここでは、簡単に操作の確認を行い、「相手に企画意図を的確に伝える企画書作成」というテーマでデザイン面についてティーム・ティーチングをしている美術科教員からの指導を交えながらドキュメント作成の指導を行っている。

解説動画や電子テキストの活用

　作成に必要な操作の説明は、授業内で実際にプレゼンテーションアプリケーションのKeynoteを用いて行っているが、説明画面を再編集した電子テキストをPagesで作成して生徒へ配信している（**図1**）。授業内で理解できなかった点の確認や作業時に参照することができるので、授業で作業時間を確保することにつながっており、また本当に困っている生徒の対応に担当教員があたれるようになっている。

この単元が終わったところで、**総合的な学習の時間**では企画書作成に取り掛かる。

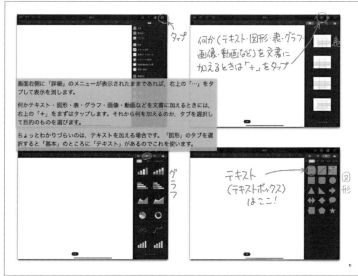

▲図1　スライドを再編集した電子テキスト

　　✎　総合的な学習の時間　　中間発表プレゼンテーション作成（全4時間）
　　　　　　　　　　　　　　　プレゼンテーション、動画作成の情報科サポート

●単元概要

　企画書を作成した後、自らが発見、設定した問題や課題についての解決策を検討する。実際に解決策を実行に移す前に生徒には中間発表としてプレゼンテーションを課している。この中間発表には、授業担当教員の他にも情報科の担当教員やクラス担任、そして外部有識者として学外の協力者を招いている。オリエンテーション時の協力者もいるが、ここでは起業経験者といった「新しいプロジェクトを立ち上げた経験者」にも参加してもらっている。生徒が検討した解決策が「本当に実行できるのか？」「何が障害となり得るのか？」といったことを自身の経験をもとに批評してもらう貴重な機会となっている。ここでの意見を踏まえて、生徒は解決策の再検討へと進んでいく。

●プレゼンテーション作成（ポイントになる授業場面）

大人に伝えるプレゼンテーション

　生徒が体験してきたプレゼンテーションの多くは、クラスメートや同じ学年の生徒など同年代を対象としたものがほとんどである。他には教員や保護者がいるが、あくまでも生徒にとっては身内と言ってよい大人へのプレゼンテーションであった。

　この中間発表では、外部の協力者、これまでほとんど生徒とは接点のない「大人」が対象となることを生徒には強調している。授業としては「それはいいアイディアだね」「面白い発想だ

ね」で済むかもしれないが、このプロジェクトにおいてはアイディアは実行することが求められる。実際に行うことができるのか、現地の実情や金銭面も含めた実現性について、外部協力者には厳しく批評してもらうことを生徒には伝えている。

　ようやく生徒はこの段階になって、単なる授業の「課題」ではなく、社会とつながった「プロジェクト」に関わっていることを実感する。

　それとともに、「ではビジネスの世界でも通用するようなプレゼンテーションとはどのようなものなのか」という課題に直面する。

プレゼンテーション技術

　情報科では、中間発表に先行してプレゼンテーション技術について学んでいる。

　Keynoteのデザインについて扱うスライド作成のワークショップ、プレゼンテーションのストーリー展開や発表技術に関するワークショップの2種類を行う（**写真2**）。

▲写真2　ワークショップの様子

　デザインについてはティーム・ティーチングの美術科教員の協力を得て、色の用い方、フォントの種類やサイズの選択、オブジェクトの効果的な配置、表やグラフを使ったデータの効果的な表現方法等について、前年度生徒が作ったプレゼンテーションを例として示しながら、より良い見せ方について指導している。

　作成の条件として、「1枚のスライドにテキストは1行のみ」「1行は13文字まで」「可能な限り助詞・助動詞、句点・読点を用いない」「1枚のスライドに画像は1枚」等を設定している（**図2**）。かなり極端な制限ではあるが、テキストを読み上げるような発表から、自分の言葉で

『いわゆるジョブズ型プレゼンと言われるもの』 2007 Mac World Keynote Address 2007年Mac World 基調講演 Steve Jobs 0749	『KeynoteやPowerPointを使うのがプレゼンではない』 Global population growth, a paradox in boxes 世界の人口増加、箱のパラドックス（逆説） Hans Rosling 1000
『プレゼンは「技術」ではない』 Hope invites 希望は招く Tsutomu Uematsu 2000	理解 共感 ➡ 行動 「いい商品だね」　「これを買おう」 「いい考えだね」　「自分もやってみよう」

▲図2　プレゼンテーション指導に用いたスライド

語るプレゼンテーションへの移行には有効な方法の1つであると考えている。

発表技術については、スティーブ・ジョブズらの有名なプレゼンテーションを3種類視聴し、どのような点が効果的なのか、印象に残る工夫はどんなことがあるのか、まったく違うタイプのプレゼンテーションでもストーリー展開として共通するところは何なのか、といったことをテーマとしてディスカッションを通して理解を深めるようにしている。

動画を用いたプレゼンテーション作成

情報科の授業では動画の作成も重視している。YouTube世代とも呼ばれる生徒に動画が身近であるだけではなく、一般社会でもプレゼンテーションの素材として動画が広く使われていることも鑑みて、様々なタイプの動画を作成する経験をしてもらっている。

高校2年次の課題の1つとして、「合成動画によるワンポイントレッスンムービーの作成」を行っており、生徒は中間発表、最終発表において、こうしたグリーンスクリーンによる合成動画や、ショートムービー作成アプリケーションのClipsを用いた自動音声認識の字幕の入った動画を使ったプレゼンテーションを作成している（**写真3**）。

▲写真3　グリーンバックを用いた合成動画の作成

[総合的な学習の時間]　中間発表プレゼンテーション

●単元概要

対象国についての調査結果、そこから見いだした課題や問題点、それらを解決するために考えたアイディア。そのアイディアをどのように実現するのかについてプレゼンテーションを行う。授業担当教員に加えて、起業家など外部協力者を招いてアドバイスをいただいている。

生徒はここでのアドバイスを参考にして解決策の再検討に進む。

●中間発表プレゼンテーション

ここではグアテマラの問題解決に取り組んだグループのプレゼンテーションを紹介する。

教育問題を解決することをテーマとしたこのグループでは、教員も生活することに必死で十分な授業準備ができないことが授業の質を下げていることを指摘し、「先生の教え方に問題がある」「先生たちはぶっつけ本番で授業をしている」という課題を提示した（**写真4**）。そして、この改善方法として、「単元の学び方や教え方、単元の面白いところなどを挙げた講義ビデオを作る」ことを提案した（**写真5**）。

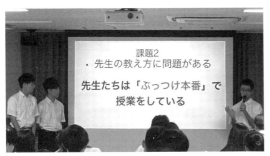
▲写真4　課題の提示

▲写真5　改善方法の提案

　グアテマラの現実を捉え、自分たちにとっても身近な問題である教育をテーマにしたこと、そして具体的な解決策として講義ビデオの作成を提案したことは評価できる。しかし、今までもこのようなアイディアは出されていたであろうし、何より、本当にそれが可能なのか、現地の人が持続的に活動できることなのか、できるのであればサンプルを作れるのか、このような指摘は当然のこととして上がってくる。これまでであれば、そこでプレゼンテーションは終わっていたであろう。

今まで学んだものを組み合わせる

　このグループの生徒たちは、「iPadが1台あればこのアイディアが実現できる」という見込みを情報科の授業で経験していた（**写真6**）。外国語の字幕を入れた画面合成の解説動画が簡単に作れるということが、情報科の課題2つの経験でわかっていた上での提案であった。これにより、参加者からの指摘にも具体的な解決手法を返答することができたのである（**図3**）。

▲写真6　iPadを利用した情報科の授業

▲図3　具体的なアイディアの提案

　情報科では、できるだけ授業を効率化することで、より多くのアプリケーションやサービスを活用する経験を重ねるようにカリキュラムを設計している。ある問題や課題に行き当たった

ときに、「あの授業でやったこのアプリと、こないだの授業で使ってみたあのサービスを組み合わせたらできそうなんじゃないかな」と発想してもらえることを理想としている。

いわゆる「正解のない問い」に直面したときに、今まで学んだものを組み合わせることで新たな解決方法を創造できるように、様々な経験を積み重ねることを重視している。

このグループのプレゼンテーションは、聖徳学園の情報科として理想の実現のために取り組んできたことが形となった一例だと考えている。

✎ 情報科 Pagesを用いたポスターの作成法 （全2時間＋オンライン）

● 単元概要

1学期にPagesで企画書を作成しているが、最終発表会に向けてポスターセッション用のポスター作成を情報科で事前に指導する。2017年度まで**総合的な学習の時間**では、最終発表会の前にクラスごとのプレゼンテーションを行ってきた。そこで優秀と認められたグループが最終発表会で全体にプレゼンテーションを披露

▲写真7　情報科でポスター作成の授業を実施

していた。しかし、それぞれのグループの取り組みが年々良くなってきたこともあり、できるだけ多くの生徒に各自1年間取り組んできたプロジェクトについてプレゼンテーションを行ってもらうことを考え、ポスタープレゼンテーションを展開することとなった。

これを受けて、2019年度から情報科の授業でポスターの作成について扱うことにした。ポスタープレゼンテーションに必要なポスターの要素やレイアウトについての説明、そして美術科教員によるポスターデザインの講義を1時間ずつ実施している（**写真7・写真8**）。制作途中のものもGoogleドライブで共有しているので、適宜修正点や修正例を提示できるのは有効であった（**図4**）。

この授業についても、解説用のKeynote画面をPagesで再編集して電子テキストとして配信し、解説の動画をYouTubeチャンネルに掲載している。

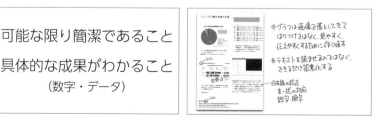

▲図4　授業のスライド

▲写真8　美術科教員によるポスターデザインの授業

✎ 総合的な学習の時間　ポスタープレゼンテーション・プレゼンテーション作成（全3時間＋オンライン）

● 単元概要

　情報科でのポスター作成の授業を受けて、各自が1年間の取り組みをポスターにまとめる。情報科の課題作品として全員がポスターを作成し、グループ内で協議して最終発表会当日のプレゼンテーションに用いるポスターを選出する。

　ポスタープレゼンテーションでは原稿を用いてのプレゼンテーションが認められないため、グループごとにリハーサルを繰り返し、質疑応答に備えて想定問答を準備する。

● 最終発表会中止の決定

　3学期の期末考査も近づき、最終発表会の準備を**総合的な学習の時間**と情報科の時間も使って進めていたが、新型コロナウイルス感染が広がり、休校にならないまでもほとんどの行事を中止する可能性が見えてきた。

　総合的な学習の時間の授業担当教員と情報科の担当教員とで協議して、最終発表会の中止に備え、すべてのグループのポスタープレゼンテーションと優秀グループのプレゼンテーションを録画することに決定した。考査前ギリギリ最後の時間や放課後を使って録画を進めた。結果として考査前に休校が決定し、最終発表会は中止となった。

● 録画を超えるプレゼンテーション

　担当教員としては、ポスタープレゼンテーションをそのまま録画することを想定していた（時間の制約もあり、練習していたプレゼンテーションを滞りなく収録できればそれで良し、と考えていた）。

　しかし、生徒たちは収録前に打ち合わせを繰り返し、録画で見せる効果的な方法を検討していた。作成したポスターを本来はプロッターでA1サイズに出力して使用する予定であったが、大型モニタにiPadから投影するプレゼンテーションのスタイルになったことを利用して工夫し

たグループが見られた。

　スピーチする生徒の他に、iPadを操作する係を配置して、説明する部分を拡大したり、話の展開に合わせて投影する部分を移動したりなどインタラクティブな投影方法を考え出していた（**写真9**・**写真10**）。ただし、生徒もこの方法については迷いがあったようで、「ポスターを使うプレゼンテーションではなくなってしまうけれど大丈夫ですか？」という質問があった。担当教員としては、「環境が変わったことを逆に利用して効果的なプレゼンテーションを考えたことは評価すべきではないか」と考え、これを認めることにした。

▲写真9　スピーチ担当とiPad操作担当とのやりとり

▲写真10　動画撮影前のミーティング

●YouTubeを用いた最終発表会

　収録した動画をGoogleドライブへ提出してもらい、情報科の担当教員がYouTubeチャンネルを設定して動画を掲載した（**写真11**）。限定公開のURLを校内で共有して高校2年生と教職員が閲覧できるようにした。例年、次年度に**総合的な学習の時間**でどのような取り組みをするかを理解する一助として高校1年生にも最終発表会へは参加させていたの

▲写真11　収録したプレゼンテーション動画

で、URLを高校1年生にも共有して参考にしてもらった。

　また、本来参加予定であった外部協力者の方々にも、動画のURLと、それぞれのグループへコメントをもらうためのフォームを送付し、視聴後に寸評やアドバイスを送ってもらえるようにした。結果として、動画を視聴した生徒や教職員、そして外部協力者からも高い評価をいただくことができた。

　これまでのように視聴者の面前でプレゼンテーションを行えることが最善ではあったが、緊急時の対応として発表を記録として残せたこと、多くの方と共有して様々な反応をもらえたことは生徒たちにとって大きな刺激となった。

実践を終えて

✎ 失敗できる環境作り

　この実践で生徒は多くの失敗経験をすることができた。通常の教科指導においては、教員も生徒も無意識のうちに間違えること、失敗することを恐れているし避けようとしている。失敗しないことが生徒にとって正しい取り組みであると考え、できるだけ失敗しないように導く教員も少なくないと思われる。

　しかし、いわゆる「正解のない問い」である、各国が直面している問題や課題に取り組むことはほぼ確実に失敗につながってしまう。たとえば「水問題」に取り組んだグループは、使用し終わったペットボトルを使った浄水器のアイディアを中間発表で提案した。その国で支援活動をした発表会参加者からは、「そもそもペットボトルで飲み物が手に入る環境は限られているし、手に入るのであれば浄水器を作る必要もないのではないか」という指摘を受けた。どのような環境だから、何が不足しているから、どんな課題があるから水問題が発生しているのかを正確にリサーチできなかったことによる失敗である。これをきっかけに真剣に調査に取り組むようになり、その国の本当の課題や問題と向き合うことになった。失敗があってこそ深まった学びである。

　授業担当教員にとっても、対象の国に行ったこともなければ今まで調べたこともないので、ほぼ生徒と知識は変わらない状態でプロジェクトに取り組んでいる。生徒に正解を示すどころか、相談されたら一緒に考え、悩むしかない。生徒にすれば頼りない指導者であり、時には生徒同様大きな失敗をする大人であった。

　そのことが生徒にとって「安心して失敗できる環境」をもたらしたのではないかと思う。絶対的な正解が見えない中で教員・生徒の立場を超えてともに考え、意見を交わして議論できたことで、1学期の頃と3学期では教室内の雰囲気も良い意味で「緩い」ものとなっていた。通常の授業では教員と生徒がSNSの効用について話し

▲写真12　教員とSNSについて議論

合う機会もなかなか得られなかったが、あるプロジェクトでは認められた予算をインスタグラムの宣伝に投資したことで、現地の人々にも活動が知られるようになり、フォローやコメントをもらえるようになった。SNSの宣伝に予算を使うことなど無駄にしか思っていなかった教員に対して、自慢げにその成果を語る生徒の姿は頼もしかった（**写真12**）。

　課題としては、やはり「1つの正解」を望む生徒が「0」にはならなかったことである。社会では「1つの正解」が導き出せるような問題はほぼ存在しないだろうし、そこでいかに最適解

を導くかが人間に求められる能力であろう。しかし、ずっと「1つの正解」がある授業や学校環境で生活してきたことで、明確な答えにたどりつかないことに不満を感じる、さらに言えば取り組み自体を無駄と評価してしまう生徒が最後までいたことも現実である。

🖊 教えない授業スタイル

この取り組みは、上記のように正解を指導者がもち得ないものである。授業に向かう上でそのことは教員にとっては大きな不安であり負担である。生徒に質問されたら答えられるのが当たり前である専門教科の授業とは異なる。何かを教えるのではなく、ともに調べ、考え、悩むという授業スタイルは正直ストレスでもある。

ではなぜ耐えられるのかと言えば、1つは専門教科ではないということ、そしてティーム・ティーチングで授業を担当していたことが理由だと考えられる。たとえば、情報科と美術科の教員が**総合的な学習の時間**のプロジェクトのサポートにあたる。**総合的な学習の時間**の担当教員も普段は英語科を担当している。同じ授業にまったく異なる教科の教員が「教えられない」ことの不安を抱えながら、生徒の試行錯誤を見守りつつ自分たちも試行錯誤するという共通の体験ができたことで「教えない授業スタイル」をお互いに許容できたと振り返っている。

このことについても不満を感じる生徒がいることは課題である。先生は生徒の質問や疑問に何らかの答えを授けられるものだと信じている生徒にとっては「いい加減」であるし「もっとしっかり勉強してほしい」というコメントをもらうことにもなった。

🖊 One to One環境

本校では、この高校2年の学年が中学入学時からiPadのBYOD（Bring Your Own Devise：保護者負担で用意）によるOne to One（一人1台）導入を開始した学年である。前年度までは貸し出し用の36台のiPadと36台のMacBook Pro、必要に応じて各自が所有するスマホの利用を臨時で認めることで授業での活用を進めてきた。

iPadを使用する授業が重なってしまった場合の対応や、放課後に作業をしたい生徒が貸出機がないために課題を進められないなどの細かい問題は続いていたが、なんとかしのいできた。今回、One to One環境であったことで、少ない授業時間を補うためにオンラインのサービスを使って放課後や自宅での作業が進められたことがとても有効であった（**写真13**）。

また、常に手元にあり活用していることでアプリケーションの操作にも慣れており、作品の完成度も高くできたことは

▲写真13　One to One環境による授業

大きかった。One to One環境ということで、「授業時に一人1台使える」ことをうたうこともあるが、本当の意味で一人1台持っていることとは大きな違いがあることを改めて実感することになった。

　さらには、iPadに加えてMacBook Proやスマホを使えるマルチデバイスの環境となったことで生徒の作業効率が上がったことも大きな変化であった。スマホでWebを調べながらiPadで作業を進める、iPadで資料を参照しながらMacBook Proを使って作品を制作する、スマホを使って自分のプロジェクトをSNSで発信して反応をiPadで確認する等、今までにない使用スタイルが見られた。

　課題としては、みんなが同じ機材を使って同じアプリケーションやサービスで同じ課題に取り組むという授業しか経験のない方々にとって、このようなマルチデバイスでそれぞれが異なったアプリケーションやサービスを使って様々な課題に取り組むような光景は、なかなか「授業」として認めてもらえないということがある。

　この授業は、本校のラーニング・コモンズ（学習支援用に校内に設けられた場所）を使って行われている。四方をガラスに囲まれて、2面は公道に面しているという場所で、その公道は教員・生徒はもちろん一般の方々も多数通りかかる。「ちょっとした授業崩壊」と捉えられても仕方がない。ようやく数年を経て学内の理解も得られるようになったが、通りすがりの一般の方々にどのように思われているのか不安がないと言えばうそになる。

✎ グローバルな展開をする生徒

　この取り組みをはじめとして、本校では様々な海外研修や留学制度、国際交流ボランティア活動などグローバルに活躍できる生徒の育成を進めてきた（**写真14**）。それを担う1つのプロジェクトとして一定の成果を上げるとともに、これをきっかけに学外とつながりをもち、大学や企業の方々と活動を始める生徒も出てきている。

▲写真14　国際交流ボランティアの報告

　たとえば、ルワンダのプロジェクトで制作した作品を、実際にルワンダの海外研修に参加して現地の学校に届けに行った生徒もいる。国内にいても実現できるプロジェクトという前提で進めてはきたが、現地へ赴き、プロジェクトへの反応をじかに受けられた経験は大きい。生徒にとっては将来の進路を左右する経験にもなった。

カリキュラム・マネジメントのポイント

✎ 教員の専門性への呪縛を解く

　生徒の将来やこれからの学びを考えたときに、特定の教科の中だけで完結するような問いを扱っていくことは限界がある。本校では、情報の授業をSTE(A)Mの時間として、操作や知識について学びつつ実社会で突きつけられるような問題に挑戦してきた。

　たとえば、「火星に取り残された宇宙飛行士を救助するかどうかNASAとしての声明文を作成する」というワードプロセッサの単元がある（**写真15**）。操作説明は動画と電子テキストがあれば1～2時間で終わってしまう。残りの時間は、ひたすら設定された条件と調べたことをベースにしてグループで対話して結論を導く。

▲写真15　ワードプロセッサの授業

　その中で求められるのは、情報科で完結する知識ではなく、サイエンスやテクノロジー、エンジニアリングの広範な知識や教養である。授業担当教員も対応できないことのほうが多く、理科や数学の教員に助けを求めることも少なくない。あまりに生徒が質問に来るため、地球から火星へ向かうための「スイングバイ軌道」について理科の教員に教えてもらったこともあった。今思えば自然に教科横断、カリキュラム・マネジメントの一端に触れていたのだと思う。

　他にもプレゼンテーションの単元で新しいジャンケンのルールを考え、遊び方を動画で示すような課題に取り組んだこともある。このときには、確率について数学科の教員にサポートや評価をお願いした。

　このように新たにカリキュラム・マネジメントだと考えなくとも、それぞれの授業で教科横断的な取り組みをすることは自然にできるはずである。しかし実際には教科の壁は厚く、カリキュラム・マネジメントという言葉を使わなければならない。

　なぜか？　本実践を通して想定される理由は「教員の専門性への呪縛」である。この専門性への呪縛を解く可能性があることがカリキュラム・マネジメントの利点であろう。理科なら理科の授業の中で課題は解決されなければならない。課題の解決には理科の教員が支援できなければならない。課題に取り組む上での疑問や質問に対して教員は必ず何らかの答えをもっていなくてはならない。教室の中で閉ざされた環境での教科の学びは、このような呪縛にとらわれてきた。

　ところが素直に目の前の生徒や学校、地域の実態に目を向けてみると、生徒が取り組むべき問題は大人もただ1つの正解を見いだせずにいるようなものである。そのような問題に取り組

む環境を用意するには現状の教科の分類では授業が成立しない。当然、現在の教科を横断するような設計が求められる。

他教科との自然なコラボレーションと調整

本実践では、本来カウンセラーでもある**総合的な学習の時間**の担当者を中心に、英語科の教員がティーム・ティーチングで参加し、情報科の教員が美術科の教員とティーム・ティーチングでコラボレーションを行っている。グローバルな問題解決には語学が必要であるし、ICTを活用しなければ解決が容易でない問題が多いのだから情報科の関わりも必要になる。せっかく良いアイディアがあったとしても伝え方がうまくなければ実現しないのだから、コミュニケーションの質を上げるためにデザインが求められるのであれば美術科の協力も必要だ。こうして「教育課程の実施に必要な人的または物的な体制を確保し活用していくこと」が当たり前のこととして展開されている。

もちろんコラボレーションの過程は容易ではなく、**総合的な学習の時間**と情報のコラボレーションも一部で始めてから、ここまで2年かかっている。本来STE(A)Mとして組んでいたプランを調整して、**総合的な学習の時間**で必要なアプリケーションやサービスについて事前に情報科で扱うように作り直すことは困難を極めた。実際のところ、現在でもお互いの進度や授業状況をすり合わせる作業に追われている。さらに、情報科としてSTE(A)Mを推進することも求められているので、アプリケーションやサービスを学ぶための課題の設定も独自に改善を図っており、そこでは他教科とのコラボレーションが新たに発生している。

このような活動の中で「校内教職員が役割分担を適切に行いつつ相互に連携していること」も自然発生的に行われているが、まだまだ意図的なものではない。コラボレーションの幅を意識的に広げていくことで組織的・計画的な教育の質の向上につなげたい。

まず本実践の担当教員が専門性への呪縛から逃れた姿を広く生徒や教員に見せ続けること、そして正解のない問いに生徒が担当者と共に挑戦する姿を見せ続けることで、これからの学びへの対応が取れる組織作りを推進したい。

参考文献
[1] Google「Googleフォーム」公式サイト
　URL https://www.google.com/intl/ja_jp/forms/about/
[2] Apple「Pages」公式サイト
　URL https://www.apple.com/jp/pages/
[3] Apple「Keynote」公式サイト
　URL https://www.apple.com/jp/keynote/
[4] Apple「Clips」公式サイト
　URL https://www.apple.com/jp/clips/
[5] Talknote「Talknote」公式サイト
　URL https://talknote.com/

佐藤 幸江
元・金沢星稜大学

品田実践を振り返る

❶情報科の取り組みとして

　本実践では、生徒のBYODによるiPad一人1台環境の実現、中高一貫校の環境を生かしたローカルな活動からグローバルな活動へと段階的なテーマや体験学習の設定等、充実した学習環境のもとに実施されている。さらに、これまでは「専門性の呪縛」にとらわれていたという教員集団が、大人でも1つの正解を見いだせずにいるような実社会とつながる問題に取り組むことで、現状の教科の分類では授業が成立しないことに気づいていった。そして、情報科の担当者が核となり、教員集団がつながっていったことは、今後の中学校・高等学校の授業実践に大きな示唆を与えている。

❷教科担当教師にも必要なカリキュラム・マネジメント力

　品田教諭は、本実践の中で「生徒の将来やこれからの学びを考えたときに、特定の教科の中だけで完結するような問いを扱っていくことは限界がある」と述べている。本事例では、情報の授業をSTE(A)Mの時間として位置づけ、実社会で突きつけられるような問題に取り組む際に、情報科における知識だけでは完結せず、サイエンスやテクノロジー、エンジニアリングの広範な知識や教養の必要性に直面したこと、そして生徒が動き出し、自然にそれぞれの授業で教科横断的な取り組みが始まったという。高い専門性のある教師集団であったからこそ、対応できた取り組みであるとも言える。けれども、一般的にはそのように生徒の問いに答えたり、臨機応変に授業計画を組み換えたりすることは難しい。年度当初に、核となる教科や領域の担当者が中心となって、カリキュラム・マネジメントを実施する必要性が見えてくる。

❸STE(A)M教育の視点から見えること

　本実践からは、従来のような一方的な授業ではなく、実践力を重視し、学習者が能動的に学ぶSTE(A)M教育のあり方そのものを見ることができよう。そのような学びにおいて、情報科を核とし、正解のない問いに直面したときに、今まで学んだものを組み合わせることで、新たな解決方法を創造できるような授業設計を重視していることが読み取れる。また、STE(A)M教育で大事にされている、試行錯誤や失敗体験を生かすような時間的な保障がなされている。自分たちで仮説を立て実証していくためには、時間がかかる。現在のようにある意味硬直化しているカリキュラムのもとでは、時間をひねり出すことは非常に困難を極めるであろう。教師集団の知恵を、ぜひ発揮してほしいところである。

・教科・領域・ 総合的な学習の時間　商業科・課題研究（総合的な探究の時間 代替科目）

神戸新長田南地区商店街の活性化プロジェクトを推進しよう

延原 宏　神戸星城高等学校

◎**ICT環境**　学習者用コンピュータ40台、教師1台
　　　　　　フィールドワークは生徒個人所有のスマートフォン

本実践に至る経緯

　モータリゼーションの進展による、郊外の大規模小売店舗の利用客の増加に伴って、商店街を中心とする中心市街地は空洞化している。インターネットの普及による電子商取引の市場拡大は、リアル店舗とネット販売の競合を生むなど、商店街は衰退してきている。こうした中で、**高等学校学習指導要領解説【商業編】**[1] では、商業高等学校の生徒一人一人に「知識・技能を活用して、自ら課題を発見し、その解決に向けて探究し、成果等を表現するために必要な思考力・判断力・表現力等の能力」や「主体性をもって多様な人々と協働する態度など真の学力の育成・評価に取り組むこと」が求められている。

　こうした実践的な学力の育成には、PBL（Project-based Learning：問題解決型学習）が効果的とされている。このPBLと親和性が高い商業科目に**課題研究**がある。**課題研究**を構成する4項目のうち、「(1) 調査、研究、実験」「(3) 産業現場等における実習」が取り上げられている。こうした背景から、商店街の情報発信を行うことで、これまでの学習で得た知識と技術を、ビジネス場面における活動を通して、実践的に活用する機会として「神戸新長田南地区商店街の活性化を目指したPBL」に取り組むことにした。

実践の概要

　本実践は、衰退傾向にある地元商店街を生徒たちが訪れ、商店主との話し合いを通して商店主のニーズを把握した上で、商店街の活性化策を見いだし、実践していく授業を取り上げる（全105時間、単元15時間）。活性化策を決定するため、インターネットや書籍・商店主や商店街通行人に対する聞き取り調査を行った。その結果、商店主のニーズから分析し、商店街の情報誌を発行することを考えた。こうした商店街の魅力を情報発信していく過程を通して、

❶ 情報発信者としての責任を自覚する

❷ 主体的に情報の収集・加工・表現に取り組むようになる

❸ 郷土愛が醸成される

❹ 様々な資料を参考にして自らの情報を質的に向上させるようになる

といった成長や変化が見られた。

単元構想

　本授業は高等学校3年40名で構成された単一学級で行った。生徒はこれまで資格取得するための学習をし、商業に関する基礎知識はもっているものの実社会においてどのような力が求められているのかを理解できていない。商業科目「**課題研究**」は、教科「商業」における総まとめ的な意味合いをもっており、これまで商業科で学んできたパソコンのスキルや商業に関する知識を総合的・横断的に活用する機会の創出が求められる。

　また、商業科における**課題研究**は**総合的な探究の時間**の代替科目とされていることから、双方の目標を達成することが求められている。具体的な「総合的な探究の時間」の目標としては、「実社会や実生活と自己との関わりから問いを見いだし、自分で課題を立て、情報を集め、整理・分析して、まとめ・表現することができるようにする。」などがあり、本授業でも達成する必要性がある。そこで本単元では、これまでの学習を実社会で活用する機会を創出することで、

❶ 商店主との関わりから地域経済の現状を分析する力

❷ 商店主との交流からビジネスマナーを含めたコミュニケーション能力

❸ これまで学習してきた商業の様々な知識や技術を総合的に活用する実践力

の習得を目指した。

　こうした能力の育成には、活動に取り組む生徒が明確な目標をもっていることが重要になる。そこで、本単元の評価に活用する目的で作成したルーブリック評価表を、生徒が活動に取り組む前段階の授業において配付することで、評価尺度をもった生徒が活動に取り組むことができるよう意識して商店街でのフィールドワークを行った。

単元の流れ

実践概略

　近年、全国各地の商店街はモータリゼーションの進展による郊外型大型店の台頭、ドーナツ化、商店主の高齢化、商店の後継者不足、経済不況、デフレスパイラルなどにより、存続すら困難な状況になっている。本実践においても、これまでの学習や全国各地の商店街の現状を調査することで、郊外の大規模小売店舗が行う「焼き畑商法（特定の地域に大型チェーンストアが出店し、地域の既存店舗を駆逐した後、需要が落ちれば撤退するビジネス手法）」によって地方の商店街が焼け野原のように疲弊しシャッター通りと化している地域も多いという現状を認識した。

　本実践が活動のステージに設定した神戸市長田区にある「大正筋商店街」も同様である。こうした現状は都市部を除いて全国的な流れとなっており、ソーシャルな課題として、また、ボランティア活動の視点としても教育効果の高い実践にすることができる。よって、商店街を取り上げた授業実践は、商業科において採用されるテーマにとどまらず、**総合的な探究の時間**として様々な学科において取り組むことができる題材として適している。

　本実践では、衰退傾向にある地元商店街を生徒たちが訪れ、話し合う中から商店主のニーズをくみ取り、地域情報誌の誌面に反映させて情報発信することで、商店街の活性化を目指した活動を行った。

　具体的には、次のような流れで活性化プロジェクトを行った。

❶ オリエンテーションとして商店主から話を聞く
❷ 全体の会議を行い、商店を掲載する際に入れる情報内容を決定する
❸ グループ内で会議を行い、商店街で地域情報誌の誌面に入れる商店を決定する
❹ 地域情報誌の誌面に入れる情報を商店主に取材する
❺ 収集した情報を整理し、誌面のレイアウトを行う
❻ 地域情報誌を発行する
❼ 地域情報誌を関係機関、商店街に配付する

　活動の当初は「自分たちが本当に効果的な取り組みができるのか」といった不安が大きく自信がもてないために、ネガティブな発言が聞かれた。しかし、導入段階からグループで活動したことで、

❶ 努力しているグループ員からの刺激
❷ スキルの高いグループ員からの刺激

❸ 商店主の「もっと早く来て活動してほしかった」などの激励による刺激

など、学校内外の他者から与えられる刺激が動機づけとなり、主体的な取り組みへの原動力となっていった。また、生徒が主体的な活動となってからは、サポートを担当する教員への質問内容がスキル的な内容から情報の質的向上の手法に関する内容へと昇華していくとともに自ら調べることで解決できる内容についての質問がなくなるなどの特徴が見られた。

　次に、**課題研究**と**総合的な探究の時間**双方の目標を達成するために、**表1**のような単元構成で授業を行った。

課題研究	育成を目指す力	総合的な探究の時間 （関連する情報活用能力）
※地元商店街の活性化策として商店を取材し、ビジネスに貢献する観点から編集して、地域情報誌に掲載しよう（全15時間にフィールドワークを含む）		
	インターネットや既存のミニコミ誌などの掲載情報を参考にして自ら作成する誌面に取り上げる要素を決定する力	※地元商店街を掲載する地域情報誌の誌面構成を検討しよう（2時間） メディア・リテラシー
	グループ員の発言を取り上げ、全体の考えとしてまとめていく力	※グループ内で話し合いを行い、掲載する商店を決定しよう（3時間） 協働的な情報活用
※商店街活性化プロジェクトのねらいを伝達する活動啓発チラシを作成しよう（4時間）	他者に対して活動の趣旨を説明し、人間性を発揮してアイデアを引き出す力	
	訴求力をもった情報としてまとめて発信する力	※読者が興味をもつ地域情報誌の誌面を作成しよう！（4時間） 論理的思考
※商店主・クラスメートを対象にして作成した誌面についてプレゼンテーションしよう（2時間）	活動全体を通して内省する力	

▲表1　単元構成図

　高等学校教科商業科目の**課題研究**と**総合的な探究の時間**について比較したが、情報活用能力に関連する目標については親和性が高く、整合性のない単元が見当たらないことから、特に問題なく相互の目標を達成する授業実践ができることが見て取れる。違いとしては、**課題研究**がビジネス教育の観点から産業現場を活動のステージを選択しているが、**総合的な探究の時間**ではそのステージの選択について裁量していく自由度が高い。

　こうしたことから、両科目の目標達成を意識しつつ、生徒に実践的な力を身につけさせる授業実践が可能であると考えて取り組んだ。

✎ 総合的な探究の時間　地元商店街を掲載する地域情報誌の誌面構成を検討しよう（2時間）

● 単元概要

　本単元では、どのような情報を掲載する誌面構成で編集していくことが効果的か検討する。本プロジェクトで取り組む地域情報誌の誌面に地元商店街の商店を採用し、どのような誌面構成で編集していくことが集客につながるのかについて生徒個人で調査活動を行った。具体的には、インターネット・書籍を活用して既存の情報に何を加えて情報発信することが効果的か調査する。この活動で、競合相手ともなる既存の地域情報誌・ミニコミ誌に対する調査からそれぞれの発行部数を参考にして、実効力のある発行部数として3000部を決定した。

　指導計画としては、**表1**の「単元構成図」の双方の科目における単元内容（単元時間）として対応している。

● ビジネス教育としての留意点（課題研究）

　地域情報誌の発行にはどのような効果があるのかを調査する段階では、実際に商店街の商店主に来校してもらい、生徒に話をしてもらう機会を設定した。生徒はこれまでの学習においてパソコンスキルといった内容や商業における基本的な用語、会計処理といった内容に取り組んできているが、ビジネスにつながる情報発信の視点をもっていなかった。本来は商店主から商店街の

▲写真1　外部講演者の話を聞く様子

現状を聞くことで、ビジネスにつながる情報発信の観点を明確にしていくことが目的であったが、「お茶の味萬」[2] 商店主である伊東 正和氏の話は生徒に対する強い期待を感じさせる趣旨の内容であった（**写真1**）。

　現在もっている能力で、どの程度の貢献ができるのか不安を感じていた生徒にとって、「少なくとも商店主の私たちにはできないパソコンでの編集といった能力が皆さんにはあるのですから、大いに期待している」といった話に何とか期待に応える良い活動にしたいと考えるような意識変化が見られた。

　また、日本政策金融公庫 [3] 国民生活事業 神戸創業支援センター 中小企業診断士の山根 好博氏に来校いただき、地域のビジネスに貢献していくためのアイデア創出法についての指導を受ける機会を設定し、商店主と専門家からの知見を両輪として活動に生かしていくための仕組みを取り入れた。

　このように、活動の導入段階では、活動する生徒への動機づけが最も大切になり、**総合的な**

探究の時間においても同様の仕組みを取り入れていくことは効果的である。これは日々生徒と接している教員が与える動機づけや刺激では、効果が出にくい傾向がある。教員では、どうしても「やらされている感」が出てしまうことから、活動の動機づけにプロジェクト学習の対象者から話を聞く機会は効果的であった。

✎ 総合的な探究の時間　グループ内で話し合いを行い、掲載する商店を決定しよう（3時間）

●単元概要

　本単元では、グループ内での会議を通して、地域情報誌に掲載するために取材対象とする商店を選定した。活性化プロジェクトの推進において、生徒たちが主体的に活動を行うことが最も重要である。地域情報誌の質的向上に影響を与えることはもちろんだが、教育効果における影響も大きいと考えた。グループ内での話し合いを観察した際、

> 「情報発信が有効に行われていない商店を選定しよう。商店自体にあまり魅力がないものを作成するだけでも実効力のある活動になるから採用しよう」
>
> 「商店自体のコンセプトが明確で、発信する情報が多いからさらなる集客を目指すために取り上げよう」

といった意見など、採用する商店の方針において対極の話し合いが行われている場合があった。

　こうした意見をすり合わせ、グループ全体の総意として掲載商店を決定するための話し合いを行った。

●活動の導入段階からグループ活動し協働的な情報活用をする

　調査活動の段階から、クラス40名を5名×8グループに分けて活動を行った（写真2）。グループ員間で調査方法や観点が共有され、グループ全体の調査効率が向上した。調査活動を個人で行わせた場合、ある程度の経験があり、調査活動に慣れている生徒は効率良く有益な情報収集を行うことができるが、不慣れな生徒はまったく調査が進まない場合や関係先のサイトを流し読みしているだけといった状態が見受けられた。このような経験から、調査段階からグループで活動することにした。

▲写真2　グループによる調査活動

●誌面掲載商店の決定手順

　地域情報誌に取り上げる商店については、グループの話し合いによって決定した。今回の実

践で地域情報誌を発行する取材対象の大正筋商店街は、約70店舗の商店が存在する。この中から取材対象となる商店を決定し、取材を進めていくことになる。これまでの学習によって、生徒が活動に対する動機づけをもって活動に取り組むことができる状態になっているが、担当する商店に関して誌面構成を考えて、教師側である程度コントロールして割り振りなどを行うとグループ員の意識の中に興味がない店舗を担当するようになった場合、これまで高めてきたやる気がなくなってしまうといった危険性がある。そこで、誌面に採用する店舗はグループ員の話し合いによって決定できることにした。

● 掲載店舗を決定する観点

　ここで重要なことは、どの程度誌面に掲載できる有益な情報をもち、経営努力をしているのかである。発信する情報が少ない店舗と情報発信に値する店舗とでは、活動に対するモチベーションの維持の面から大きな差が見られた。また、誌面の質的な向上の面からも、情報発信する内容が多い店舗のほうがレベル的に高い傾向があった（**写真3**）。

　店舗の中には、後継者がいないことから商売に対する熱意を失っている店舗も存在する。ただ、こうした店舗も生徒が取材すると冗舌になって話を聞かせてくれたり、生徒に情報提供するために自らの店舗のコンセプトを見直したりと予期せぬ面で商店主の意識が活性化するといった効果が見られた。

▲写真3　活動啓発チラシの作成例

✎ 教科商業・課題研究　商店街・商店主から集客につながる情報を収集する（4時間）

● 単元概要

　前単元で決定した地域情報誌に掲載する商店について、商店主や神戸市の地域振興に関わる方々への取材活動を通して、誌面に掲載するために必要な情報をグループ活動によって収集する（**写真4**）。そして、収集した情報を整理・分析しながら、商店街の活性化につながる情報発信を行うこと

▲写真4　グループによる取材活動

で、商店街の活性化を実現する。

　また、商店街の利用者から情報収集し、実際に働きかける対象のニーズを明確にすることで、作成する情報の質的向上を目指す活動に取り組む。

　これにより、情報発信の方針を明確化するとともに、商店街活性化を目指した取り組みを通して、郷土の魅力を再認識したり、郷土観を高めたりすることもねらいとする。

●活動啓発チラシの作成だけにとどまらない人間性に関する留意点

　プロジェクト学習において、「思考力・判断力・表現力等を育成すること」や「学びに向かう力、人間性を涵養すること」がバランス良く実現されることが重要になってくる。

　こうした中で、生徒がICTを活用した大正筋商店街での活性化プロジェクトを展開することにより、店主には感謝される活動としていくことを意識した（**写真5**）。商店主に活動を理解してもらうための啓発チラシの作成にとどまらないことに留意しなければならない。以前に取り組んだ実践で郊外の大規模小売店舗を取り上げて調査活動を行い、集客につながる観点でのプロジェクト学習を行ったが、集客力もあり、広大

▲写真5　大正筋商店街の方との対話

な駐車場があることでモータリゼーションにも対応できているなど、これ以上の集客は地元の商店のさらなる衰退を招いてしまうという側面があった。

　こうした反省から、地域経済に対する調査を入念に行う必要性がある。この現状把握に間違いがあると、決して喜ばれる活動になっていない大規模小売店舗の活性化実践を採用し、生徒たちの活動が希薄なものになってしまうことになる。ここで重要なことが、"Win-Winなプロジェクト"を目指していくことである。この点を考えずに実践に取り組めば、外部には迷惑で学校だけが得する"自己満足の実践"となってしまうことになる。このような状態で行ったプロジェクト学習は生徒にとっての動機づけが高まらず、主体的な活動にならないことから、「やらされている」といった感想が聞かれるなど、教育効果が低かった。

　そこで、本実践では必要とされる環境として衰退を続ける地元商店街を活動のステージに選択し、生徒が強い動機づけを感じ、主体的にビジネス場面における実践力を磨く"Win-Winなプロジェクト"となるよう意識して活動対象を設定することで、商店主に喜んでほしいと考えて活動を行うといった人間性の涵養を目指した。

●商店主に対する取材活動

　高等学校での学習では、クラスの同級生と年上の教員といった構成で実施されている。教員という立場の大人がいるもののそこには継続した人間関係や慣れからくる甘えがあり、実社会を体感させることは困難であった。あいさつも学校で教員に対して行うものと取材先の商店主にするものとでは異なり、緊張感やあいさつの質によってその後の人間関係の構築に大きな違いが出てしまう（**写真6**）。

▲写真6　実社会を体感させる取材活動

　また、商店に取材に行った際にお客がいた場合、商売が終わるまで待機し、声を掛けることで商売の邪魔をしないといった配慮は、その後の取材活動を良い雰囲気で行えるか、行えないかを左右する。こうした実社会における実践的なコミュニケーション能力の育成は、学校内の活動だけで育成することは困難であり、フィールドワークは実社会の教育力を活用するといった効果を期待できるものである。

●商店街通行人に対する取材活動

　地域情報誌に掲載する情報をグループ内での判断だけで決定していくことは、商店街利用者が求める有益な情報発信にならない可能性があった。また、商店主の希望する情報を掲載するだけでは、活性化を実現するための対象である商店街利用者にとっての有益な情報発信となるのかについて検証できていなかった。**高等学校学習指導要領解説【総合的な探究の時間編】**[1] にも、

▲写真7　商店街通行人に対する取材活動

> 　特色ある教育活動の創造につなげていくためにも，地域の実態把握が欠かせない。教師自らが地域に興味をもち，地域を探索したりフィールド調査をしたり，実際に見たり聞いたりして，地域と関わることが望まれる。

として生徒だけでなく、教師自身が地域と関わり、そこで得た知見を生徒のコーチングに反映させることで、教育の質的向上を行うことの必要性が明示されている。

▲写真8　生徒が作成した取材依頼書

✎ 総合的な探究の時間　訴求力をもった有益な情報を発信する（3時間）

●単元概要

　前単元で商店主・商店街利用者から収集した情報から誌面構成を検討し、決定した。この誌面構成から作成することは決定したが、誌面のデザインが決定していなかった。また、誌面構成についても他のグループが採用しようとする内容と統一感がないと読者にとっての情報収集の流れができず、ページごとに改めて情報を探すといった処理が必要となり、見にくい地域情報誌となってしまう。

　そこで、本単元では訴求力をもった情報誌とするために、デザインと採用する情報を掲載した誌面プロトタイプをグループごとに作成し、そのプロトタイプの中から良いと思う誌面に投票することで掲載情報と誌面デザインを決定した（**写真9**）。

▲写真9　投票で誌面デザインを決める

●プロの作品からデザインに対する論理的思考の育成

　地域情報誌のデザインが素人レベルの自己満足では、商店主の期待に応えることが困難だとの認識をもたせることが誌面の質的な向上をもたらすと考えた。確かに導入段階で色彩のルー

ルやレイアウト構成を知識として指導してお
くことは必要である。しかし、それだけで
は、作品が同じような構成になってしまう
ケースが多いことがこれまでの実践でわかっ
ていた。そこで、電話・メールで調査対象と
してきたミニコミ各社が発行する誌面を取り
寄せて、閲覧させる機会を設定した。その誌
面構成を生徒が分析してレポートとしてまと
め、どうしてこのようなレイアウトとなり、ど

▲写真10　誌面構成の分析

のようなねらいをもって情報発信しているのかについて考えさせる機会を設定した（**写真10**）。
また、生徒のアプリケーション活用のスキルの差が完成作品の質的な違いとなることが多かっ
たことから、アプリケーションスキルの育成を活動に入る前段階で行っておくことや誌面があ
る程度完成する段階で必要に迫られたスキルに関しては個別対応で行うこともあった。

　ただし、これも生徒のデザイン的な感性といったものに大きく左右される性質のものであり、
何を聞いていいのかわからないという生徒も見られた。こうした生徒には「まねることは学ぶ
ことのはじまり」とアドバイスし、生徒が良いと思うプロの作品をしっかり見習って作成する
機会を創出することもデザインの感性を磨くきっかけとなっていった。

　なお、最初の段階からプロの作品を見せると生徒が自信を失ったり、自らの作品をネガティ
ブに捉えるようになったりすることがあったことから、他校の実践から同じ高校生の良さを生
かした誌面づくりが可能であることを伝え、完成度を高める段階でプロの作品を閲覧し、それ
を参考にしながら誌面プロトタイプの作成へと進んでいく流れが効果的であった。

✎ 商業科・課題研究　これまでの活性化実践を俯瞰して内省する （2時間）

●単元概要

　これまでの学習を振り返り、今後の活動に反映させること、または自らが取り組む今後の活
動に生かしていく観点は重要である。やりっぱなしの実践では、今回は偶然成功しても活動を
体系化することができていないので、再現性がなく次回の活動では失敗する可能性が高まる。
高等学校学習指導要領解説【総合的な探究の時間編】[1] には、

> 振り返りは学習活動の節目や終末に行い，主たる学習活動やそこでの学びについて時間
> を遡って見つめ直すことを行う。このことによって自らを内省し，省察することにつな
> がり，学びの意味や価値を生徒自身が自覚することに結び付く。

として活動の最後の段階で内省の必要性を指摘している。

具体的には、生徒ごとに作成した誌面に関してコンセプト発表会の形態で実施した（**写真11**）。グループで作成した実際の誌面を採用しても、誌面を決定する段階で作成したプロトタイプについて発表してもよいことにした。これは、グループ作品としての誌面だけを発表した場合、発表

▲写真11　生徒が作成した誌面

するコンテンツ数が少ないこと、また、誌面に採用されなかったプロトタイプの中にも着目すべき作品や観点があり、こうした埋もれてしまっているコンテンツから学びを深めることができる可能性に留意した。

●活動を俯瞰する能力の育成

地域情報誌としての訴求力、こうした訴求力を発揮していくための取材力、取材を円滑に行うための人間性の涵養、デザイン布衍力といった能力の育成と求められる場面の設定が本実践の重要なポイントである。こうした実践を振り返り、良かった点や悪かった点を把握しておくことで、これからの実践に生かしていくための知見を得ることができる（**写真12**）。

▲写真12　実践の振り返り

俯瞰力はポートフォリオ評価において凝縮ポートフォリオを作成する段階でも発揮されるものとされている。物事を理解し、従来とは違うアプローチ方法を見いだすために、本プロジェクトを全体像として捉えようとする視点である。全体を捉える見方をすることから、鳥目とも言われ、高い位置から全体を見るという観点から鳥瞰力と言われることもある。ビジネス教育としては、実施しただけで終わらず、PDCAサイクルによって、今後取り組む実践において質的向上を図ることが求められている。

そこで、本実践では最後の振り返りとして、自ら（グループ）が作成したコンテンツをクラス・商店主の前で発表する機会を創出した。

実践を終えて

　本実践は、商業科目「**課題研究**」の代替科目「**総合的な探究の時間**」の単元を対応させたプロジェクト学習を取り上げたものである。双方の科目については、親和性が高く、多くの点で同様の目標を設定することができた。違いを挙げるとすれば、商業科目の**課題研究**には、ビジネス教育の観点を取り入れることが特徴としてあると同時に、**総合的な探究の時間**の目標達成も求められる点である。

　総合的な探究の時間として実践する場合でも「商店街の衰退」は多くの地域で課題となっている。

　高等学校学習指導要領解説【総合的な探究の時間編】[1] の「第5章　指導計画の作成と内容の取扱い」において、

> 地域の住民と生徒が地域の課題に向き合い，多様な経験や技術をもつ地域の人材・企業等の協力を得ながら，課題解決に向けて協働する活動を推進している地域もある。

とされており、その推進が求められている。また、地域に求められる活動に取り組むことは活動に対する生徒の動機づけを高め、活動を質的に向上させるという大きな効果が得られるものと考える。

　また、商業教育の特性が異校種や普通科高等学校の生徒にとっての目標にはなり得ないとする考え方が存在するが、専門教科商業は生徒一人一人に「知識・技能を活用して、自ら課題を発見し、その解決に向けて探究し、成果等を表現するために必要な思考力・判断力・表現力等の能力」や主体性をもって多様な人々と協働する態度など真の学力の育成・評価に取り組むことが求められている。つまり、現状において教科「商業」のニーズが低下しているから、「商業科での学びが必要のないものになるのか」と言えば、それは間違いである。商業科で学ぶ基礎知識・専門知識は日本の産業界において必要とされるものであることを勘案すれば、商業教育を普通教育に取り込んでいくよう見直していく必要があるとも考えることができる。

　こうした考え方を学校現場に周知し、**総合的な探究の時間**において地域活性化をテーマにビジネスの視点をもったソーシャルな実践を啓発していくことが、これからの課題である。

カリキュラム・マネジメントのポイント

　高等学校学習指導要領解説【総合的な探究の時間編】[1] の「第1章　総説」−「2　改訂の基本方針」−「(4) 各学校におけるカリキュラム・マネジメントの推進」では、問題発見・解

決能力等や現代的な諸課題に対応して求められる資質・能力の育成のために教科等横断的な学習を充実することが求められている。

　課題研究等の科目においては、自ら課題を設定し、主体的かつ協働的に取り組む学習活動を通して、専門的な知識、技術などの深化・統合化を図り、課題の解決に取り組むことができるようにすることとされている。一方、**総合的な探究の時間**は「探求の見方・考え方を働かせ、横断的・総合的な学習を行うことを通して、自己の在り方生き方を考えながら、よりよく課題を発見し解決していくための資質・能力」を育成することを目指すものであるため、**総合的な探究の時間**の目標と、**課題研究等**の目標が軌を一にする場合も想定される。そのため、**総合的な探究の時間**の履修をもって、**課題研究等**の履修の一部または全部に替えることができるとするとともに、**課題研究等**の履修をもって**総合的な探究の時間**の履修の一部または全部に替えることができるとしている。ただし、相互の代替が可能とされるのは、「同様の成果が期待できる場合」とされており、**課題研究等**の履修によって**総合的な探究の時間**の履修に代替する場合には、「**課題研究等**を履修した成果が**総合的な探究の時間**の目標等から見ても満足できる成果を期待できることが必要であり、自動的に代替が認められるものではない」ため、安易に代替が認められるものではないことに留意しなければならない。

　こうした対応を**表1**の「単元構成図」で確認すれば、「課題研究」としての単元テーマである「地元商店街の活性化策として商店を取材し、ビジネスに貢献する観点から編集して、地域情報誌に掲載しよう（全15時間）」には、ビジネス教育の観点が必要とされるが、**総合的な探求の時間**には入っていない。

　こうしたビジネス教育の観点が**総合的な探求の時間**にとって必要がないのであろうか。確かに高等学校卒業時の進学傾向が強くなっているものの、商業科以外の専門学科・普通科・総合学科においても経済的な理由から高等学校卒業時点で就職する生徒が存在する。大学に進学した場合でも、その多くがそれぞれの地域経済を支える人材となって就職していくことを考えれば、ビジネス教育の視点をもって**総合的な探求の時間**におけるカリキュラム・マネジメントに取り組んでいく意義は大きいと考える。

参考文献

[1] 文部科学省「高等学校学習指導要領（平成30年告示）解説」【商業編】／【総合的な探究の時間編】
　URL https://www.mext.go.jp/a_menu/shotou/new-cs/1407074.htm
[2] 「お茶の味萬」公式サイト
　URL https://www.ochanoajiman.com/
[3] 「日本政策金融公庫（JFC）」公式サイト
　URL https://www.jfc.go.jp/

佐藤 幸江
元・金沢星稜大学

延原実践を振り返る

❶商業科の取り組みとして

　商業科では、社会に直結する力として、資格取得するための学習に力を入れる傾向にある。しかし、**高等学校学習指導要領解説【商業編】**[1] では、商業高等学校の生徒一人一人に「知識・技能を活用して、自ら課題を発見し、その解決に向けて探究し、成果等を表現するために必要な思考力・判断力・表現力等の能力」や「主体性をもって多様な人々と協働する態度など真の学力の育成・評価に取り組むこと」が求められている。そこで、延原教諭が着目したのは、これまで商業科で学んできたパソコンのスキルや商業に関する知識を、総合的・横断的に活用する機会として、衰退傾向の見られる商店街とのコラボレーションであった。

　ただし、このような現状について「都市部を除いて全国的な流れとなっており、ソーシャルな課題として、また、ボランティア活動の視点としても教育効果の高い実践にすることができる」と、延原教諭は記述している。商店街を取り上げた授業実践は、様々な学科における**総合的な探究の時間**として取り組めることを示唆している。社会に直結する課題として、ぜひ取り組んでいただきたいテーマである。

❷課題探究等と総合的な探究の時間のカリキュラム・マネジメント力

　延原教諭は、職業学科においては、**総合的な探究の時間**の履修と農業、工業、商業、水産、家庭もしくは情報の各教科の**課題研究**の履修の相互の代替が可能とされるという点に関して、「安易に代替が認められるものではない」ことを主張している。

　そして、単元構成をした後に、「単元テーマ、育成する資質・能力、学習内容、メディアの取り扱い」等の視点から代替が可能となるか、分析的に検討を行っている。このような綿密な検討を経て、本単元が構成されている点は、今後これらの学習活動に取り組む際のカリキュラム・マネジメントの視点として、大いに参考としたい。

❸STE(A)M教育の視点から見えること

　本実践は、商業科においても、PBL（Problem-based LearningあるいはProject-based Learning）の実施が可能であることを示唆している。特に、高校生が明確な目標をもち、主体的に活動に取り組むための仕掛けとして、本実践においては、「ルーブリック評価表」を活用している。それによって、どのような姿を目指すかという評価尺度をもち、生徒が活動に取り組むことができている。学習者主体のSTE(A)M教育の授業づくりへとつながる、1つの手だてである。

・教科・領域・ 国語・数学　総合的な学習の時間　職業・家庭

タブレット端末を活用した
プロジェクト型学習
―SDGs（持続可能な開発目標）をテーマとして―

海老沢 穣　東京都立石神井特別支援学校

◎**ICT環境**　タブレット端末（iPad）生徒一人１台（学習グループ５名）
　　　　　　※東京都から配備されたタブレット端末は全31台（児童・生徒数197名）
　　　　　　使用したアプリ：Keynote、Clips、GarageBand、ibisPaint、Viscuit

本実践に至る経緯

　ICTを活用することで、知的障害のある児童生徒の様々なアイディアや表現をアウトプットすることが可能になってきている（海老沢, 2018 [1]）。対象とした中学部の生徒5名は、オリジナルの物語作りに取り組む中でアイディアや表現をアウトプットする活動に慣れ親しみ、その後「学校紹介の映像制作」というテーマにチームで取り組むプロジェクト型学習を経験してきた（海老沢・山田, 2019 [2]）。生徒たちは、テーマを意識しながら気づいたことを積極的に発信し、教師や友達とのやりとりを通してイメージを広げ、タブレット端末でそのアイディアをアウトプットすることが可能になった。

　本実践では、さらに社会に向けてアイディアを出しアクションを起こすことができないか検討を進め、SDGs（持続可能な開発目標）をテーマとしたプロジェクトの実践に取り組むこととした。SDGsは「誰一人取り残さない」持続可能な社会の実現に向け、世界の解決すべき課題が17にまとめられた全世界共通の目標 [3] である。その中には多様な人々の個性や強みを生かすダイバーシティ社会の実現も含まれている。生徒たちはその当事者として、ICTを思考や表現のツールとしながら、様々なアイディアやメッセージを発信し、これからの社会を変えていける可能性があるのではないか、それを最終的な学習のゴールとできないかと考えた。

実践の概要

　本実践は、知的障害特別支援学校中学部において、学習グループ5名の生徒によるプロジェクト型学習に取り組んだものである。テーマをSDGs（持続可能な開発目標）とし、

（1） SDGsについて学び、気づいたことやアイディアをアウトプットする学習

（2） リサイクルプログラムのポスターデザイン

（3） 地域の店舗への取材

（4） プロジェクションマッピングプロジェクトへの参加

（5） SDGsをテーマとしたTシャツデザイン等に取り組む

という一連の過程を映像作品として制作した。テーマを意識しながら自分なりのアイディアや表現をアウトプットすることができるようになり、チームで役割分担をしながら取り組むことができた。

単元構想

　特別支援学校では児童生徒の発達段階や実態に合わせ、学習グループに分けて授業を行う時間がある。本校中学部では学年集団を人数に応じて5〜6グループに分け、週2回「国語・数学」の時間を設定している。本実践で対象とした学習グループは、簡単な文章や計算の理解が可能な中学部2年の生徒5名である。中学部1年時から一人1台のタブレット端末を活用した授業を行ってきており、Keynote、Clips、GarageBand等のアプリ[4]を使用し、アイディアや表現をアウトプットする学習に取り組んできている。生徒たちが自分なりに考え工夫したアウトプットをまずはお互いが見合い、気づいたところや良かったところを発言する活動を意識的に取り入れていった。すると、なかなか意見が出せなかった段階から、気づいたことを発言したりアイディアをさらに発展させる意見が出てきたりと、グループで学び合う段階へと授業を発展させることができるようになった。

　知的障害のある児童生徒には、文字・シンボル・写真・動画などの視覚支援が欠かせない。ICTを活用しスライドや動画等をわかりやすく提示することで、子どもたちは授業のテーマにイメージをもって理解をより深めることができる。また、視覚支援を併用し授業を工夫することで、従来なら「障害があるから難しいだろう」と捉えられがちだったテーマでも、子どもたちなりにイメージや理解を深めてアイディアを発信することができると考えている。今回テーマとして取り上げたSDGsは、ややもすると抽象的で身近な課題として感じにくく、特別支援学校では扱うことが難しいと捉えられるかもしれないが、視覚支援を併用しながら、よりシンプルにわかりやすく授業の中に落とし込んでいくことで、自分なりに考えて課題に向き合おうとする姿勢が見られるようになった。

　特別支援学校教育要領・学習指導要領解説総則編[5]には、「豊かな創造性を備え持続可能な社会の創り手」となる児童生徒を育成することが掲げられている。地球規模で様々な課題を抱えている今の世界において、持続可能な社会を創っていくためにそれぞれが当事者意識を

もってできることを探っていかなければならない。そうした教育の最上位のビジョンを明確にしながら、学校での学びの中で何ができるのか。生徒たちがSDGsを学び、感じたことやアイディアをアウトプットし、アクションを起こせるか、それを教師もともに考えチャレンジすることができるか、そのためにICTをどう活用するか。そうした視点から本実践を組み立てていくことを試みた。

単元の流れ

✎ 実践概略

プロジェクト型学習（Project-based Learning）とは、

> 一定期間内に一定の目標を実現するために、自律的・主体的に学生が自ら発見した課題に取り組み、それを解決しようとチームで協働して取り組んでいく、創造的・社会的な学び

であるとされる（同志社大学PBL推進支援センター，2012 [6]）。本実践では、テーマを明確にし、生徒たちが気づいたことや感じたことを積極的にアウトプットし、チームとして役割分担をしながら主体的に取り組めるように心がけた。

ポイントとなる授業場面を以下のように8つに分けて詳述する。

(1) SDGsについて学び、気づいたことやアイディアをアウトプットする学習
(2) SDGsについてのアウトプットを学年で発表する活動
(3) リサイクルプログラムについての学習とポスターデザイン
(4) 歯ブラシ回収プログラムのポスター制作・回収ボックスの制作
(5) 地域の店舗への取材
(6) 掛川城プロジェクションマッピングプロジェクトへの参加
(7) SDGsをテーマとしたTシャツデザイン
(8) SDGsをテーマにした取り組みをまとめる映像制作

学習の過程において、テラサイクルジャパン合同会社 [7] による出張授業でマテリアルリサイクルについて学んだり、静岡県立掛川西高等学校パソコン部との共同制作により掛川城プロジェクションマッピング [8] へ映像参加をしたり、ダイバーシティメッセージのキャンペーンに応募をしたりと、外部の団体や学校とのコラボレーションを行い、SDGsを共通言語として社

会と連携した実践へと展開させた。また、学習グループで取り組んだことを学年で発表する機会を設けたり（**総合的な学習の時間**）、情報（**職業・家庭**）の授業で学んだビジュアルプログラミング言語Viscuit [4] をアウトプットのツールとして活用したりと、教科等を横断した視点で単元の組み立てを行った。

国語・数学	育成を目指す力	総合的な学習の時間	職業・家庭
・筋道立てて考える力や豊かに感じたり想像したりする力を養い、日常生活や社会生活における人との関わりの中で伝え合う力を高め、自分の思いや考えをまとめることができるようにする（国語） ・身の回りの事象について整理されたデータの特徴に着目し、事象を簡潔に表現したり、適切に判断したりする力を養う（数学）	※（1）SDGsについて学び、気づいたことやアイデアをアウトプットする学習 ※（3）リサイクルプログラムについての学習とポスターデザイン ※（5）地域の店舗への取材 ※（6）掛川城プロジェクションマッピングプロジェクトへの参加 ※（7）SDGsをテーマとしたTシャツデザイン ※（8）SDGsをテーマにした取り組みを振り返る映像制作		
	※（2）SDGsについてのアウトプットの学年での発表 ※（4）歯ブラシ回収プログラムのポスター制作・回収ボックスの制作 ※（8）SDGsをテーマにした取り組みを振り返る映像制作	・各教科等の学習で培われた資質・能力を総合的に関連づけながら、具体的に指導内容を設定すること ・探究的な学習の良さを理解すること、実社会や実生活の中から問いを見いだし解決していくこと、探究的な学習に主体的・協働的に取り組めるようにすること	
	※（6）掛川城プロジェクションマッピングプロジェクトへの参加		B 情報機器の活用 コンピュータ等の情報機器を扱い、体験したことや自分の考えを表現すること

▲表1　単元構成図

✎ 国語・数学 （1）SDGsについて学び、気づいたことやアイディアをアウトプットする学習（8時間）

　SDGsは、17のとても洗練されたデザインのロゴからなる。まずは5名の生徒とこのロゴを学ぶ授業からスタートさせた。SDGsへのイメージを広げるために、NHK for School「アクティブ10 公民」、国連広報センター「トーマスとなかまたち：SDGs出発進行」、外務省YouTubeチャンネル等 [9] を活用し、自作のスライド教材と組み合わせて、1つ1つのロゴの意味を確認していった（**写真1**）。大人にも正解のわからないSDGsは、子どもも大人も同じ目線に立って学ぶことができる。様々な動画や資料を生徒と一緒に見ているうちに、17の目標がバラバラに存在するのではなく、相互に密接に関わり合っていることに私自身も気づくことが

できた。生徒たちは自分なりに気づいたことを
発言・表現し、教員や友達とのやりとりを通
して理解を深めることができるようになった。

　さらに、一般社団法人Think the Earth編
著『未来を変える目標SDGsアイデアブック』
[10]の学校寄贈プログラムに応募し、生徒用の
アイデアブックを手に入れることができた。こ
の本は、SDGsを達成するための様々なアイ
ディアや取り組みがわかりやすく紹介されて
いるビジュアルブックで、17の目標を達成す
るために自分たちに何ができるかを考えるた
めのヒントがたくさん掲載されている
（**写真2**）。このアイデアブックを参考にしなが
ら、「気づいたことや感じたことを**Keynote**[4]
で作ってみよう」という活動へと発展させた。

　まずは選んだ1つの目標に関して、どんなこ
とをイメージするか、どんな気づきがあった
か、自分だったらどんなことができると思うか
について、一人一人と対話を通してアウト
プットするアイディアを絞っていく時間をとっ
た。友達の選んだ目標に関しても気づいたこ
とは発言してもらうようにし、生徒たちの発言
をホワイトボードに書き出していって、アイ
ディアをまとめていくプロセスを行った。アイ
ディアが固まったらタブレット端末で実際にア
ウトプットする活動に移行した。

　それまでの授業の中で、

❶ レゴブロック（LEGO）を活用してイメー
　ジや表現を組み立て、それをタブレット端
　末で撮影して**Keynote**に取り込み、物語
　を制作する学習（**写真3**）
❷ **Keynote**を使用し、Apple Pencilでタブ
　レット端末に描く学習（**写真4**）

▲写真1　SDGsの17のロゴの意味を学ぶ

▲写真2　『未来を変える目標SDGsアイデアブック』

▲写真3　レゴブロックの活用

▲写真4　Apple Pencilで描く

の2つに取り組んできていたので、今回はその2つの方法を用いることとし、SDGsの目標に関するアイディアをレゴブロックやApple Pencilでアウトプットする活動に取り組んだ。

完成した作品はiPadのAirDrop機能で教師用のタブレット端末に集約し、全員で共有する時間を設定した。1つ1つの目標が形になっていき、まだ完成していない目標をさらに役割分担をして作成を進め、17の目標について5人の生徒のアイディアを1つにまとめることができた（**写真5**）。

▲写真5　5人の生徒のアイディアを1つにまとめた

総合的な学習の時間　(2) SDGsについてのアウトプットの学年での発表（2時間）

学習グループ5名の生徒がまとめた17の目標について、学年の生徒30名が参加する授業の場で発表する機会を設けた。国語・数学の時間に**Keynote**を操作して発表する練習を行った。授業の中では、「SDGsについて学ぼう」というスライドの中に5名の生徒が制作したスライドを挿入し、順番に前に出て発表をする形をとった。自分の考えたアウトプットを説明する機会を設けたことで、イメージや理解がより深まった様子が見られた。授業の展開では『未来を変える目標SDGsアイデアブック』を30名の生徒に一人1冊配布し、気づいたことや気になったことを発表する活動に取り組んだ。生徒によって理解の程度は様々だが、アイデアブックの写真やイラストを見て気づいたことや感じたことを発表することができた。

国語・数学　(3) リサイクルプログラムについての学習とポスターデザイン（3時間）

SDGsについて学んだ次の段階として、具体的な取り組みを行った。身近な取り組みとして

リサイクルを取り上げ、今までリサイクル不可能と思われてきたもののリサイクルを実現し、多くの無料回収モデルを提供しているグローバル企業である、テラサイクルジャパン合同会社に出張授業を依頼した。

プラスチックごみの現状について説明を聞き、廃プラスチックを資源として回収し再生利用するマテリアルリサイクルについて学び（**写真6**）、ポテトチップスの袋を回収して作られたペレット（プラスチックの原料）や使用済み歯ブラシから作られた植木鉢を実際に手に取る体験をしてみた（**写真7**）。

授業後半では、自分たちで実際にどんなことができるだろうということを考える時間とした。気づいたことやアイディアなどについての生徒の発言をホワイトボードに書き出していった（**写真8**）。「家庭でゴミの分別をする」「買い物にはマイバッグを持っていく」「買い物のときに『袋いらないです』と言う」「自分の使っているものが何からできているか考える」「水筒を持ち歩くようにする」という意見が出たり、テラサイクルとライオン株式会社が協働で行っている「歯ブラシ回収プログラム（ハブラシ・リサイクルプログラム）」[7] のポスターデザインと校内に設置する回収ボックスの制作に取り組みたいという声が挙がったりした。

▲写真6　マテリアルリサイクルについて学ぶ

▲写真7　ペレットや植木鉢を触る

▲写真8　生徒の発言をホワイトボードに書き出す

　このうち、「歯ブラシ回収プログラム」のポスターの制作にまず取り組んでみようということになった。ポスターのデザインについては、ポスターのテーマは何か、どうすればメッセージが伝わるか、どんなデザインにするかをホワイトボードに書き出しながら、それぞれのデザインを決めていった。紙に書いたポスターデザインをタブレット端末で撮影し、描画アプリ ibisPaint [4] で着彩をしていった（**写真9・写真10**）。完成したポスターはプリントアウトし、「ポスターデザインコンテスト」に応募するとともに校内の廊下にも掲示を行った。

▲写真9　ibisPaintで着彩していく　　　▲写真10　着彩が終わったポスターデザイン

📝 総合的な学習の時間　（4）歯ブラシ回収プログラムのポスター制作・回収ボックスの制作（2時間）

　学年でSDGsについての学習を振り返った後、NHK for School「ど〜する？地球のあした」[11] を視聴した。プラスチックゴミの問題についてイメージをもってから、学習グループの生徒5名が制作したポスターを学年の生徒たちに紹介し、「歯ブラシ回収プログラム」について説明を行った。

　校内に掲示するポスターを各学級が共同で制作することにし（**写真11**）、次の時間には6学級が2グループに分かれて歯ブラシの回収ボックスを制作した（**写真12**）。回収ボックスは校内の2箇所に設置した。設置した様子をタブレット端末で撮影したいという声が挙がり、**Clips**で撮影し、生徒が編集を行って映像に仕上げた。

▲写真11　ポスターの制作

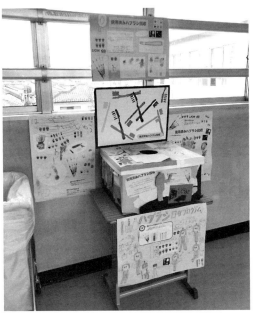

▲写真12　歯ブラシの回収ボックス

✒️ 国語・数学 （5）地域の店舗への取材（2時間）

学校から徒歩で約10分の場所にある電器店に相談し、SDGsに関する店舗の取り組みについてインタビューをさせていただけることになった。昨年度「学校紹介の映像制作」をテーマにプロジェクトに取り組んできた生徒たちは、インタビューの撮影で5つの役割分担をすることを体験してており、今回も自分たちで相談しながら役割を分担することができた。5つの役割とは、ナレーター・カチンコ・カメラ・マイク・インタビュアーである。事前にどんなインタビューをするか質問項目について話し合い、教室でそれぞれの役割を練習する時間をとった（**写真13**）。撮影の機材は、パナソニック株式会社が主催する映像制作支援プログラム「キッド・ウィットネス・ニュース（KWN）日本」[12]に参加し貸与されたものである。

▲写真13　インタビュー・撮影の練習

▲写真14　電器店の取材

電器店では、SDGsの取り組みとして、省エネ効果のあるLEDライトへの交換を積極的に進めていることや、地域のお客様が困ったときに安心して相談できるお店になることを心がけていることなどの話を聞くことができた（**写真14**）。5人がチームとしてそれぞれの役割を果たして撮影を終了させることができた。

✒️ 国語・数学 （6）掛川城プロジェクションマッピングプロジェクトへの参加（5時間）

静岡県立掛川西高等学校（以下、掛川西高）が地域と連携して取り組んでいるプロジェクションマッピングイベント「掛川城プロジェクションマッピング」[8]に、特別支援学校として映像参加をしませんかという話をいただいた。テーマは「ダイバーシティ（多様性）」で、海外の学校や特別支援学校など様々な学校の生徒たちの制作した映像を掛川西高のパソコン部が編集し、地元の掛川城に投影するという。生徒たちに話してみたところ「やってみたい！」という声が挙がったので、生徒同士でまずオンライン交流ができるよう掛川西高の教員とスケジュール調整を行った。お互いの自己紹介や、プロジェクションマッピングイベントのテーマについて話をしてもらい、過去のイベントの様子を見せてもらうことで、今回のイベントへの

イメージをもつことができた（**写真15**）。

　映像として何を発表するか生徒と相談し、SDGsのロゴをアウトプットした**Keynote**をもとに映像を組み立ててみようということになった。生徒たちが制作したSDGsのロゴを映像として書き出して提示し、他にどんな映像があるといいかを考えていった。SDGsには目標14「海の豊かさを守ろう」、目標15「陸の豊かさも守ろう」という目標がある。生徒とやりとりをする中で、この2つを映像として表現できないかと考えた。本校中学部では、「職業・家庭」の授業内容の1つとして「情報」の授業を年間5回行っている。情報の授業では、ビジュアルプログラミング言語**Viscuit**[4]を取り上げ（**写真16**）、特に未就学児や特別に支援が必要な児童生徒への配慮を工夫したプログラム「もっとやさしいビスケット」を活用し、ステップを踏んでプログラミングについて学んできている（海老沢，2020[13]）。この**Viscuit**を活用して、海と陸の世界を表現してみないかと、生徒たちに相談し、授業の中で取り組むこととした。

　Viscuitは自分の描いた絵を「メガネ」に入れ、命令を出して動かすことのできるプログラミング言語だが、それぞれの端末上で描いた絵を1つの画面に共有することができ、その画面の背景を「青」「緑」に設定することができる。この機能を活用して、それぞれ「海の豊かさ」「陸の豊かさ」をテーマに制作をすることとし、5名の生徒の絵を共有していった（**写真17**）。

　また制作した映像に音楽を挿入するために、音楽制作アプリ**GarageBand**[4]でオ

▲写真15　イベントの説明

▲写真16　情報の授業で扱ったViscuit

▲写真17　Viscuitの活用

▲写真18　GarageBandによる曲作り

▲写真19　掛川城プロジェクションマッピング

▲写真20　YouTubeに公開された映像

リジナルの曲作りを行った（**写真18**）。**GarageBand**のLiveLoops機能を活用し、それぞれが映像をイメージしながら曲を制作した。LiveLoopsはループ機能をタップしながら自分でアレンジした曲を制作できるため、特別支援学校でも活用しやすい。オリジナルの物語作りですでにLiveLoopsでの曲作りに取り組んできている生徒たちは、それぞれの表現を工夫して音楽を制作することができた。

　映像と音楽が完成したところで、全員でアウトプットの振り返りを行い、気づいた点等を発言してもらって、最終的な修正を行った。最後にナレーションを**GarageBand**で録音した。映像の始めと終わりにどんなナレーションを入れればいいかを生徒に投げかけ、出てきた意見をまとめてホワイトボードに書き出し、セリフを作成した。5名で声を合わせてナレーションの録音を行った。完成した映像・音楽・ナレーションのデータを掛川西高に送り、パソコン部で最終的な編集を行ってもらって当日に上映する準備をしていただくことになった（**写真19**）。

　上映当日は休日だったため、リアルタイムで鑑賞することはできなかったが、YouTubeに公開された映像を後日授業で生徒たちと鑑賞することができた（**写真20**）。自分たちの映像と音楽が高校生たちの編集でさらに豊かな表現となり、掛川の市民の方たちが集まるイベントで発表できたことは生徒たちもとても手応えを感じていた。

✏️ 国語・数学　（7）SDGsをテーマとしたTシャツデザイン（2時間）

　日本財団DIVERSITY IN THE ARTS True Colors Festivalチームが主催する「#わたしの超ダイバーシティアワード」Tシャツメッセージのキャンペーン[14] を知り、授業の中に取り入れられないか考えた。

> 障害・性・世代・言語・国籍などのちがいを包み込み、すべての人がその人らしくいられる社会に向けて、
>
> ・今の社会に届けたい思い
> ・社会の中でもっと必要だと感じていること
> ・あなたが、あなたらしく生きていくために意識していること
> ・日常の中で感じている違和感や問いかけ
>
> などのメッセージを募集します。

という趣旨に賛同し、SDGsを学んでいる生徒たちが考えたことをシンプルなメッセージに落とし込むこと、それを幅広く発信することが大切ではないかと考えた。まずバリアフリーや「Fashion Revolution」の動画を見て、ダイバーシティとは何か、そして社会課題に対してメッセージがもつ力についてイメージを広げた。みんなが幸せに生きられる社会になるにはどんなことが大切だろう、という視点から、気づいたことを対話でやりとりしたりしながら、生徒たちはメッセージを考えた。

　ホワイトボードにメッセージを書き出し、最終的にどのメッセージにするかを自分で選んで決定した（**写真21**）。あらかじめTシャツのテンプレートを作成しておいた**Keynote**にメッセージを入力し（**写真22**）、文字の位置や色を考えてメッセージを完成させた（**写真23**）。5つのメッセージはキャンペーンの応募方法に沿ってハッシュタグを付け、Twitterに投稿した。

▲写真21　ホワイトボードに書き出したメッセージ

▲写真22　Keynoteのテンプレートにメッセージを入力

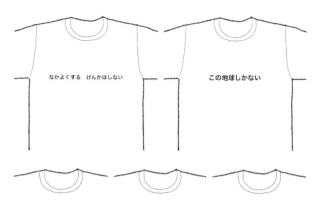

なかよくする　けんかはしない　　　　　　この地球しかない

いろんな人にやさしくする　　地球を守ってがんばろう　　ぼくもわたしもあなたがすきだ

▲写真23　完成したTシャツメッセージ

　メッセージの入賞はならなかったが、生徒たちのメッセージを事務局のスタッフの方が気に入ってくださり、True Colors Festivalオフィシャルグッズを送っていただいた（**写真24**）。自分たちの考えたメッセージを評価していただけたことは、生徒にとっても手応えの感じられるフィードバックとなった。

▲写真24　いただいたTrue Colors Festivalオフィシャルグッズ

✎ 国語・数学 （2時間）　総合的な学習の時間 （1時間）
（8）SDGsをテーマにした取り組みを振り返る映像制作

　今までの取り組みを1つの映像にまとめる活動を行った。Keynoteの書き出しや授業の様子の写真等をあらかじめ映像として編集して生徒に提示し、生徒は項目ごとの説明のスライド・ナレーション、映像の冒頭と最後のナレーション、映像ごとの音楽の作成を行った。ここでも**GarageBand**を活用し、どんなナレーションを入れればいいか、誰がどの項目を担当するかなどは、生徒と相談しながら決定していった（**写真25**）。このまとめの映像制作を通して今までの取り組みを振り返ることができ、完成した映像を学年の**総合的な学習の時間**で発表することで、1年間のSDGsの取り組みのまとめをすることができた。

▲写真25　まとめの映像制作

実践を終えて

　本実践では、SDGsをテーマとして8つの単元を関連づけ、国語・数学、**総合的な学習の時間**、職業・家庭の3つの教科領域での取り組みを連携させてプロジェクトに取り組むことを試みた。特別支援学校では児童生徒の発達段階や実態が多様なため、担当する学年や受け持つ授業の対象となる児童生徒がどんな力を有しているか、どのような理解が可能かを見極めながら授業を構築していくことが必要となる。

　SDGsをどうすれば身近に感じることができるか、どう工夫したら持続可能な社会へのイメージをもつことができるかという点がまず大切なポイントであった。その結果、特別支援学校中学部の生徒でもSDGsを自分なりに理解し、そこからアイディアを考え、工夫してアウトプットをすることが可能であることがわかった。

　実践に取り組んでみて感じたのは、これからの社会や未来を担う当事者としての意識を生徒と一緒に教師ももちながら、チームとしてできることにチャレンジしていこうという姿勢が大切であるということだ。SDGsは、教師も正解がわからない。そのような問いに対し、テーマに沿った生徒ならではのアイディアや表現をどう引き出していくかは教師のファシリテーションがとても大切となる。そしてどんなアクションを起こしていくかについて広くアンテナを張り、情報を集め、生徒がチャレンジできることを常に考えながらテーマや活動を設定する工夫が欠かせない。そこにICTのスキルが加われば、ダイナミックなアイディアや表現をアウトプットすることが可能となる。日頃から思考や表現のツールとしてICTを活用している経験がそこで真価を発揮する。

　ただ本実践でも課題となったのは、特別支援学校においては、授業の時間以外の課外活動などでさらにテーマを深める時間をもつことが難しい点である。常に授業の時間内で完結することが求められるため、学校の外との連携はどうしても時間的・空間的制約の生じる部分であった。生徒の主体的な学びを主眼としながらも、教師が事前準備やまとめをし、フォローや

サポートをしていかなければ活動が進まない場面も多くあった。また、学年全体で取り組むには生徒の実態による差が大きいため、学習グループの授業で取り組むことがメインとなり、学年の授業では内容がかなり限定されてしまう側面も少なからずある。さらに、今回はプロジェクトを学校全体や保護者も巻き込んで発展させることまではできておらず、今後の課題として残されている。生徒のアイディアや表現をさらに生かしていくために、様々な教科領域やステイクホルダーとも関連させながら、今後もSDGsをテーマとした単元の取り組みを充実させていきたいと考えている。

カリキュラム・マネジメントのポイント

✎ ICTを活用して児童生徒のアイディアや表現を発信する

　OECDの提唱するEducation2030では、教育の最上位のビジョンを「ウェルビーイング（Well-Being）」としている（文部科学省初等中等教育局教育課程課, 2018 [15]）。ウェルビーイングとは「個人、コミュニティ、地球全体が幸せな状態」とされる。「誰一人取り残さない」持続可能な社会の実現を目標とするSDGsの達成を目指すことは、ウェルビーイングを考える上でとても大切である。一人一人が当事者として持続可能な社会を担っていくこと、それを実現するために様々なアイディアをアウトプットし、プロジェクトとしてアクションを起こしていくことが特別支援教育でも今後求められていくのではないだろうか。

　本実践に取り組む中で、学校関係者のみならず様々な団体や企業の方が授業視察に訪れてくださったが、その方たちが、

　　「SDGsについてこんなに子どもたちが意欲的に学んでいることに感銘を受けました。何か
　　連携できることを探りたい。」

と口々に言ってくださったのがとても印象的だった。

　障害のある当事者として、特別支援学校の児童生徒たちもウェルビーイングを実現するためにSDGsのプロジェクトに取り組む。ICTを思考や表現のツールとして最大限に活用しながら、児童生徒ならではのユニークなアイディアやメッセージを発信する。そして、多様な個性を生かすダイバーシティ社会の実現に向けて今の社会をより良いものへ変革していけるよう取り組んでいかねばならない。そのためのプロジェクト型学習であり、カリキュラム・マネジメントであるべきである。それには、就学前や小学部の段階から児童生徒のアイディアや表現を生かす実践が取り組まれていかなければならないだろう。そして、さらに高等部卒業後も生涯にわたって学ぶことのできる仕組み作りも必要である。

　多様な個性を生かす、好きを究めて強みを生かす。特別支援教育に限らず、そんな教育を実現していくことが、ウェルビーイングを実現するために最も求められることなのではないだろうか。

参考文献

[1] 海老沢穣（2018）タブレット端末を活用した創造性・表現へのアプローチ『特別支援教育の実践情報 2018年7月号』pp22-23（明治図書）

[2] 海老沢穣・山田高晃（2019）特別支援学校における ICT を活用したプロジェクト型学習の実践 ―映像制作の授業にルーブリックとリフレクションを取り入れた試み―「日本アクティブ・ラーニング学会 第3回全国大会予稿集」

[3] 国連開発計画（UNDP）「SDGs（持続可能な開発目標）」17項目
URL https://www.jp.undp.org/content/tokyo/ja/home/sustainable-development-goals.html

[4] Apple「Keynote」公式サイト
URL https://www.apple.com/jp/keynote/
Apple「Clips」公式サイト
URL https://www.apple.com/jp/clips/
Apple「GarageBand」公式サイト
URL https://www.apple.com/jp/ios/garageband/
ibis inc.「ibisPaint（アイビスペイント）」公式サイト
URL https://ibispaint.com/
合同会社デジタルポケット「Viscuit（ビスケット）」公式サイト
URL https://www.viscuit.com/

[5] 文部科学省「特別支援学校教育要領・学習指導要領解説（平成29年4月公示）」総則編（幼稚部・小学部・中学部）
URL https://www.mext.go.jp/content/20200407-mxt_tokubetu01-100002983_02.pdf

[6] 同志社大学PBL推進支援センター（2012）『自律的学習意欲を引き出す!PBL Guidebook：PBL導入のための手引き』
URL https://ppsc.doshisha.ac.jp/attach/page/PPSC-PAGE-JA-9/56858/file/pblguidebook_2011.pdf

[7] テラサイクルジャパン合同会社公式サイト
URL https://www.terracycle.com/ja-JP
テラサイクルとライオン株式会社（2020）「ハブラシ・リサイクルプログラム」
URL https://www.terracycle.com/ja-JP/brigades/habrush

[8] 公益財団法人パナソニック教育財団（2020）「スクールフォトレポート」掛川城プロジェクションマッピング
URL http://www.pef.or.jp/school/grant/school_photo/20200108_03/

[9] NHK for School「アクティブ10 公民／第20回 "世界の終わり"がやってくる！？」
URL https://www.nhk.or.jp/syakai/active10_koumin/teacher/program//
国連広報センター（2019）「トーマスとなかまたち：SDGs出発進行」
URL https://youtu.be/EnFJdqtBkbQ
外務省YouTubeチャンネル「【外務省×SDGs】どれから始める？未来のために」
URL https://youtu.be/z3foLsvz_kg

[10] 一般社団法人Think the Earth編著（2018）『未来を変える目標SDGsアイデアブック』（紀伊國屋書店、ISBN：978-4-87738513-2）

[11] NHK for School「ど〜する？地球のあした」
URL https://www.nhk.or.jp/sougou/dosuru/teacher/program/

[12] パナソニック株式会社「キッド・ウィットネス・ニュース（KWN）日本」
URL https://www.panasonic.com/jp/corporate/kwn.html

[13] 海老沢穣（2020）Viscuitでプログラミングをしよう『新時代を生きる力を育む 知的・発達障害のある子のプログラミング教育実践』pp90-94（金森克浩 監修・水内豊和 編著・海老沢穣／齋藤大地／山崎智仁 著、ジアース教育新社、ISBN：978-4863715349）
合同会社デジタルポケット（2018）「指導者向け資料」もっとやさしいビスケット
URL https://www.viscuit.com/documentdownload/

[14] 日本財団DIVERSITY IN THE ARTS True Colors Festivalチーム（2020）「#わたしの超ダイバーシティアワード」
URL https://truecolors2020.jp/topics/3599/

[15] 文部科学省初等中等教育局教育課程課（2018）OECD Education 2030 THE FUTURE OF EDUCATION AND SKILLS Education 2030（日本語版）『中等教育資料 2018年5月号』pp92-100（学事出版）

佐藤 幸江
元・金沢星稜大学

海老沢実践を振り返る

❶特別支援学校における学習を支えるICTの活用

　本実践は、学習に困難を抱える児童生徒への支援において、ICTを効果的に活用した学習活動である。ICTを活用することで、様々なアイディアや表現をアウトプットすることが可能となり、そのプロセスにおいてお互いのアイディアを交流し、気づいたところや良かったところを発言する活動を意識的に取り入れている。そのような教師の支援もあり、グループで学び合う段階へと授業を発展させることができるようになったという。ここでは、ICT機器を、単に障害を補うツールとして活用するだけではなく、他の児童生徒や社会とのコミュニケーションツールとして活用し、個の特性を伸ばし自立と社会参加を促している様子が見受けられる。

❷担任教師にも必要なカリキュラム・マネジメント力

　本実践は、中学部2年の実践であるが、すぐにICTを効果的に活用した学習ができるようになったり、プロジェクト型学習に取り組めるようになったりしたわけではない。海老沢教諭の「中学部1年時から、一人1台のタブレット端末を活用した授業を行ってきており、**Keynote**、**Clips**、**GarageBand**等のアプリを使用し、アイディアや表現をアウトプットする学習に取り組んできている」という記述や「特別支援学校では児童生徒の発達段階や実態が多様なため、担当する学年や受け持つ授業の対象となる児童生徒がどんな力を有しているか、どのような理解が可能かを見極めながら授業を構築していくことが必要となる」という記述がある。このような学習の蓄積があってこそ、教科等を横断した視点で単元の組み立てを行い、SDGsをテーマとして社会と連携したプロジェクト型学習に取り組めたと言えよう。

　また、海老沢教諭は、社会と関わる活動をどんどん学習の中に取り入れている。生徒は、その活動を通して様々な人との関わりを広げ、自分らしく生きられる社会参加へのイメージを得ていったのではないだろうか。このような教師のアンテナの高さは、今後のカリキュラム・マネジメントに必要となろう。

❸STE(A)M教育の視点から見えること

　ICTを駆使して、ポスター、プロジェクションマッピング、Tシャツデザインと、様々な制作活動が行われ、そこでは互いにアイディアを出し合って、より良いものを作ろうと試行錯誤する姿が観察されている。学習者が主体となって目標を決め、さらにその目標に向けて自分たちなりに作品を完成させていく学習活動は、まさにSTE(A)M教育へとつながる。今後は、回収ボックスの制作のように、技術や工学的な視点を入れた実体のあるものづくりに焦点を絞って取り入れると、そこに関わる人やものにさらに変化が生じるのではないかと思われる。

Part

2

論考
── カリキュラム・マネジメント
そしてSTE(A)M教育へ

1 カリキュラム・マネジメントの肝は何か
──カリキュラム・マネジメントを実現する5×2のポイント … 172

中川 一史　放送大学

2 カリキュラム・マネジメントとSTE(A)M教育の接点 … 186

小林 祐紀　茨城大学

3 小学校・中学校・高等学校におけるカリキュラム・マネジメント … 195

佐藤 幸江　元・金沢星稜大学

4 小学校・中学校・高等学校のプログラミング教育 … 202

兼宗 進　大阪電気通信大学

5 アメリカのSTE(A)M教育 … 208

谷内 正裕　教育テスト研究センター　連携研究員

6 これからのSTE(A)M教育 … 220

新井 健一　日本STEM教育学会　会長

カリキュラム・マネジメントの肝は何か
──カリキュラム・マネジメントを実現する5×2のポイント

中川 一史 放送大学

カリキュラム・マネジメントという言葉から何を思い浮かべるだろうか。

　国語で米作りの話が題材なので、総合的な学習の時間で米作りを連動させる？　うちの学校では、表現力の育成が校内研究テーマなので、国語の話し方の向上と総合で上手に発表できる力を連動させる？　もちろん、これもカリキュラム・マネジメントとしてのOne of themではあるが、単に複数の教科をくっつければよいということでもない。

カリキュラム・マネジメントとは何か

　2020年度全面実施**小学校学習指導要領**[1] の「第1章　総則」−「第1　小学校教育の基本と教育課程の役割」の4では、カリキュラム・マネジメントを次のように定義している。

> 児童や学校，地域の実態を適切に把握し，教育の目的や目標の実現に必要な教育の内容等を教科等横断的な視点で組み立てていくこと，教育課程の実施状況を評価してその改善を図っていくこと，教育課程の実施に必要な人的又は物的な体制を確保するとともにその改善を図っていくことなどを通して，教育課程に基づき組織的かつ計画的に各学校の教育活動の質の向上を図っていくこと

　教育課程に基づき組織的かつ計画的に各校の教育活動の質の向上を図っていくのであるが、そのために行うこととしては、「など」がついているので、その他にも何があるか検討する必要がある。

　「第1章　総則」−「第5　学校運営上の留意事項」−「1　教育課程の改善と学校評価等」のアでは、

各学校においては，校長の方針の下に，校務分掌に基づき教職員が適切に役割を分担しつつ，相互に連携しながら，各学校の特色を生かしたカリキュラム・マネジメントを行うよう努めるものとする。また，各学校が行う学校評価については，教育課程の編成，実施，改善が教育活動や学校運営の中核となることを踏まえ，カリキュラム・マネジメントと関連付けながら実施するよう留意するものとする。

とした上で，「2　家庭や地域社会との連携及び協働と学校間の連携」のアにおいて，

学校がその目的を達成するため，学校や地域の実態等に応じ，教育活動の実施に必要な人的又は物的な体制を家庭や地域の人々の協力を得ながら整えるなど，家庭や地域社会との連携及び協働を深めること。また，高齢者や異年齢の子供など，地域における世代を越えた交流の機会を設けること。

としている。

　また、髙木 展郎は、独立行政法人教職員支援機構のオンライン講座（髙木，2019 [2]）において、「学校のグランドデザイン」と「教育課程の実施」「各教科等の授業」の両方のケタを視野に入れるカリキュラム・マネジメントの具体を示している（図1）。

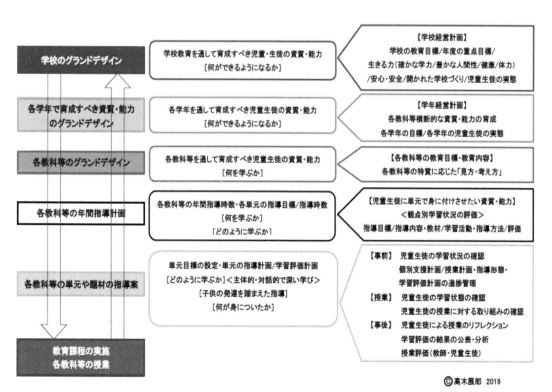

▲図1　カリキュラム・マネジメントの具体

Ⓒ髙木展郎　2019

出典：髙木，2019 [2]

このように、カリキュラム・マネジメントを実現するには、各校の教育活動の質の向上のために、実態や状況を把握して、教育課程を様々な視野で見通し、実施・評価し、連携および協働を深めながら、児童の学びを保障し、同時にそのために必要な力を育成していくことが重要である。

さらに、**小学校学習指導要領解説【総則編】**[3] の「第1章　総説」−「1　改訂の経緯及び基本方針」−「(2) 改訂の基本方針」−「④各学校におけるカリキュラム・マネジメントの推進」では、

> 各学校においては，教科等の目標や内容を見通し，特に学習の基盤となる資質・能力（言語能力，情報活用能力（情報モラルを含む。以下同じ。），問題発見・解決能力等）や現代的な諸課題に対応して求められる資質・能力の育成のためには，教科等横断的な学習を充実することや，「主体的・対話的で深い学び」の実現に向けた授業改善を，単元や題材など内容や時間のまとまりを見通して行うことが求められる。これらの取組の実現のためには，学校全体として，児童生徒や学校，地域の実態を適切に把握し，教育内容や時間の配分，必要な人的・物的体制の確保，教育課程の実施状況に基づく改善などを通して，教育活動の質を向上させ，学習の効果の最大化を図るカリキュラム・マネジメントに努めることが求められる。

として、カリキュラム・マネジメントと学習の基盤となる資質・能力（言語能力、情報活用能力、問題発見・解決能力等）や現代的な諸課題に対応して求められる資質・能力の育成にも言及している。

本稿では、以上のことを踏まえ、カリキュラム・マネジメントを実現するポイントを示したい。

カリキュラム・マネジメントを実現する5×2のポイント

大項目としては、カリキュラム・マネジメントのポイントを次の5つに整理し、解説を加える。

Ⓐ 実態把握と実施状況評価（みとる）
Ⓑ 教科縦断と教科横断（つなぐ）
Ⓒ 学びの保障（おさえる）
Ⓓ 人・モノの連携・確保（まきこむ）
Ⓔ 情報活用能力（つける）

Ⓐ 実態把握と実施状況評価（みとる）

Ⓐ-1 児童・学校・地域の実態を把握していること

　まず、学級の（学年の）児童たちの実態をどのように把握しているか、もっとやりたいというインパクトはどのくらいあるのか、児童たちの単元を通した意欲の持続は可能なのか、どのくらい児童たち自身が身近に感じられるのかなどの検討は必要である。これまで国語や生活・総合でどのような題材を扱ってきたのか。どの子がどういう経験をしてきているのか。また、実際に学習活動を進める上で、活動にスペースが生まれるのか、検討していくこともおさえておきたい。たとえば、課題に対して広く調べられるものであるのか、情報源として何が考えられるのか、地域のどこに何があるのか、関連書籍が図書室にありそうなのか、インターネットでどこまで検索をかけられそうか、などだ。

　さらに、担任であると、日頃子どもたちの様子を一番よく知っているので、「こうであるはず」と考えるのは自然であると思うが、いつも正確に把握しているとは限らない。テーマによっては、アンケートをとったり、聞き取りをしたりしてみることも必要だ。「わかっているつもり」を疑ってみることも時には必要である。

　次に、学校や地域の実態を把握しているどうか検討したい。

　学校には、地域には、どんな特色があるのだろうか。どんな強みがあるのだろうか、どんな自慢があるのだろうか。たとえば、食育に関して、全学年を通して総合に位置付けて何年も行っているとか、地域では町を挙げて○○に取り組んでいるということがあるか、ということである。これがあると、実際に活動する際に、地元の方や公共機関から、全面的に協力を得やすくなることも考えられる。また、資料集めなど、現地での調査活動がやりやすくなる。反対に、どんな課題があるのだろうか。何に困っているのだろうか。たとえば、近くに自然に触れ合う場所がなかなかないとか、新しく生まれた街なのでお祭りなどの行事がなく結びつきが希薄である、などである。

　このように、学校や地域の特徴を踏まえて、問題意識が生まれ、それを教材化していくことを検討したい。

Ⓐ-2 実施状況を評価してその改善を図っていくこと

　カリキュラム・マネジメントを実現する実践には、計画を綿密に立て、それを表にして（本書の各実践事例を参照されたい）要素を視覚化し、要所要所確認しながら進めていく。このこと自体は、実践の構想を考える上にも、実践に関して見通しをもって進めていく上でも、児童の評価の上でも重要なことである。

　しかし、一度、計画し、表を作成したらそれで終わりではない。進めながら、計画に無理はなかったか、児童が想定通りに動いていない箇所はなかったか、予想外の出来事で計画を修正しなければならないことはなかったか、など、その都度見直し、微修正や場合によっては大幅

な変更もあり得る。実践が終わってから反省しても遅いので、単元を実施しながら評価修正する短いスパンと、半年あるいは1年間を通してどうだったかと評価修正する長いスパンで学習活動をチェックし、当初の構想を何度も見直し、修正・改善していく勇気も必要だ。

Ⓑ 教科縦断と教科横断（つなぐ）

Ⓑ-1 同一教科内において単元の連続性を意識すること

「つなぐ」のは、なにも、教科と他教科・領域だけではない。同一教科内において、児童の思考の連続性を保障できているかという「時間的教科マネジメント」が重要だ。様々な単元を通して、その教科で培う力がどのように育ってきているのか、いつも留意したい。

同一教科でいうと、学年間のつながりも見通し、共有していきたい。

各学年で育成を目指す思考力・判断力・表現力等について、**小学校学習指導要領【理科編】**では、

> 該当学年において育成することを目指す力のうち，主なものを示したものであり，実際の指導に当たっては，他の学年で掲げている力の育成についても十分に配慮すること。

としている。これを受けて、**小学校学習指導要領解説【理科編】**[3]の「第4章　指導計画の作成と内容の取扱い」－「1　指導計画作成上の配慮事項」－「(2)　問題解決の力の育成」によると、

> 児童が自然の事物・現象に親しむ中で興味・関心をもち，そこから問題を見いだし，予想や仮説を基に観察，実験などを行い，結果を整理し，その結果を基に結論を導きだすといった問題解決の過程の中で，問題解決の力が育成される。

として、各学年で育成する問題解決の力が示されている。

たとえば、以下のように、4年間を通してつけるべき問題解決の力が示され、学校全体として、縦断的に理科で目指すものである。そして、これが同一学年においても、単元間を見通していくことが重要である。

第3学年―主に差異点や共通点を基に、問題を見いだす力

第4学年―主に既習の内容や生活経験を基に、根拠のある予想や仮説を発想する力

第5学年―主に予想や仮説を基に、解決の方法を発想する力

第6学年―主により妥当な考えをつくりだすといった問題解決の力

このような資質・能力に関する段階を視野に入れることは、各教科・領域で考えられる。その単元を「こなす」のではなく、「つなぎ」「創って」いくことをいつも念頭におきたい。

Ⓑ-2　教科等横断的な視点で組み立てていくこと

実社会に関わる問題解決を進めていくと、育成を目指す力を視野に入れ、様々な教科・領域の学習活動を連携させながら進めていくことの重要性や学習効果は、本書の多くの実践で示されている。また、当初はある教科を核に学習活動を進めていっても、自ずと他教科で培う力を絡めながら子どもの資質・能力を高めていくことが考えられる。

たとえば、**小学校学習指導要領解説【総合的な学習の時間編】**[3]によれば、**総合的な学習の時間の特質に応じた見方・考え方である探究的な見方・考え方**は、

> 各教科等における見方・考え方を総合的に活用して，広範な事象を多様な角度から俯瞰して捉え，実社会・実生活の課題を探究し，自己の生き方を問い続ける

のである。

このような力は、年齢を重ねるにつれて、実社会においても必要な自己の生き方を考えていくための資質・能力となるであろう。そして、

> 予測を立てる、筋道を通して考えるといった思考には、当然のことながら各教科等の特質を超えた共通性がある（奈須,2017[4]）

のだ。

これまでも、各教科の学習内容をつなげて、国語では「スイミー」という題材で読みを深め、体育では水泳、図工では色水を使って造形遊びをするというように、児童たちの意識や学習活動の流れを大事にしてきた。しかし、コンテンツ（内容）ベースからコンピテンシー（能力）ベースへの転換を意識する必要がある。教科等横断的な視点で組み立てていく議論の前に、どのような資質・能力をつけようとしているのかがクリアでなければならない。ここがぼんやりとしていては、手段が目的化してしまう。はじめに教科等横断ありきではない。その上で、どのような課題を探究しようとしているのか、そのために何と何をどのようにつなぐのか、の検討が必要となる。この検討をするには、教師自身が視野を広げながら見通していけるかどうか、だ。

学びを一単位授業、一単元、一教科の一話完結的な閉じた学びにすることなく、確かで豊かな資質・能力をいつも視野に入れて「つながり」を吟味したい。

ⓒ 学びの保障（おさえる）

ⓒ-1 主体的・対話的で深い学びを保証していること

　小学校学習指導要領解説【総則編】[3] の「第3節　教育課程の実施と学習評価」-「1　主体的・対話的で深い学びの実現に向けた授業改善」によると、思考・判断・表現の過程には、以下の3つがあり、各教科等の特質に応じて、こうした学習の過程を重視するべき、としている。

> ● 物事の中から問題を見いだし，その問題を定義し解決の方向性を決定し，解決方法を探して計画を立て，結果を予測しながら実行し，振り返って次の問題発見・解決につなげていく過程
> ● 精査した情報を基に自分の考えを形成し表現したり，目的や状況等に応じて互いの考えを伝え合い，多様な考えを理解したり，集団としての考えを形成したりしていく過程
> ● 思いや考えを基に構想し，意味や価値を創造していく過程

　また、先の**小学校学習指導要領解説【総則編】**[3] では、

> 必ずしも1単位時間の授業の中で全てが実現されるものではなく，単元や題材など内容や時間のまとまりを見通して，例えば，主体的に学習に取り組めるよう学習の見通しを立てたり学習したことを振り返ったりして自身の学びや変容を自覚できる場面をどこに設定するか，対話によって自分の考えなどを広げたり深めたりする場面をどこに設定するか，学びの深まりをつくりだすために，児童が考える場面と教師が教える場面をどのように組み立てるか，といった観点で授業改善を進めることが重要

としている。

　これらは、「主体的」「対話的」「深い学び」に対応していると思われるが、このような学習の過程を内容や時間のまとまりを意識しながらどのように具現化していくか、教師は問われることになる。

ⓒ-2 実社会に関わる問題発見・解決に向かう学びを保障していること

　実社会に関わる問題発見・解決に向かう学びの保障には、探究のプロセスが位置づいていることが重要で、このことを学習指導要領で特に具現化しているのは、**総合的な学習の時間**である。**小学校学習指導要領解説【総則編】**[3] では、「探究的な学習における児童の学習の姿」として、児童は、

①日常生活や社会に目を向けた時に湧き上がってくる疑問や関心に基づいて，自ら課題を見付け，②そこにある具体的な問題について情報を収集し，③その情報を整理・分析したり，知識や技能に結び付けたり，考えを出し合ったりしながら問題の解決に取り組み，④明らかになった考えや意見などをまとめ・表現し，そこからまた新たな課題を見付け，更なる問題の解決を始める

といったような学習過程を示している（**図2**）。

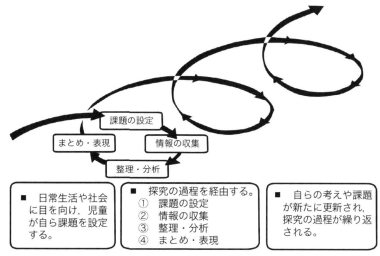

▲図2　探究的な学習における児童の学習の姿　　　　　　　　　　出典：文部科学省, 2017 [5]

　ここで重要なのは、ゴールを見据えた上で、スモールステップを踏むことである。1つ1つの節目で学びの保障を吟味したい。ただ、このような学習活動は、なにも**総合的な学習の時間**だけではない。先の**小学校学習指導要領解説【総則編】**[3]では、

主体的・対話的で深い学びの実現を目指して授業改善を進めるに当たり，特に「深い学び」の視点に関して，各教科等の学びの深まりの鍵となるのが「見方・考え方」である。各教科等の特質に応じた物事を捉える視点や考え方である「見方・考え方」は，新しい知識及び技能を既にもっている知識及び技能と結び付けながら社会の中で生きて働くものとして習得したり，思考力，判断力，表現力等を豊かなものとしたり，社会や世界にどのように関わるかの視座を形成したりするために重要なものであり，習得・活用・探究という学びの過程の中で働かせることを通じて，より質の高い深い学びにつなげることが重要である。

としている。

特に、教科等縦断、横断を視野に入れて、実社会・生活に関わる問題発見・解決に向かう学びの保障を授業デザインしていきたい。

Ⓓ 人・モノの連携・確保（まきこむ）

Ⓓ-1 実施に必要な「人」「モノ」を確保しておくこと

身近な社会の問題を扱うなど、実践に必要な人やモノを確保することもカリキュラム・マネジメントを実現するには必要になってくる。児童が自ら準備できるものもあれば、お金がかかったり、手元になく準備が難しかったりするものもある。身近なところでは、保護者にお願いすることも考えられる。身近ということでは、まずは校内の教職員に目を向け、誰に何を協力してもらえそうか検討することから始めたい。様々な特技や資格をもった人が実は身近にいることも少なくない。

また、商店街にはお祭りの際にだけ使う〇〇がある、日頃〇〇のような悩みをもっているなど、地域にインタビューや協力をお願いすることも考えられる。ただ、米作りに関して農家の方なら誰でも良いということではないだろう。事前に打ち合わせをもち、児童たちとの関わり方を十分に理解して、関わってもらうことが大事であろう。さらに、広く様々な業種や人に協力いただくために、インターネットでお願いすることも考えられる。ただし、これら協力を求める中で、Win-Winになるかどうかを検討することも大事である。単に協力を求めるだけでは、商店街の方が教育活動というだけで協力してくださるとは限らない。日頃の関係づくりも含め、どのようにWin-Winを形成できるか、留意したい。

Ⓓ-2 教職員が相互に連携していること

先の**小学校学習指導要領解説【総則編】**[3] によると、

> 職務分担に応じて既存の組織を整備，補強したり，既存の組織を精選して新たな組織を設けたりすること，また，分担作業やその調整を含めて，各作業ごとの具体的な日程を決めて取り組んでいくことが必要

として、カリキュラム・マネジメントの実施には、教職員が役割分担を適切に行うことが求められる。さらに、校長の方針のもとに、「指導案の作成，授業研究などを学年会や教科部会，学校全体などで行い，広く意見を交わし合い，教師間で情報の共有を図るような機会を設け，それぞれの役割分担を明確にする」ことを求めている。いずれにしても、どれだけ校内で全教職員が共有できるかということが、相互連携には欠かせない。

D-1で示したような校内での人との関わりも重要である。たとえば、健康に関して養護教諭の先生に役割をお願いしたり、ある特技や資格をもった教員に協力してもらったりすることな

ども考えられる。このようなことも、1つの校内での相互連携になると考える。2020年6月に文部科学省が公開した「教育の情報化の手引き-追補版-」[6] の「第8章　学校及びその設置者等における教育の情報化に関する推進体制」によると、一人の教員が過度な負担を負うことなく、チーム学校で教育の情報化を推進する教職員等の役割分担の転換が示されている（図3）。このことは、ICT活用に関わらず、カリキュラム・マネジメントの実現そのものにも大いに関連することである。

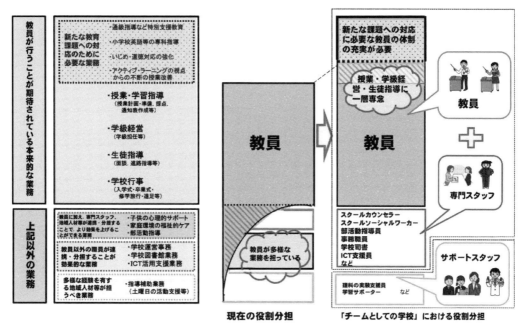

▲図3　「チーム学校」による教職員等の役割分担の転換（イメージ図）　　　　　　出典：文部科学省, 2020 [6]

❺ 情報活用能力（つける）

❺-1　情報活用能力を育成していること

先に述べたように、**小学校学習指導要領解説【総則編】**[3] によると、情報活用能力は、言語能力とともに、学習の基盤となる資質・能力と位置付けられている。

また、情報活用能力とは、

> 世の中の様々な事象を情報とその結び付きとして捉え，情報及び情報技術を適切かつ効果的に活用して，問題を発見・解決したり自分の考えを形成したりしていくために必要な資質・能力

であるとした上で、

> 将来の予測が難しい社会において，情報を主体的に捉えながら，何が重要かを主体的に考え，見いだした情報を活用しながら他者と協働し，新たな価値の創造に挑んでいくためには，情報活用能力の育成が重要となる。また，情報技術は人々の生活にますます身近なものとなっていくと考えられるが，そうした情報技術を手段として学習や日常生活に活用できるようにしていくことも重要となる。

としている。さらに、情報活用能力の範疇として、

> 学習活動において必要に応じてコンピュータ等の情報手段を適切に用いて情報を得たり，情報を整理・比較したり，得られた情報を分かりやすく発信・伝達したり，必要に応じて保存・共有したりといったことができる力であり，さらに，このような学習活動を遂行する上で必要となる情報手段の基本的な操作の習得や，プログラミング的思考，情報モラル，情報セキュリティ，統計等に関する資質・能力等も含むもの

としており、これらの何かだけに特化するのではなく、バランス良く、学校で取り組んでいくことが求められていると考える。

　このように、情報活用能力は各教科等の学びを支える基盤であり、実際に学習指導要領の各教科・領域に埋め込まれている。たとえば、**小学校学習指導要領解説【国語編】**[3] の「情報の扱い方に関する事項」では、**表1**のように「情報と情報との関係」「情報の整理」の2つに整理されている。必ずしも情報活用能力という言葉は使われていないが、情報の扱い方に関して、段階的に育成していくようになっている。

	第1学年及び第2学年	第3学年及び第4学年	第5学年及び第6学年
情報と情報との関係	ア　共通，相違，事柄の順序など情報と情報との関係について理解すること。	ア　考えとそれを支える理由や事例，全体と中心など情報と情報との関係について理解すること。	ア　原因と結果など情報と情報との関係について理解すること。
情報の整理		イ　比較や分類の仕方，必要な語句などの書き留め方，引用の仕方や出典の示し方，辞書や事典の使い方を理解し使うこと。	イ　情報と情報との関係付けの仕方，図などによる語句と語句との関係の表し方を理解し使うこと。

▲表1　情報の扱い方に関する事項　　　　　　　　　　　　　　　　　出典：文部科学省，2017 [7]

　その上で、情報活用能力の育成は、国語の情報の扱い方に関する事項のように同一教科内において単元の連続性を意識したり（B-1）、教科等横断的な視点で組み立てていったりすること（B-2）が重要である（**図4**）。

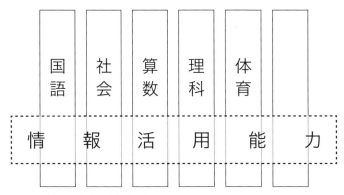

▲図4　情報活用能力と各教科・領域

E-2　情報活用能力育成のための環境を整えること

　今後、国のGIGAスクール構想もあり、児童生徒の一人1台端末や高速大容量のネットワーク環境の整備など、日常的に児童が活用できる個別最適化学習にふさわしいICT環境が急速に整いつつある。E-1で示したような情報活用能力育成とともに、いつでも児童が使いたいときに適切に使える環境を整えることはもう一方の柱である。

　このようなICT環境は、「主体的・対話的で深い学び」の実現には欠かせない。一方、文部科学省から2019年に公開された【平成30年度学校における教育の情報化の実態等に関する調査結果】[8] によると、2018年3月までに実施された「教員のICT活用指導力の推移」では、「児童のICT活用を指導する能力」は、8年連続、5項目中最下位である（図5）。このことは、教師自身が指導の準備や提示などで使う分には良いが、タブレット端末などを児童が使うことに対する指導に関しては自信がない、ということであると思われる。今後、知識・理解や思考・表現のツールとして一人ひとりが活用していくとなると、教師がこのような児童の活用場

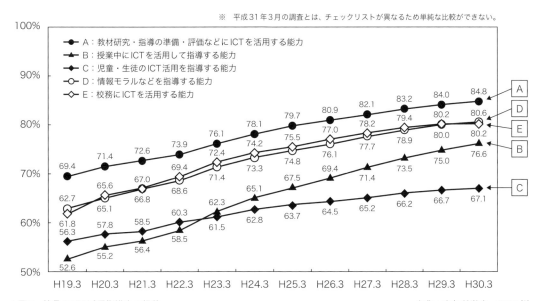

▲図5　教員のICT活用指導力の推移

出典：文部科学省，2019 [8]

面でどうふるまうのか、十分に留意していく必要がある。

　さらに、情報活用能力育成のための環境を整えることは、ICTに限らない。授業実施の題材に関する教室掲示をしたり、関連図書や資料を置いたり、朝の会などのちょっとした時間に話題にするなど、その題材に対する「題材ワールド」を教室内やその周辺に創り上げることも、情報活用能力育成のための環境を整えることの1つになるだろう。

　児童たちが見方・考え方を深め、広げるための材料や道具がいつも身近にあるように留意したい。

まとめ

　以上、カリキュラム・マネジメントを実現する5×2のポイントを示してきたが、これらは、1つ1つが単独で考えられるわけではなく、お互いが連動している（**図6**）。

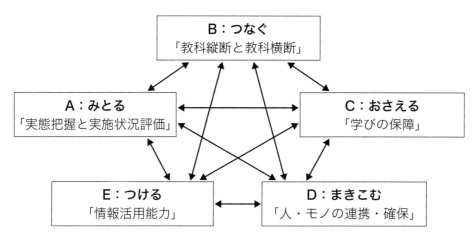

▲図6　カリキュラム・マネジメントを実現する5×2のポイント

　たとえば、教師は学びを保障すべく、主体的・協働的な学びや探究のプロセスを視野に入れて授業設計を行う。同時に、児童たちには探究するときに活用できるスキルを段階的につけていく必要がある。また、活動が円滑かつダイナミックに進む要素として、関係する人をどのようにまきこむかは、欠かせない。

　このように、5×2のポイントを視野に入れながら、見通しをもって進めていきたい。必ずしも、予定通りには進まないこともあるだろうが、授業を創っていく試みは、教師自身を成長させる営みでもある。

参考文献

［1］文部科学省（2017）「平成29・30年改訂 学習指導要領、解説等」
　URL https://www.mext.go.jp/a_menu/shotou/new-cs/1384661.htm
　小学校学習指導要領（平成29年告示）（PDF：5.8MB）（2020年度全面実施）
　URL https://www.mext.go.jp/content/1413522_001.pdf

［2］髙木 展郎（2019）「カリキュラム・マネジメント 〜新学習指導要領とこれからの授業づくり〜：校内研
　修シリーズ No54」（独立行政法人教職員支援機構）
　URL https://www.nits.go.jp/materials/intramural/054.html
　関連資料ダウンロード「カリキュラム・マネジメント 〜新学習指導要領とこれからの授業づくり〜：
　オンライン研修教材」p.20
　URL https://www.nits.go.jp/materials/intramural/files/054_001.pdf

［3］文部科学省（2017）「小学校学習指導要領（平成29年告示）解説」
　URL https://www.mext.go.jp/a_menu/shotou/new-cs/1387014.htm

［4］奈須 正裕（2017）『「資質・能力」と学びのメカニズム』（東洋館出版社、ISBN：978-4491033631）

［5］文部科学省（2017）「【総合的な学習の時間編】小学校学習指導要領（平成29年告示）解説（PDF：
　3289KB）」p.9：探究的な学習における児童の学習の姿
　URL https://www.mext.go.jp/component/a_menu/education/micro_detail/__icsFiles/afieldfile/2019/
　03/18/1387017_013_1.pdf

［6］文部科学省（2020）「教育の情報化の手引き-追補版-（令和2年6月）」
　URL https://www.mext.go.jp/a_menu/shotou/zyouhou/detail/mext_00117.html
　「第8章（PDF：622KB）」p.253：図8-1「チーム学校」による教職員等の役割分担の転換（イメージ図）
　URL https://www.mext.go.jp/content/20200608-mxt_jogai01-000003284_009.pdf

［7］文部科学省（2017）「【国語編】小学校学習指導要領（平成29年告示）解説（PDF：5314KB）」p.24
　URL https://www.mext.go.jp/component/a_menu/education/micro_detail/__icsFiles/afieldfile/2019/
　03/18/1387017_002.pdf

［8］文部科学省（2019）「平成30年度学校における教育の情報化の実態等に関する調査結果」
　URL https://www.mext.go.jp/a_menu/shotou/zyouhou/detail/1420641.htm
　「平成30年度学校における教育の情報化の実態等に関する調査結果（概要）【確定値】（PDF：781KB）」
　p.27：（参考）教員のICT活用指導力の推移
　URL https://www.mext.go.jp/content/20191224-mxt_jogai01-100013287_048.pdf

カリキュラム・マネジメントと STE(A)M 教育の接点

小林 祐紀 茨城大学

我が国におけるSTE(A)M教育の息吹

　ここまでにも確認したようにSTEM教育は、Science、Technology、Engineering、Mathematicsの頭文字を取ったものであり、さらにArtを付け加えSTEAM教育と呼ばれることもある。STE(A)M教育という教育の概念は、オバマ政権下の米国において、人種や収入等による教育機会の格差を解消することを目指し、広く国民に対して科学や数学等を統合した理数教育の充実を実現するために用いられてきた経緯がある（新井, 2018 [1]）。また、本稿執筆時点のSTE(A)M教育にはコンピュータ・サイエンスが含まれ、引き続きトランプ政権下の米国において継続して推進されている（White House, 2017 [2]）。

　新井 健一（日本STEM教育学会　会長）は、当初のSTE(A)M教育と比較して、現在のSTE(A)M教育はIoTやビッグデータの活用、そこから生まれるAI技術の活用が具体的になってきており、AIが普及する社会に必要な能力という文脈で語られることが多くなったと指摘している（新井, 2018 [1]）。現在のSTE(A)M教育には、コンピュータ・サイエンスが含まれることから、その一領域であり、わが国において注目されているプログラミングは必然的にSTE(A)M教育の範疇といえよう。

　また、文部科学省においてSTE(A)M教育は、たとえば以下に示す文脈の中で説明されており、「実社会での問題発見・解決にいかしていく」学びであり、「教科横断的な教育」であり、探究的な「問題発見・解決的な学習活動」と同じ方向性をもつ教育といえる。

○ 国は、幅広い分野で新しい価値を提供できる人材を養成することができるよう、初等中等教育段階においては、STEAM 教育（Science, Technology, Engineering, Art, Mathematics 等の各教科での学習を実社会での問題発見・解決にいかしていくための教科横断的な教育）を推進するため、「総合的な学習の時間」や「総合的な探究の時間」、「理数探究」等における問題発見・解決的な学習活動の充実を図る。

文部科学省, 2019 [3]　※白色部分は筆者によるもの。

2020年度全面実施の**小学校学習指導要領**で必修化されたプログラミング教育をはじめとして、各校種の**学習指導要領**において、STE(A)M教育に関連する要素を見いだすことができる。

たとえば高等学校においては、2022年度から年次進行で実施される**学習指導要領**において共通教科「情報」が再編され、情報の科学的な理解に裏打ちされた「情報Ⅰ」が始まる。また、共通教科「理数」を設置し、科学的な見方・考え方と課題解決能力とを組み合わせた「理数探究」も始まる。小学校においては、既存の教科が再編されることはないが、統計的な問題解決学習の充実が意図され、STE(A)M教育を形成する算数科において「データの活用」領域が新設された。他にも既述の通り、算数科や理科を中心にプログラミングの授業が教科書に記載され、中学校技術・家庭科（技術分野）のプログラミングに関する内容が倍増された。

しかしながら、STE(A)M教育という概念的なものについて、具体的にどのように指導していくのかという授業論は明確に定まってはいない。新井 健一（新井, 2018 [1]）は、今後の授業実施への課題として、各要素（教科）を融合して授業設計することの重要性を指摘しており、具体的にどのような学習活動を要するのか、どのような到達目標を用意すればよいのか等を明らかにする実践に根ざした知見の導出が急務といえる。

なお、STE(A)M教育に大きく関わるわが国における情報活用能力（小学校プログラミング教育のねらいであるプログラミング的思考を含む）の育成は、**小学校学習指導要領**において、以下のように教科間の垣根を低くし、教科を横断した形で進めることが求められている。したがって、次節で確認するカリキュラム・マネジメントとの接点は多いことが想定される。

> 2　教科等横断的な視点に立った資質・能力の育成
> (1)　各学校においては，児童の発達の段階を考慮し，言語能力，情報活用能力（情報モラルを含む。），問題発見・解決能力等の学習の基盤となる資質・能力を育成していくことができるよう，各教科等の特質を生かし，教科等横断的な視点から教育課程の編成を図るものとする。

文部科学省, 2017 [4]

カリキュラム・マネジメントはマジックワードか

片仮名で表記される教育用語として、覚えやすく響きも良いためかカリキュラム・マネジメントという言葉を見聞きすることが随分多くなった。しかし、実際には何を意味する教育用語であるのか、学校教育に関わる私たちは正しく把握する必要がある。**小学校学習指導要領**において、カリキュラム・マネジメントは以下のように示されている。

> 4　各学校においては，児童や学校，地域の実態を適切に把握し，教育の目的や目標の実現に必要な教育の内容等を教科等横断的な視点で組み立てていくこと，教育課程の実施状況を評価してその改善を図っていくこと，教育課程の実施に必要な人的又は物的な体制を確保するとともにその改善を図っていくことなどを通して，教育課程に基づき組織的かつ計画的に各学校の教育活動の質の向上を図っていくこと（以下「カリキュラム・マネジメント」という。）に努めるものとする。

文部科学省 , 2017 [4]

　まず、重要なポイントは「児童や学校，地域の実態を適切に把握し」の部分であり、カリキュラム・マネジメントは、様々な方法によって児童や学校、地域の実態を把握することからスタートする。

　そして次に3つの側面からカリキュラム・マネジメントを実現するための手段が示されている。

　　1つめの側面は、「教育の目的や目標の実現に必要な教育の内容等を教科等横断的な視点で組み立てていくこと」

　　2つめの側面は、「教育課程の実施状況を評価してその改善を図っていくこと」

　　3つめの側面は、「教育課程の実施に必要な人的又は物的な体制を確保するとともにその改善を図っていくこと」

と示されている。

　さらに、最終的なカリキュラム・マネジメントの目的として、

　　「児童や学校、地域の実態を適切に把握し」編成した「教育課程に基づき組織的かつ計画的に各学校の教育活動の質の向上を図っていくこと」

と示されている。

　これまで、2つめの側面である「教育課程の実施状況を評価してその改善を図っていくこと」から教育課程の在り方を不断に見直すことが重視され、この部分にのみ注力してきた傾向がある。たとえばそれは、全国学力・学習状況調査や各都道府県や市町村が独自で実施する同じ類いの調査から得られたデータをもとにして改善が行われてきた。しかし、今回の改訂によって示された「社会に開かれた教育課程」の実現を通じて児童たちに必要な資質・能力を育成するという**学習指導要領**等の理念を踏まえ、改めて3つの側面が強調されるようになったと考えられる。

　また、留意しなければならないことは手段と目的を混同してしまうことである。実践発表（実践報告）を見聞きするたびに、カリキュラム・マネジメント＝教科横断型授業と捉えている発表が多いことが気になる。これは不十分な解釈であることはここまでに説明した。また、教科横断型の授業を実施することが目的となっていることもあった。重要な点であるために繰り

返すが、カリキュラム・マネジメントの目的は教育課程の充実化であり、それに基づく教育活動（授業）の質的向上である。

カリキュラム・マネジメントはマジックワードではなく、正しい理解のもとに実践していくことが、**学習指導要領**の全面実施直前・直後だからこそ重要であろう。

カリキュラム・マネジメントと STE(A)M教育の接点を探る

わが国においてSTE(A)M教育を実現するにあたってはカリキュラム・マネジメントによるところが極めて大きいと筆者は考えている。

それは第一に、新井 健一（新井, 2018 [1]）が指摘するように、**学習指導要領**においてSTE(A)M教育を構成する要素をすでに確認することができ、その実現のためには理数系科目を中心とした教科横断型の授業が求められていることにある。教科横断型の授業はカリキュラム・マネジメントを実現するため1つめの手段としてすでに示されている。

第二に、STE(A)M教育を実現するためには、工学的探究的な学習活動を設定する必要があり、このような学習活動のためには、校内外の教職員による協働的な学習支援や学習活動を実現するための教材・教具を準備するといった人的・物的リソースの確保が求められることにある。それは、カリキュラム・マネジメントを実現するための3つめの手段としてすでに示されている。

ここでは、上記に示した2つの事柄について論考する。具体的にはカリキュラム・マネジメントとSTE(A)M教育の接点として、学習活動を展開する際に意識するべきポイントを整理して解説する。

（1）核となる教科と広がりを意識する

先にも述べたようにSTE(A)M教育は教科横断的な要素が強い。まずどの教科を核として学習単元を構成するのかを定めることが重要である。それは**総合的な学習の時間**になるかもしれないし、教育目的を最も達成しやすい教科かもしれない。また、授業者の最も得意とする授業を核とすることも考えられる。中心となる教科の学習内容が定まれば、次に他の教科の学習内容とのつながりを検討する。つまり、どこまで広げるか、どのように広げるかを検討することになる。

それは、**総合的な学習の時間**と各教科との関連を考えることが参考となり得る。たとえば、**小学校学習指導要領解説【総合的な学習の時間編】**においては、各教科等の目標に示されている資質・能力の3つの柱ごとに関連を考えることの重要性が指摘されている。また、その際、各学校で定める目標および内容が、他教科等における目標および内容とどのような関係にあるかを意識しておくことがポイントだと示されている。また、具体的な学習活動について以下の

ように例示されている。

例えば，各教科共通で特に重視したい態度などを総合的な学習の時間の目標において示したり，各教科等で育成する「知識及び技能」や「思考力，判断力，表現力等」が総合的に働くような内容を総合的な学習の時間において設定したりすることなどが考えられる。

文部科学省，2017 [5] 【総合的な学習の時間編】

　核となる教科と広がりについて、岩﨑 有朋教諭（実践当時：鳥取県岩美町立岩美中学校）の実践（本書未掲載）では、岩﨑教諭が担当する理科を学習の中核に据え、電気に関する学習内容を踏まえ、テクノロジーの特徴を生かした楽器づくりが可能な教材MakeyMakey（メイキーメイキー）を用いて、電子楽器を創作している。次に音楽では、和声学の学習内容を生かして、各自が作った曲の一部を理科で製作した楽器で演奏し、それをタブレット端末に取り込み、アプリを用いて1つの創作曲を完成させる。また、アプリを用いてダンスに合うようにギターやドラム等の伴奏も組み込む。さらに保健体育では、創作された曲を用いて、イメージを膨らませ言語化し、具体的な振り付けを考え、創作ダンスを考案する。ダンスの振り付けは分業で作り、それをグループ全体で協議しながら完成させ、最終的には音楽とダンスを全体に向けて披露する場が設定されていた。

　実践校においては学校教育目標に基づいて学年や教科を越えて指導する10の汎用的スキルを設定しており、10の中の1つには情報活用能力が明確に位置づけられている。したがって、ここで紹介した実践においては、3つの教科ともに問題発見および解決を図るために必要に応じて、ICTを用いる場面が十分に設定されており、いうまでもなく、生徒たちは主体的・対話的、そして探究的に学んでいる。

(2) 人の関わりと広がりを意識する

　従来の実証主義の考え方に基づく授業観においては、各教科を指導するためには、当該教科の専門的知識を備えた教師が理想であった。しかし、学習者を中心に据えた構成主義に基づく授業観においては、教師の役割は大きく変わり得る。このことは、STE(A)M教育の実践においても、カリキュラム・マネジメントを実現する上でも同様に重要である。また、(1)で示したように中心となる教科の学習と他の教科の学習を関連させていく過程において、児童生徒の学習を支援する教師は一人とは限定されない。さらに、そのような教師は校内だけとも限らない。したがって、授業を構想および実践する際には、児童生徒の学習を支援するために、どれほどの大人（教師以外も想定するため、ここではあえて大人と表記している）が参画するのかについて想定することが求められる。

先に示したように、カリキュラム・マネジメントを実現するための手段の3つめに「教育課程の実施に必要な人的又は物的な体制を確保するとともにその改善を図っていくこと」と示されていることからも、言葉は多少よろしくないものの「利用できるものはすべて利用する」というスタンスが求められる。

たとえば、品田 健教諭（聖徳学園中学・高等学校）の「情報」の実践（本書未掲載）では、短時間の映像作品を制作する際に、色味やレイアウト等の美術の要素を指導する必要性から、校内の美術担当の教師との連携を模索している。美術担当の教師は積極的に助言を行うというよりも、生徒の必要に応じて支援している。生徒への関わり方についてもおそらく事前に打ち合わせをしたり、これまでの経験をもとにしたりして共通理解しているものと考えられる。

他にも、地域を見渡してみると、これまで学校の教育活動に協力的・支援的であった地域の大人は少なくないはずである。福田 晃教諭（金沢大学附属小学校）の実践（p.27）では、児童の学びを追究するために、地域の方々との関わりが必然的に生じている。また保護者を見てみるとIT関連の企業に勤めていたり、すでに仕事の第一線から退いているものの高度な技術をもった祖父母等を確認したりすることができる。STE(A)M教育で目指す教育目標の達成を含めた学校の教育活動の質的向上のためには、教師自ら地域に働きかけ、人材を開発・確保する必要性があるだろう。

すべての教育活動を教師自身の手で担おうとせず、多くの人の支援を受けて教育活動を推進していくという心構えが必要である。

(3) 学びが誘発される学習環境を整える

学習環境の整備が学びを誘発することを私たち教師は、体験的に心得ている。たとえば、教師自身を例に考えてみても、教室内にICT機器が常設されないうちは活用の頻度は高まらない。しかし、ひとたび常設されれば日常的に活用するようになり、瞬く間に活用の頻度は高くなっていく。そして無くてはならないものと認識されるようになる。

児童生徒にとってもそれは同様であろう。たとえば、児童生徒に豊かな図書文化を育む必要があると判断したときに、様々な手法を学年や学校で考えるにちがいない。ある教師は学級文庫の数を増やすことを提案した。さらに、子どもたちに人気のタイトルは2冊、3冊と同じ本を購入することとした。するとどうだろうか、子どもたちは教師が本を読みなさいという指示を与えたり、ことさら読書の重要性を強調することなく、互いに同じタイトルの本を読み合う中で、本の内容について話し合ったり、相談したりして次に読む本を決めてさらに読み進めていた。もちろん一人一人の読書量には多少の差があるものの、読書は一人で静かに行うという前提が覆り、おしゃべりを通して本の内容を再確認する新しい読書の形が生まれた。読書が好きと回答する児童の数は増えたという。

STE(A)M教育を実践する上でも、物理的な学習環境の整備に留意することが求められ、そ

れはカリキュラム・マネジメントを実現するための手段の3つめに示された「教育課程の実施に必要な人的又は物的な体制を確保するとともにその改善を図っていくこと」という内容に大きく関連する。

たとえば、空き教室を利用してSTE(A)M教育に関する専用の教室を用意することが考えられる。すでに一人1台のタブレット端末の整備が完了している岡山県備前市では、市内の全小中学校（15校）に空き教室等を利用した「フューチャールーム」を設置した。従来の教室内では十分に実施できなかった、遠隔授業も含めた対話的な学び、そしてICTを活用した新しい学びが実現しやすいように教室の3面にスクリーンを配置し、机や椅子もアクティブ・ラーニングを意識したものが用意された設計になっている。しかも各学校によって希望する仕様が異なるため、それぞれの学校でフューチャールームの詳細な仕様は異なっている（**写真1**）。

また、教室の設置のような大がかりなことではなくとも、次に示すような取り組みからも多くの可能性を見いだすことができる。ある自治体の小学校プログラミング教育推進校の校内の様子である（**写真2**）。職員室前のオープンスペースには、プログラミングに関連する書籍を展示している。さらに、実際にプログラミングを試すことができるように、プログラミング教材やコンピュータが自由に使えるように置かれている。学びの主役である児童生徒の興味関心を高めたり、この場所に高い関心をもった児童が集うことで、新しいアイディアを創出したりすることも十分に考えられる。さらに、環境の整備によって触発されるのは児童生徒ばかりではなく、職員室前に設置した理由の1つには、教師がいつも目にすることで、教師自身の興味関心が高まることも意図されている。

▲写真1　備前市立日生西小学校のフューチャールーム

▲写真2　オープンスペースの様子

（4）かかる時間の長さを想定し組み合わせる

STE(A)M教育の実践にも大きく関係する情報活用能力について、**小学校学習指導要領解説【総則編】**には次のような記述を確認することができる。

> こうした情報活用能力は，各教科等の学びを支える基盤であり，これを確実に育んでいく
> ためには，各教科等の特質に応じて適切な学習場面で育成を図ることが重要であるととも
> に，そうして育まれた情報活用能力を発揮させることにより，各教科等における主体的・
> 対話的で深い学びへとつながっていくことが一層期待されるものである。

文部科学省, 2017 [5] 【総則編】

　情報活用能力を確実に育むためには、各教科の中で適切な学習場面を見いだすとともに、育まれた情報活用能力を発揮させて活用させていく場面の両方を用意することの重要性が指摘されている。STE(A)M教育を実践する際においても、教科の広がりが増えるに従い、関わる大人も増える傾向にあると同時に、これまで以上に長い時間（期間）を要する学習単元が増加するであろう。限られた授業時間数であるからこそ、これから実践しようとする授業がどの程度の時間（期間）を要するのか十分な検討が必要である。

　長い時間をかけたダイナミックな実践では、児童生徒は十分な時間をかけて工学的探究的な学習活動に取り組むことができる。しかし、このような実践は1年間の中で数多くできるものではない。大小様々な規模のSTE(A)M教育を意識した実践を行うことによって、子どもたちの成長に寄与することにつながる。1つの実践だけではなく年間を見通すこと、さらには1年間という単位だけではなく、6年間や3年間という長い期間の中でどのようなことを実践し、大小様々な実践がどのように有機的につながっているのかを検討することは、「教育課程に基づき組織的かつ計画的に各学校の教育活動の質の向上を図っていくこと」というカリキュラム・マネジメントの目的に他ならない。

まとめにかえて

　私たち大人は経験則として理解しているように、社会における課題は学校教育の場で学んだ教科学習のようにきれいに内容が整理されて出現するわけではない。むしろ、様々な要因が複雑に絡まり合い、混沌とさえしていることが多い。それは今後一層進展し、予測不可能な未来が到来するといわれている。課題を解決するためには、当然のことながら既存の知識や経験をフル稼働して臨むことが求められる。また、国際平均に比べて、日本の中学生は学習の楽しさや実社会との関連に対して肯定的な回答をする割合が低いことや、数学や理科の学習を肯定的に捉える児童・生徒の割合が低いことが指摘されている（文部科学省，2016 [6]）。

　このような状況を踏まえて改訂された学習指導要領の理念を実現するためには、子どもたちがそれぞれの発達段階に応じて学ぶ文脈を意識すること、社会とのつながりを自覚しながら学習することが強く要請されている。このような学習においては、必然的に教科間の垣根は低くなるにちがいない。思い返してみれば、教育実践の地平を切り拓いてきた先人たちは皆、社会

とのつながりの中で学習を展開し、子どもを本気にさせてきた。彼らは**総合的な学習の時間**が設定される前から、教科横断的な授業を実施してきた。

　今求められていることは、教えることから学ぶことへの重心のかけ方を変えることであり、学ぶ際にテクノロジーの良さや強みを十分に生かすことである。それは教師にとってはテクノロジーの可能性を理解することが求められていることを意味する。読者の皆さんが、本書を手がかりとしてわが国に新しい教育実践の萌芽を感じ、これからの教育実践を創造していく一人の担い手になることを切に願っている。

参考文献

［1］新井 健一（2018）「これまでのSTEM教育と今後の展望」『STEM教育研究　第1巻』3-7.
　　URL https://www.j-stem.jp/publications/journal01_20181222/

［2］White House（2017）President Trump Signs Presidential Memo to Increase Access to STEM and Computer Science Education.
　　URL https://www.whitehouse.gov/articles/president-trump-signs-presidential-memo-increase-access-stem-computer-science-education/

［3］文部科学省（2019）「STEAM教育について」教育課程部会資料5－1
　　URL https://www.mext.go.jp/b_menu/shingi/chukyo/chukyo3/004/siryo/__icsFiles/afieldfile/2019/09/11/1420968_5.pdf

［4］文部科学省（2017）「小学校学習指導要領（平成29年告示）」（PDF：5.8MB）（2020年度全面実施）
　　URL https://www.mext.go.jp/content/1413522_001.pdf

［5］文部科学省（2017）「小学校学習指導要領（平成29年告示）解説」
　　URL https://www.mext.go.jp/a_menu/shotou/new-cs/1387014.htm
　　【総合的な学習の時間編】（PDF：3289KB）
　　URL https://www.mext.go.jp/component/a_menu/education/micro_detail/__icsFiles/afieldfile/2019/03/18/1387017_013_1.pdf
　　【総則編】（PDF：3487KB）
　　URL https://www.mext.go.jp/component/a_menu/education/micro_detail/__icsFiles/afieldfile/2019/03/18/1387017_001.pdf

［6］国際数学・理科教育動向調査（TIMSS）の調査結果
　　URL https://www.mext.go.jp/a_menu/shotou/gakuryoku-chousa/sonota/detail/1344312.htm
　　国際数学・理科教育動向調査（TIMSS2015）のポイント（PDF：1857KB）
　　URL https://www.mext.go.jp/component/a_menu/education/micro_detail/__icsFiles/afieldfile/2016/12/27/1379931_1_1.pdf

3 小学校・中学校・高等学校におけるカリキュラム・マネジメント

佐藤 幸江 元・金沢星稜大学

はじめに

　今なぜ、カリキュラム・マネジメントなのか。2020 年度から全面実施の**学習指導要領**に示されているから、というのはもちろんのことであるが、社会の変化という大きな流れの中で出てきたものであることを、学校教育に関わる全員が共通理解することが重要である。

　そこで、本稿ではその重要性について論じるとともに、各学校が教育目標の具現化のため、学校に関わる関係者とともに自立的にカリキュラムを作り、動かし、変えていくという営みを目指すことを期待し、学校種におけるカリキュラム・マネジメントのポイントについて解説する。

社会の中の学校の役割の共有

　昨今の社会情勢や家庭環境の変化などに伴い、今の学校教育には、これまでとは違う役割が求められるようになってきている。日本の社会の価値観は多様になり、地域や家庭はますます個人主義の度合いを高めている。そのような社会の中にある学校においては、各学校の教育の目標が異なってくる。その目標を果たすためのカリキュラムが、各学校において異なってくるのは当然であろう。

　そうなると、全国一律に編成されている教科書を、そのまま学校のカリキュラムに取り入れるという考え方では、これからの学校に期待される役割を果たせなくなってくるということが見えてくる。さらに、各学校の創意工夫の余地が増えたということは、各学校に対してカリキュラムの実施とその成果に対して、責任が課せられるようになったということでもある。

　このように、社会の変化により、各学校におけるカリキュラム・マネジメントが、より重要視されるようになってきている。そのことを、学校教育に携わる者は、肝に銘じる必要がある。

単に、改訂があったからという消極的な受け止め方ではなく、今後の学校教育におけるカリキュラム・マネジメントの必要性を認識して、ぜひ編成に関わっていただきたい。

学校種におけるカリキュラム・マネジメントの工夫

では、カリキュラム・マネジメントの実施に向けて、今後各学校ではどのように取り組んでいけばよいのだろうか。

2015年8月に示された中央教育審議会教育課程企画特別部会による「論点整理」（**図1・図2**）を受けて告示された学習指導要領では、「社会に開かれた教育課程」の理念のもと、子どもの主体的・対話的で深い学びを実現する観点から、学校教育全体にわたってカリキュラム・マネジメントの確立が求められた。また、教育課程を通じて、言語能力や情報活用能力等も含め、学校としてどのような資質・能力を育成するのかを明らかにし、各教科等を学ぶ意義を大切にしつつ、教科等間の相互の関連を図りながら教育課程全体としての教育効果を高めていく必要性が示されたことは、小学校から高校まで共通して求められる周知の内容である。

教育課程企画特別部会「論点整理」(2015.8)より

- 学校が社会と地域とのつながりを意識する中で、社会の中の学校であるためには、教育課程もまた社会とのつながりを大切にする必要がある。
  →「社会に開かれた教育課程」として捉え直す。

- 子供たちが、社会や世界に向き合い関わり合い、自らの人生を切り拓いていくために求められる資質・能力とは何かを、教育課程において明確化し育んでいくことが必要。

▲図1 「教育課程」の捉え方
中央教育審議会, 2015 [1] 論点整理（PDF）p.3

- 「アクティブ・ラーニング」と「カリキュラム・マネジメント」は、授業改善や組織運営の改善など、学校の全体的な改善を行うための鍵となる重要な概念である。

- （各学校で、）教育課程を核に、授業改善及び組織運営の改善に一体的・全体的に迫ることのできる組織文化の形成を図る（ことが求められる。）

▲図2 カリキュラム・マネジメントの役割
中央教育審議会, 2015 [1] 論点整理（PDF）p.23

以下、各学校種の取り組みの具体に踏み込んで考えてみよう。

❶ 小学校におけるカリキュラム・マネジメント

2003年10月7日の中央教育審議会答申「初等中等教育における当面の教育課程および指導の充実・改善方策について」において、「教育課程の開発や経営(カリキュラム・マネジメント)に関する能力を養うことが極めて重要である」ことが示された。政策文書において初めて、「カリキュラム・マネジメント」という文言が使われたと言われている。2008年8月の**小学校学習指導要領解説【総合的な学習の時間編】**では、**総合的な学習の時間**に対する不断の検証と改善を、次年度の全体計画や年間指導計画へ反映させる等、**総合的な学習の時間**をコアとして

学校全体のカリキュラム・マネジメントを実施する重要性が示された。小学校においては、このようなプロセスを経ているため、今回のカリキュラム・マネジメントについての提言を、あまり抵抗感なく受け入れられたのではないかと考える。ただし、地域や学校の実態等に即し、学校の特色を生かした適切な教育課程を編成し実施するとともに、絶えず評価、改善に向けて教員一人一人が果たすべき役割を自覚して取り組むには、学校全体の教職員の共通理解が必要になる。

　たとえば、近藤 睦教諭（横浜市立宮谷小学校）の実践（p.2）では、学校の特色として、健康教育を設定している。「食に関する全体計画（一部抜粋）」を学校全体で共有し、特別活動や道徳その他、教科等の学習の中で計画的かつ日常的に進められている様子が記述されている。年度当初に、校内研修会を実施し、健康教育の全体計画とカリキュラム・マネジメントの考え方を共有し、各学年において大まかなカリキュラム・デザインを行っている。そして、児童とともに学習活動を創り出し、修正しながら進めていくという共通理解のもとで、全校が取り組んでいる。

　また、山中 昭岳教諭（学校法人佐藤栄学園 さとえ学園小学校）の実践（p.78）では、「完璧を目指さず、最低限からスタートし、できる一歩から始めて修正していくスピード重視の教育である」という提案がされている。プランは最低限に、「実践→評価→改善」を重視することは、新しい**学習指導要領**の総則に記載されたように、各学校が編成、実施、評価、改善を計画的かつ組織的に進め、教育の質を高めることを目指している。通常、学校では、3年計画くらいの見通しで、「教育目標・内容・方法等」をカリキュラムとして編成する。時として、「紙キュラム」というような言われ方をするくらいに固定化し、一度編成されると棚にきれいに並べられて、授業で活用されることがないといったものにしてはいけない。

　このように、管理職や一部の教員だけではなく、すべての教員が学校教育目標の達成を目指して、各学年および自身の学級におけるカリキュラム・マネジメントに関わることが重要になってくる。特に、小学校においては、学級担任としてカリキュラム・マネジメントに責任をもち、その実施に必要な力を身につける必要がある。

❷ **中学校**におけるカリキュラム・マネジメント

　各中学校においては、これまでも発達の段階に応じて多様化する課題に対して、生徒指導主事、進路指導主事等の校務分掌を担当する教員を中心として、生徒一人一人の発達を支える取り組みが展開されているところである。今後は、カリキュラム・マネジメントを軸としながら、すべての教職員において各学校が直面する課題にどのように対応し、学校教育目標や育成を目指す資質・能力を明確に共有し対応していくことが重要になる。

　そのためには、各教科・領域や教育内容と方法等の関連性とともに、教員同士の協働性が重要視される。専門性の高い中学校においては、なかなかこの考え方が受け入れられにくい状

況があるかと思われる。また、実施していくにも教科担任制であるために、様々なハードルを工夫して乗り越える必要がある。

　たとえば、岩﨑 有朋教諭（実践当時：鳥取県岩美町立岩美中学校）の実践（p.94）では、「小学校のように学級担任が自分一人で教科横断する場合と違い、教科担任制の中学校ではこの単元設計をしながら、互いの指導観をすり合わせたり、目指すゴールを共有したりする事前の教材研究の時間が重要である。さらに、それを文字に表したり、表にしたりすることで活動の1つ1つが明確になり、教科間での学びのキャッチボールができる」と記述されている。専門的であるがゆえに、他の教科の指導に入り込むことにためらいがあるのかもしれない。また、運営面においても、なるべく早めに計画し、教務に時間調整をお願いするという事務的な配慮が必要である等の配慮事項も必要なようである。ここが、小学校にはない、大きなハードルと言えよう。けれども、「何より一緒に授業を創る同僚がいる。教科担任制において仲間と一緒に授業を創る魅力は、やった人しかわからない。様々苦労もあるが、それ以上の達成感と授業を見る視野の広がりなど、得るものは多い」という同僚性や協働性の芽生えも見られるようになる。

　また、特別支援教育のカリキュラム・マネジメントについて、海老沢 穣教諭（東京都立石神井特別支援学校）の実践（p.154）から見えてきたことは、児童生徒の発達段階や実態が多様なため、担当する学年や受け持つ授業の対象となる児童生徒がどんな力を有しているか、どのような理解が可能かを見極めながら授業を実施していく重要性である。さらに、一回一回の授業における指導方法という狭い範囲にとどまらず、単元や題材のまとまりを見通した指導のあり方や、社会と関わる活動を学習の中に取り入れることで、教科等横断的な視点から内容や教材の改善を図っていく必要性を示している。

　国立特別支援教育総合研究所の平成27・28年度基幹研究知的障害教育における「育成すべき資質・能力」を踏まえた教育課程編成の在り方-アクティブ・ラーニングを活用した各教科の目標・内容・方法・学習評価の一体化-の報告書には、図3にあるように、子ども一人一人の発達支援の視点を入れたカリキュラム・マネジメントのあり方が示されている。これは、特別支援教育のみではなく、各学校におけるカリキュラム・マネジメントのあり方にも通じるものであると考える。

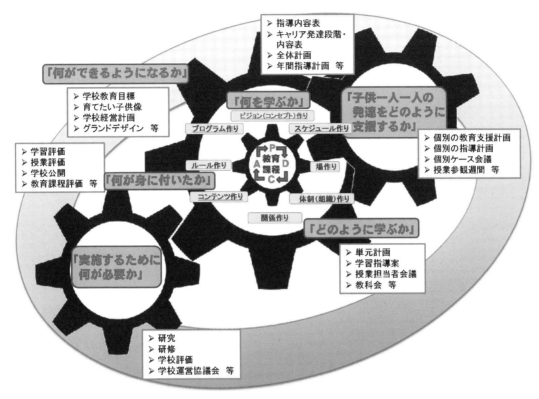

▲図3　育成を目指す資質・能力を踏まえたカリキュラム・マネジメント促進モデル（試案）

出典：国立特別支援教育総合研究所，2017 [2]　PDF：p.145・図4-3-22

　このようなカリキュラム・マネジメントを、最初から組織的に行える学校においては、年度当初に校内研修の機会等を設定し、全職員で取り組んでいくことが可能である。その際には、管理職が学校の特色を生かしてどのような生徒を育成するのかというビジョンを明確に示し、全職員で共通理解して取り組むことがポイントとなる。トップダウンは難しいという学校においては、だんだんと組織的な取り組みとなるよう教務主任を中心に、各分掌のリーダーがまずはカリキュラム・マネジメントに取り組むというボトムアップの考え方で、何年かかけて学校づくりをしていくという方法が考えられる。そして、「評価・改善」にも全職員が関われるような方法を工夫されたい。

　中学校においては、それぞれに任された教科の運営を円滑に行うことだけではなく、学校の教育活動全体を視野に入れた取り組みを進めるというカリキュラム・マネジメント能力が、これからの中学校の先生方にはより強く求められてくる。

❸ 高等学校におけるカリキュラム・マネジメント

　中学校よりさらに専門的分野に分かれている高等学校においては、教科の壁がまだ厚く、カリキュラム・マネジメントの考え方を取り入れることは、なかなかハードルが高いようである。さらに、中学校までとは違い、学校によっては、大学進学を念頭にした生徒がほとんどのいわ

ゆる進学校から、就職や専門学校を目指す生徒が多い高校まで、普通科だけでも様々なレベルの高校があり、多様化が進んでいるという現状が見える。そのような各学校の地域での位置づけからも、カリキュラム・マネジメントの実施に向けての困難さが見えてくる。

そのような困難な中においても、たとえば、延原 宏教諭（神戸星城高等学校）の実践（p.139）では、親和性の高い商業科目「課題研究」と「総合的な探究の時間」との教科横断的な教育課程の編成を試みている。高等学校の段階は、自分の進路を具体的に考え、必要な知識を習得し、職業へつなげていく準備期間であると捉えている。そこで、ビジネス教育・キャリア教育において、実社会と直結する課題に取り組むことで、意識を高め、実践力を高める。社会の一員としての自覚を培うような課題を設定し、そのための教科横断型のカリキュラム・マネジメントを考えるという視点が重要であると指摘している。

新科目名として、「日本史探究」「世界史探究」「地理探究」「古典探究」が登場する。**「総合的な学習の時間」**も**「総合的な探究の時間」**と名前が変わることになった。名目だけではなく、これらの科目をコアにして、課題を探究する能力を育むことを目指して、ぜひカリキュラム・マネジメントを考えていっていただきたい。

高等学校学習指導要領解説【総則編】において、校内で積極的にカリキュラム・マネジメントを考えていくために、**図4**のように示されている。これらを参考に、校内研修を実施しつつ、カリキュラム・マネジメントを円滑に進めていくことが期待される。

（2）構成の大幅な見直しと内容の主な改善事項

　今回の改訂においては、カリキュラム・マネジメントの実現に資するよう、総則の構成を大幅に見直した。すなわち、各学校における教育課程の編成や実施等に関する流れを踏まえて総則の項目立てを改善することで、校内研修等を通じて各学校がカリキュラム・マネジメントを円滑に進めていくことができるようにしている。

　上記の観点から、総則は以下のとおりの構成としている。

　　第1款　高等学校教育の基本と教育課程の役割
　　第2款　教育課程の編成
　　第3款　教育課程の実施と学習評価
　　第4款　単位の修得及び卒業の認定
　　第5款　生徒の発達の支援
　　第6款　学校運営上の留意事項
　　第7款　道徳教育に関する配慮事項

▲図4　カリキュラム・マネジメントに向けて　　　　　　　出典：文部科学省, 2018 [5]　PDF：p.8より

高等学校においても、学校全体での取り組みとしていくためには、校長をはじめとした学校の管理職が果たす役割が最大のポイントとなる。校長をはじめとした管理職がどこまで国の動

向に関心を寄せ、学校や地域のニーズや課題を認識しているか、そして、校内で実行するビジョンを示せるかにかかっていると言えよう。ただし、管理職を中心にカリキュラム・マネジメントをしっかりと確立させると同時に、学年ごと、教科ごと、そして個々の教員一人一人がカリキュラム・マネジメントの意識をもたなければ、結局、形骸化してしまう。一人一人の教員も、しっかりとカリキュラム・マネジメントを考えるという意識をもつということを確認したい。

まとめにかえて

これまでは、基本的に管理（アドミニストレーション）の対象であったカリキュラムは、作り、動かし、変えていくマネジメントの対象として、公的にもみなされるようになった。全国の学校では、法律の通り、学習指導要領の通りにカリキュラムを粛々と実行するだけでは済まされない時代に入ったと言える。学校は、これまで積み上げてきた教育面、管理面での遺産や文化を引き継ぎながら、新たな組織へとステップアップを図らなければならないということを、教職員で共通理解をしてカリキュラム・マネジメントに臨む必要がある。

参考文献

［1］中央教育審議会（2015）教育課程企画特別部会における論点整理について（報告）
　URL https://www.mext.go.jp/b_menu/shingi/chukyo/chukyo3/053/sonota/1361117.htm
　教育課程企画特別部会　論点整理（PDF：478KB）
　URL https://www.mext.go.jp/component/b_menu/shingi/toushin/__icsFiles/afieldfile/2015/12/11/1361110.pdf
［2］国立特別支援教育総合研究所（2017）『平成27・28年度基幹研究知的障害教育における「育成すべき資質・能力」を踏まえた教育課程編成の在り方-アクティブ・ラーニングを活用した各教科の目標・内容・方法・学習評価の一体化-』報告書
　URL http://www.nise.go.jp/cms/7,13543,32,142.html
　URL http://www.nise.go.jp/cms/resources/content/13543/00zen.pdf（PDF：8578KB）
［3］文部科学省（2017）「小学校学習指導要領（平成29年告示）解説」
　URL https://www.mext.go.jp/a_menu/shotou/new-cs/1387014.htm
　【総則編】（PDF：3487KB）
　URL https://www.mext.go.jp/component/a_menu/education/micro_detail/__icsFiles/afieldfile/2019/03/18/1387017_001.pdf
［4］文部科学省（2017）「中学校学習指導要領（平成29年告示）解説」
　URL https://www.mext.go.jp/a_menu/shotou/new-cs/1387016.htm
　【総則編】（PDF：6218KB）
　URL https://www.mext.go.jp/component/a_menu/education/micro_detail/__icsFiles/afieldfile/2019/03/18/1387018_001.pdf
［5］文部科学省（2018）「高等学校学習指導要領（平成30年告示）解説」
　URL https://www.mext.go.jp/a_menu/shotou/new-cs/1407074.htm
　【総則編】（PDF：2.8MB）
　URL https://www.mext.go.jp/content/20200716-mxt_kyoiku02-100002620_1.pdf

4 小学校・中学校・高等学校のプログラミング教育

兼宗 進　大阪電気通信大学

小学校から高等学校までのプログラミング教育

2020年度からの新教育課程では、小学校から高等学校までの教育でプログラミングが扱われる。児童生徒の一貫した教育を考える上で、学校種や学年、そして教科に応じた適切なカリキュラム・マネジメントが重要になる。

表1に、小学校、中学校、高等学校でのプログラミングの概要を示す。小学校では、プログラミングは各教科の中で扱われる。目的は教科の学習であり、プログラミングを使って教科を学習する。中学校では、主に技術科において計測・制御のプログラミングと双方向性を持つコンテンツのプログラミングを扱う。高等学校では、集大成として、アルゴリズムやシミュレーション、データ分析などを扱う。

	教科	内容
小学校	すべての教科（算数、理科、総合的な学習の時間など）	プログラミングの体験 教科での利用など
中学校	技術・家庭（技術領域）	計測・制御のプログラミング 双方向性コンテンツのプログラミング
高等学校	情報I、情報II	アルゴリズム、モデル化とシミュレーション データサイエンス、情報システムなど

▲表1　段階的なプログラミング教育の流れ

小学校でのプログラミング

カリキュラム・マネジメント

小学校では実施する教科を固定せず、様々な教科の中でプログラミングを体験する。文部科学省から公開された**小学校プログラミング教育の手引**[1] では、「A. 学習指導要領に例示され

ている単元等で実施」「B. 学習指導要領に示される各教科等の内容を指導する中で実施」「C. 各学校の裁量により実施」などの複数の扱いが示されており（**表2**）、学校ごとに柔軟なカリキュラム・マネジメントによる実施が期待されている。

	学習活動
A	学習指導要領に例示されている単元等で実施するもの
B	学習指導要領に例示されてはいないが、学習指導要領に示される各教科等の内容を指導する中で実施するもの
C	教育課程内で各教科等とは別に実施するもの
D	クラブ活動など、特定の児童を対象として、教育課程内で実施するもの
E	学校を会場とするが、教育課程外のもの
F	学校外でのプログラミングの学習機会

▲表2　小学校段階のプログラミング教育に関する学習活動の分類（**小学校プログラミング教育の手引** [1] より）

　小学校段階では、プログラミングの基本的な考え方を知っておくことと、コンピュータに抵抗なく慣れ親しんでおくことが重要である。児童たちから見ると、1年生から6年生までの期間を過ごす間に、毎月どれかの教科でプログラミングを扱い、空白の期間をつくらないということは1つのポイントになる。使用する機器を考えても、タブレット端末等の情報機器をいつごろにどの学年のどの教科で使うのかといった利用計画は必要になってくるだろう。また、ティーム・ティーチングを行う場合には、実施計画を教員間で話し合っておくことも必要になる。

　担当する先生が授業の中で利用するときには、教科ごとの見方・考え方を明確にして、その中で使える教具の1つとしてコンピュータやプログラムなどを活用する必要がある。また、学年に応じていろいろな角度からスパイラル的に体験を積み重ねることも必要で、学校全体のカリキュラム・マネジメントが求められるのである。

プログラミングと論理的思考

　プログラミングの実行を考えてみると、基本的にはフローチャートで表わされるような、

　　「命令が1つずつ順に実行されていく順次実行」

　　「ある条件が成り立ったときだけ命令を実行する条件分岐」

　　「ひとまとまりの命令を繰り返して実行する反復」

の3つの考え方が基本になる。

　児童たちは体験を通して、様々なことを学ぶ。プログラミングでは、論理的な考え方を体験する。論理には様々なものがあるが、わかりやすい一例は、原因と結果の関係である。プログラミングではプログラムという指示によって実行が行われ、結果が得られる。児童たちはたとえば、

　　「プログラムに書いていないことはコンピュータは実行しない」

「曖昧に書いてあることは具体的にどうしていいかわからないので実行ができない」

「間違ってプログラムを書いたら、コンピュータは間違ったその指示の通りに間違った動作を実行する」

などの原因と結果の関係を体験的に学ぶ。

　プログラミングでは、プログラムを書いた後は、実行して動作を確認しながら何度もプログラムを修正する。この作業はデバッグと呼ばれる。プログラミングの経験は、正解と違っていたときに計算式をすべて消すのではなく、途中の式を見直して修正しながら学ぶ態度につながる。このような学びが有効になる理由としては、フィードバックが迅速に行われることがある。次の時間に先生から答案が戻されるのではなく、その場で画面に結果が表示され、自分で何度でも確認してやり直すことができるのである。

　プログラミングでは、決められた文法でプログラムを書かないと、コンピュータが理解して実行することができない。プログラミングの経験は、相手に伝えるために必要な論理や文法に気づくきっかけになり、国語や英語の学習にもつながるのである。

　プログラミングでは、実行する命令を「ここからここまでを繰り返す」のように、意味のあるまとまりで考える。また、ひとまとまりの命令に名前をつけて関数を作ることもできる。このような経験は、説明を論理的に整理したり、文章を段落や節などに整理したりして考えることにつながるのである。

データの重要性

　プログラムでは、命令や手順だけでなく、データも重要な意味を持っている。データは、数値データもあれば文字のデータなど様々である。もちろん音声や画像のデータ、動画のデータなども使われている。教科の学習に関しては、特に実験などで得られた数値データを蓄積し、整形して最後にグラフなどで視覚化する、そしてその結果を確認する、ということが重要な学習になっている。多くの場合、計測データは紙に数値を表の形などで記録していく。そしてそれらの数値をたとえば折れ線グラフのように点を打っていき、それらを線で結んでグラフ化して数値の推移を確認できるようにする。そして、そのグラフを見ながら、どのような性質を持っているのかなど、実験の結果について考察する学習が行われる。

　これらの実験をコンピュータで扱うのは、それほど簡単ではないかもしれない。記録したデータを表計算の画面に数値として打ち込み、表の形にしてからグラフにすることは可能かもしれないが、これを児童たちが行うのは簡単ではない。

　そこで私の研究室では、もう少し簡単に実験データを扱うための研究を行っている。一例を紹介しよう。たとえば、スマートフォンには様々なセンサーが内蔵されている。わかりやすいところでは、指で画面をタッチして操作するときは、画面のタッチセンサーがどこを触ったかを検出する。また、スマートフォンを机から持ち上げたときに画面がオンになるのは、動きを

検知するセンサーが内蔵されているからである。これらのセンサーをうまく使うと、たとえば振り子の先にスマートフォンをくくり付けてゆっくり揺らすことで、スマートフォンにかかる角度の変化、力の変化、重力の向きの変化などを数値として記録することが可能になる。そして、そのスマートフォンで計測した数値データを自動的に記録し、パソコンなどでグラフ化して目で確かめることができる。振り子の場合には、計測値は波のような周期的な動きになる。その一個一個の波を重ね合わせて比較すると、たとえば振り子の振り幅は小さくなっていくので、「振り幅という波の大きさは小さくなっていくけれども、揺れる周期はあまり変わらずに一定に見える」といったことに気づくことができるかもしれない。

最近では、腕時計型のデバイスに様々なセンサーが内蔵されていて、体の生体計測により、脈拍、血圧、血中酸素濃度や、寝ているときの腕の動きからどれぐらい深く睡眠をとっているのかということをリアルタイムで計測し、記録できるようになった。これらの機能を完成品のアプリとして使うだけでも十分に便利ではある。しかし、これらがどのような原理でどのような計測により実現されているかを知ることは、われわれの健康そして生活の質をいかに上げられるかを自分たちで考える良い機会になり、子どもたちに必要な科学教育や STE(A)M 教育につながるだろう。

コンピュータは、作られた当初は専門家しか使わない技術だったが、今ではほぼすべての家電製品にコンピュータが内蔵されているし、日常生活で便利に使っている腕時計やスマートフォン、ゲーム機などにもコンピュータが密接に関わっている。このことを多くの教科の学びの切り口として学習に生かしていくことが重要になってくるだろう。

教科でのプログラミング活用

いくつかの教科について、プログラミング的な考え方の活用を考えてみよう。

算数では、「繰り上がりの計算」などで手順が使われる。手順通りに計算を行うことは児童にとって簡単ではないが、「やらせたい動作をプログラムの形で言語化してコンピュータに伝える経験」は、手順の言語化に役立つ。辺や頂点の数などで図形や相似・合同などを判別したり、**理科**では電気を通したり磁石についたりするかで物質を判別したりといった単元で、集合や条件分岐的な考えを使うことができる。これらの事例は、小林 祐紀らの『これで大丈夫! 小学校プログラミングの授業』[2] などで紹介されている。

社会では、地域の広がりといった空間の情報を地図アプリで扱うことができる。また、多くの社会的なデータが国や自治体から公開されているが、統計データは数値だけでは特徴を捉えることは簡単ではないので、プログラムやアプリケーション（以下、アプリ）を使って視覚化することは学習に効果的である。

理科では、STE(A)M 教育に密接に関係する各種のデータを扱う。植物の成長では植物の大きさや、一週間で成長した度合いを数値データで記録できる。太陽の角度や温度・湿度などの

気象データも継続的に記録することで1年間を通した観測と分析を行うことができる。

　保健体育では、生体計測や生活の記録を行うことができる。従来は紙に記録する必要があり継続的な記録が困難だったものが、現在ではスマートフォンやタブレットを使い、多くの情報を自動的に記録できるようになっている。

　図工や**美術**では、コンピュータのグラフィックスや規則性を利用したアートを描くことができるし、最近は工業製品を含めて2次元や3次元のグラフィックスCADと呼ばれる技術が多く使われている。さらに、3Dプリンターを使うことで、画面の中で描いた立体を実際に手で触れる形として立体的な印刷が可能になっている。

　そして高校（の情報科）でも深く扱われるが、コンピュータやスマートフォンなど情報機器全般の操作デザインをどうするかということは、ユーザーインターフェイスと呼ばれる技術を含めて非常に重要な分野になっている。

　音楽では、繰り返しやリズムが多用される。3拍子や4拍子といった繰り返しは非常に重要な要素を占めている。そして「3回繰り返したら次に進む」のような、条件を判断する分岐処理が利用される。音楽では、リコーダーを演奏したり、自分の体を動かして手拍子をしたりダンスをしてみる形で、繰り返しや分岐を音楽につなげて理解を深め、プログラムの理解も深めることができる。

中学校でのプログラミング

　中学校では、**技術・家庭**の技術領域の中でプログラミングが2種類の形で扱われる。

　1つは計測・制御の技術で、センサーでの計測や計測したデータの利用である。たとえば、計測したデータを使って車のような機械がどのように自分で判断して動いていくのか ―― 「障害物があったら止まる」「障害物があったら曲がって回避する」といったプログラムを、センサーとモーターを使って学ぶことは、とても重要な学習になる。

　もう1つは、ネットワークを使った通信である。スマートフォンが代表的だが、現在のコンピュータは、人間とやりとりしながら動作する。音でのメッセージ、画面の光による情報の表示、人間が話した言葉の認識や、画面にタッチした場所の検知など、人と機械のやりとりはますます重要になっている。そして、たとえば天気予報を表示するときは、手元のスマートフォンが天気を予報するわけではなく、気象庁などのコンピュータから予報データをスマートフォンのプログラムが受け取って、それを人間にわかりやすく見せている。このように、人と機械が双方向にやりとりをする、そしてその裏ではコンピュータ同士がネットワークで通信し合っている、いうことが重要なモデルになっている。中学校では、このような双方向のやりとりを使ったプログラミング、ネットワークを使った通信、というものを自分たちでプログラムを確認しながら学ぶのである。

高等学校でのプログラミング

　高等学校では、プログラミングは教科「**情報**」で扱われ、新課程ではプログラミングを含む「**情報Ⅰ**」が必履修になる。その中ではコンピュータが物事を解決するアルゴリズムという考え方を学ぶことになるし、世の中の様々なことをモデル化して結果をシミュレーションで確認する学習が行われる。すべての教科で重視されるデータについても、データベースやデータサイエンスとして統計の知識を含めて分析等を行い、発展科目である「**情報Ⅱ**」では、データをもとに推論を行う人工知能の基礎記述である機械学習も扱う予定である。

　STE(A)M教育の視点では、特にモデル化とシミュレーションが扱われることは注目すべきであろう。科学的な法則は、教科書に書いてあることを覚えるだけでなく、様々な物事を観察し、そこから原理を推測して仮説を作ることが重要である。そして、作った仮説は、正しさを検証することが必要である。従来は実験で確認する必要があったが、現在では仮説からモデルを作り、それをプログラムによって再現することにより確認することができるようになった。物事は多面的な見方をすることで理解が深まる。観察から仮説を作り、モデル化をしてプログラムを作ってシミュレーションで予測し、実際に実験によって結果を確認することにより、事象をより深く考えて理解することが可能になる。

　このように、小学校、中学校、高等学校とつながっていくプログラミングやデータ処理を利用した新しい教育の大きな流れを押さえておくことは重要である。それによって、児童生徒が小学校段階では何を学び、中学校段階では何を学び、各教科では何を学ぶのか、という一本の筋が通ったSTE(A)M教育を明確に位置づけることができるだろう。

参考文献
[1] 文部科学省（2020）小学校プログラミング教育の手引
　　URL https://www.mext.go.jp/a_menu/shotou/zyouhou/detail/1403162.htm
[2] 小林 祐紀、兼宗 進、白井 詩沙香、臼井 英成『これで大丈夫！ 小学校プログラミングの授業　3+α の授業パターンを意識する［授業実践39]』（翔泳社、ISBN：978-4798156408）

5 アメリカの STE(A)M教育

谷内 正裕 教育テスト研究センター　連携研究員

・・

ケース1　母の日に想いを伝えるメッセージカード

　5月、アメリカ合衆国（以下、アメリカ）・カリフォルニア州の年度末、雲1つない澄んだ青空の下、ある小学校4年生の教室ではカーテンを閉じ、照明を落として、暗くしながら授業が行われていた。教室の中に入ると、児童たちがキラキラと様々な色の光が輝いているものを持ち上げていた。その光るものは小さな冊子（**写真1**）。この冊子は一見すると色マーカーでデザインされた数ページにわたるメッセージカードだが、カードを開きボタンを押すと光るしかけがある。ページをめくって最後のページを見てみると、銅色のテープや銀色のペンでハートが描かれており、そのハートの中には、「Happy Mother's Day!（母の日ありがとう）」などのメッセージが書かれていた（**写真2**）。これは児童たちが母の日のために作っているカード。銅色のテープや銀色のインクは、輝く光とボタンLEDとボタン電池をつなぎ合わせた電気回路になっている。

▲写真1　母の日のカードの冊子

▲写真2　電気回路で書かれたメッセージ

この授業はアメリカの学校で行われていたSTEAM教育の1つである。STEAM教育は実社会の問題を解決するために、Science（科学）、Technology（技術）、Engineering（工学）、Art（アート）、Mathematics（数学）の知識やスキルを活用する学びと言われている。しかし扱う実社会の問題は、必ずしも大きな社会問題である必要はない。児童たちにとって身近で、日常生活の中で気になっている「児童たち自身にとって重要なこと」を、STEAMの知識やスキルを活用しながら解決していくのである。

科学館を拠点とした学びの開発

筆者はアメリカ・カリフォルニア州のシリコンバレーと呼ばれる地域に4年間ほど滞在していた。その間に、現地の科学館（非営利団体）においてSTE(A)M教育の普及に携わる機会があった。その科学館では一般来館者向けの展示だけではなく、家族向けのワークショップの開催、地域の教育機関にSTE(A)M教案の提供、STE(A)Mコンテストの実施、学校の遠足の受け入れ、そして教員研修や社会人向けのイベントなど、様々な形でSTE(A)M教育の普及を推進する拠点の1つでもある。

冒頭に取り上げた授業は、もともと休日に科学館に来場する家族向けに提供するために筆者が科学館のスタッフと共同で開発したワークショップがベースになっている。休日に家族が科学館に期待しているのは、児童が学校で学んでいることとの関係よりも、その場でどれだけ新しいことを学び、体験し、充実感を得たかである。特にこのワークショップは母の日のカード作り。大切な人のために心を込めて、児童が思う存分に創造力を発揮しながら作品作りに取り組めるワークショップとしてデザインした。

また、この1回に20組ほどの家族が参加するワークショップでは、ファシリテーションをしながら児童だけでなく保護者とも様々な会話ができる。何が参加者にとって驚きだったか、改善すべき点は何か、常にフィードバックを受けることができる。何回にもわたって科学館のスタッフと連携しながらワークショップを実施し、実施後の振り返りを重ねながらワークショップの設計書にまとめていった。この設計書は全体の流れを示すだけでなく、一般的に購入できる材料でどのように実現できるか、参加者がつまずいたときにどのようなアドバイスが有効だったか、説明する際に参考となる用語の解説などが含まれており、他の科学館や図書館、イベントなどでも展開する際に活用できるパッケージとなる。

このパッケージを作成している段階から、徐々に休日の家族向けだけでなく、平日の学校から遠足で訪れた先生や児童たちにも体験してもらえる機会を作っていった。参加する児童たちの様子を見る先生とも話をしながら、学校の教室で実施するために必要な条件を確認。そして一度まとまったパッケージは、教員研修などを通じて多くの先生に触れてもらい、地域の学校の教室への展開を目指した。

教員研修では20名ほどを集め、約3時間で実施した。参加者は幼稚園から中学校まで幅広い学年の先生、そして放課後活動を受け持つスタッフや、図書館のイベント担当の職員など、様々である。このような参加者が自由に意見交換できるきっかけを作るために、まずワークショップそのものを体験してもらった。科学館で児童たちが体験するのと同じワークショップを60分ほどで体験し、お互いに完成した作品を発表し合う。その上で準備する材料などを順番に説明し、授業を実施するために必要な情報を伝える。先に述べた通り、材料は一般的に購入できるものに限定しており、企業などからの寄付や大量購入によって仕入れた様々な材料を安価に教育機関に提供する機関等で購入できる材料がほとんどである。

この段階でまだ1時間半しか経過していない。この後が「純粋に楽しむ」ために開発されたワークショップを、学校の学びと関連づけていくためのディスカッションである。教員研修の場ではあらかじめ、言語文化、算数数学、科学技術、芸術、計算機科学などのカリフォルニア州で採択されているスタンダードとの関連性を載せた資料を用意する。母の日のカード作りの活動は、もちろん電気回路の学習には直結するが、導体・半導体・絶縁体、論理回路、物語の要点の整理、定規の使い方、光の三原色と色の三原色など、間接的に関連する内容も可能な限りリストアップして準備する。しかし、これはたたき台でしかない。この資料を参考に、先生自身の授業で実施するとしたら、どのような教科学習と絡めて児童たちの学びにひもづけられるか、グループになってディスカッションを行い、最後は会場全体でディスカッションを行う。そして出来上がった様々な学年の複数の教科との関連性をまとめたリストを、ワークショップの体験とともに学校に持ち帰る。学校に戻った先生は、この教員研修を参考に教室で実施した授業を、後日Webサイトで共有し合い、地域内で活用できるリソースとする。

そもそもこのワークショップの開発自体も、地域の企業や様々な専攻の大学生がアイディアを持ち寄って交流するイベントを科学館で実施して検討した。この光るカードは、Chibitronics（https://chibitronics.com/）やElephantech（https://www.agic.cc/）の技術を用いている。このイベントを通じて、ワークショップにするためのシナリオを検討してきた。最初のワークショップの発案から、教室で実施するまでの期間は約3か月。並行して複数のワークショップの開発を進めるため、1年間に10件以上のワークショップが開発され、その多くは教員研修を通じて教室に展開していた。

児童たちにとって重要なテーマ

このように開発されたSTE(A)M教育には大きく3つの特徴があると考えている。

はじめに、テーマは児童たち自身が興味をもっている、日々の生活の中で気になっていることであり、積極的に取り組めるものであることである。この授業を通じて作った作品は、教室の中だけにとどまるのではなく、実社会、この場合は「お母さん」へのプレゼントとなる。も

ちろん一般的な紙のカードに絵を描き、メッセージを添えるだけで十分温かいプレゼントになるかもしれない。しかし実際にカードを渡すと、おそらく驚かれ、「どうやって作ったの?」と尋ねられる。そのときに児童たちは授業を振り返り、様々な創意工夫を行ったことを思い出しながら、児童自身の言葉で作り方を伝えようとする。新しい表現手段としての使える技術を手に入れ、その技術を使って完成させた作品に対して良い反応を得ることで、今後もその技術を使って、新たな問題解決に取り組みたいと思わせるきっかけになるかもしれない。

また、教科との関連づけが後づけになっている点が特徴的である。実際にこの授業を分解すると、理科授業で学んだ電気回路、算数で学んだ定規を使った作図、そして紙の上にシールを貼る感覚でLEDやボタン電池をつなぎ、回路を作ることができる技術を活用し、工学的に問題解決に向けて様々な試行錯誤を繰り返しながら、渡す相手に驚きや喜びを与えられるように表現するアートが組み合わさっている。しかし科学館の休日向けのワークショップが原型であったこの活動は、その教科の知識をあらかじめ習得していなくても、幅広い年齢層の児童たちが取り組めるように設計されてきた。教員研修でこのワークショップに触れた先生は、参加者や同僚とのディスカッションを通じて、ワークショップがどのように学びに貢献するかを考え、カリキュラムの中に取り込む工夫をする。学校によっては、学年を横断してワークショップを実施し、その後に学年に分かれてそれぞれの学習内容と結びつけて解説を行う形式をとったという報告もあった。科学館のような学校の外で開発されたワークショップを軸にすることで、特定の単元に縛られない、柔軟なコンテンツを開発することができた。

またこの開発に携わってきた企業、科学館、学校、児童、そして社会にとって、それぞれが利益を得られる活動になっていることも特徴的である。シリコンバレーではエコシステムという言葉が頻繁に使われる。エコシステムはその言葉の通り、もともとは生態系の言葉で、生き物や生物が、お互いに依存しながら生態を維持する関係のことである。アメリカを中心に、ビジネスにおいてもこの言葉が使われており、各社や製品が相互に連携することで、お互いに収益を上げながら、経済圏を作り上げることをエコシステムと呼んでいる。

新しい学びを取り入れることは、常に大きな負担がかかることである。教案作成や新しい教え方に対応するため、先生に負担がかかる。これまでとは異なる授業や評価の観点が入り、児童生徒にも負担がかかる。必要となる教材を開発する企業や非営利団体に負担がかかる。そして地域の社会においても、新しい学びを支援するためには負担がかかってくる。今回の科学館を中心としたSTE(A)M教育の開発は、学びのエコシステムを作り上げることを目指してきた。科学館にとっては、常に来場者に新しいプログラムを提供し続けることで、リピーターを増やし、収益を上げることができる。またワークショップ開発のきっかけとなるアイディアを提供した企業や学生は、商品を宣伝できるだけでなく、来場者や教育関係者から多くのフィードバックを得て、商品やアイディアを改善することができる。先生にとっても、科学館が教材を開発するだけでなく、教員研修の場で多くのディスカッションを行えるきっかけが提供される。

そしてもちろん児童たちにとっては、科学館で提供されるような楽しい学びを通じて、STE(A)Mそれぞれの要素を学ぶことができる。このような相互にメリットが生まれることを前提にしたエコシステムを作り上げることで、地域で一体となってSTE(A)M教育を普及させる仕組みが実現していたのである。

ケース2 見たこともない新しい楽器を発明する

　次に、スマートフォンのアプリ開発のワークショップを紹介したい。シリコンバレーはスマートフォンの普及を牽引している地域だが、これほどスマートフォンを振り回している光景はあまり見ないだろう。スマートフォンには多くのセンサーが組み込まれており、人間の様々な動きに対応して動作するように設計されている。通常はそれらのセンサーは、アプリの開発者によって制御され、ほとんど気にすることはない。しかしこのセンサーを活用することで、様々な楽器を作ることができるのである。

　ただでさえスマートフォンのアプリを開発するのは難易度が高いのに、センサーを駆使するのは可能なのか、と思われるかもしれない。ここで使ったのは、Androidが搭載されたスマートフォンとマサチューセッツ工科大学で開発されたAppInventor2（https://appinventor.mit.edu/）というツールである。AppInventor2は、近年プログラミング教育用に普及しているブロック型の言語で、ブロック化された命令を組み合わせながら、簡単にスマートフォンのアプリを開発することができるプログラミング環境である。

　スマートフォンで楽器を作るとしたら、まず何を思い浮かべるだろうか。電子楽器の代表例としてシンセサイザーを思い浮かべ、まず鍵盤を作り、その鍵盤1つ1つに音を割り当ててみる、と考えられるかもしれない。しかしこのワークショップでは、最初にグループごとにタンバリンが渡され、スマートフォンでタンバリンを作ってみよう、から始める。グループの中で、まず目の前のタンバリンを手に取って、どのように演奏するかを議論する。タンバリンを叩いたり、振ったりすることで音を鳴らす。タンバリンの皮に指を滑らせるロールをする人もいるかもしれない。

　今度は同じ演奏をスマートフォンでやってみる。タンバリンの代わりにスマートフォンを叩いて音を鳴らすには、スマートフォンの画面をタンバリンの皮の部分と見立てて叩くのはどうか。同じくタンバリンを振って音を鳴らすのは、スマートフォンを振ってみるのはどうか。楽器がどのような機能をもつかを観察、分析し、それをスマートフォンでどのように実現できるかを考えていくところから始まるのである。実際には、タッチスクリーンの画面上に大きなボタンを作り、そのボタンを押すとタンバリンを叩く音が、スマートフォン自体を振ると加速度センサーが感知し、タンバリンを振る音が鳴る、そのようなプログラムが出来上がった（**写真3**）。

今度はリコーダーを作る。リコーダーは指で穴を押さえ、息を吹き込むことで音が出る。この機能を実現させるため、従来であれば通話をするためのマイクに息を吹きかけることで息の量を検出する。スマートフォンの画面上に用意されたボタンを押さえながら吹くことで、吹奏楽器を作ることができた（**写真4**）。

他にもドラムマシンを1台のスマートフォンで実現させるために、傾きセンサーや地磁気センサーを用いて、叩く動作をする位置によって音が変わるプログラムを作るなど、楽器ごとの操法を分析し、どのようにスマートフォンで実現できるかを試行錯誤して見つけ出していくワークショップである。実在する楽器をスマートフォンで実現させるだけでなく、新しい要素を加え、見たこともない楽器を生み出すこともできる。そしてここで発明された楽器は、スマートフォンのアプリとして世界中に配布することもできる。最新のスマートフォンである必要がないため、学校でも展開することができた。

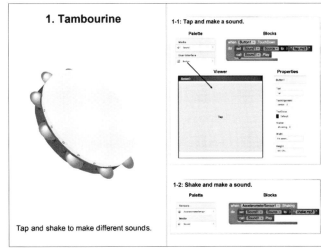

▲写真3　タンバリンのプログラム

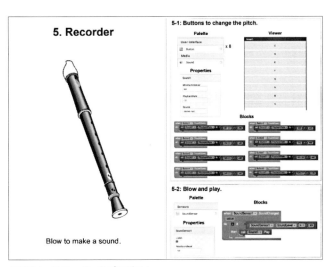

▲写真4　リコーダーのプログラム

技術、工学、アートの活用

STE(A)Mの中でも学校の教科学習の中で扱われる科学や算数・数学は、その知識やスキルと結びつけやすい。一方で、Technology（技術）、Engineering（工学）、Art（アート）をどのように組み込んでいくかがポイントである。

Technology（技術）はシリコンバレーという新しい技術が生まれる地域の特性もあり、児童たちにとっても身近な存在である。これらの技術は非常に使いやすくデザインされるため、たとえばスマートフォンの場合は、電話をしたり、動画を見たり、ゲームをしたり、写真を

撮ったりと、すでに作られたアプリや機能を使うだけになりがちである。一方で、スマートフォンには様々なセンサーが搭載されており、そのセンサーについて理解し、新たな発想を加えることで、まったく異なる使い方を生み出せる可能性がある。プログラミングの導入であったとしても、画面上にボタンや画像を表示させるようなプログラミングの練習ではなく、新たな表現のツールであることを理解できるワークショップが増えていくことを期待したい。

　Engineering（工学）は工学的な問題解決の方法を学ぶことである。アメリカの学校においても、工学的な問題解決はなかなか導入されてこなかったようだ。アメリカには全国共通の学習指導要領は存在せず、州ごとにスタンダードが制定されてきたが、2010年に全国共通のスタンダードの実現を目指し、学会や有識者が集まって国語（言語文化）と算数・数学のスタンダード（Common Core State Standards）が作られた。すべての州ではないが、多くの州がこの思考力を重視したスタンダードに準拠した教育の基準を制定し、教育改革が進んだ。さらに2013年には次世代科学スタンダード（Next Generation Science Standards）が制定された。

　このスタンダードは、科学だけでなく工学の視点を積極的に取り入れ、その領域に従事する科学者や技術者の観点をもとに設計されており、「科学者や技術者が知っていること」、「科学者や技術者の考え方」、そして、「科学者や技術者が実践すること」の3つの側面をもっている。
　「科学者や技術者が知っていること」は、

1）物理科学、2）生命科学、3）地球と宇宙の科学、4）工学・技術・科学の応用

という領域ごとの知識である。これはこれまでバラバラに教えられてきた教科をカテゴリで統一し、学年を追うごとに深く学んでいける体系を作り上げたもので、それほど目新しくはないかもしれない。
　「科学者や技術者の考え方」は、

1）パターン、2）原因と結果、3）規模・割合・量、4）系と系のモデル、5）エネルギーと物質、6）構造と機能、7）安定と変化

の7つで構成されている。あらゆる科学技術で、領域や学年を超えて世界を理解するためのものの見方である。知識として覚えるだけでなく、目の前の事象に対する科学的な視点を身につけることが期待されている。
　3つ目の「科学者や技術者が実践すること」は、科学と工学を行き来させた問題解決のための手法である。そこには、

1）疑問の出し方と問題の明確化、2）モデルの開発と活用、3）研究計画と実行、4）データの分析と解釈、5）算数数学やICTを活用した考え方、6）説明のしかたと解決法の設計、7）証拠に基づく議論

が含まれる。科学的な探究と工学的な問題解決を結びつけることが重視されている。このスマートフォンを用いたワークショップは、目の前にある楽器を科学的に観察し、その機能を実現させる方法を工学的に検討し実装している。そのために観察と実装を何度も行き来させている。

　また工学には、世の中に存在しない物を生み出す役割がある。たとえば、タンバリンを振るときに、上から下に位置を移動させると音が変わる新しい機能を生み出したり、持つ角度を変えることで音量を変える機能をもたせたりと、スマートフォンがもつセンサーの機能を知ることで新たな楽器を生み出せるのである。このような発想を生み出していくためには、一人一人がもつ経験、背景的な知識が大切になってくる。Art（アート）がSTE(A)M教育の中に積極的に取り込まれているのは、皆が見本に従って同じものを作るのではなく、創造性を発揮し、自らの考えや豊かな発想を具体化するための表現力になるからだ。相手にメッセージを伝えたり、社会に変化を起こしたりするためには、言語を用いるだけではない。制作物、プログラム、その他科学と工学を行き来して作り上げたものを通じた表現を大いに活用できることを、様々なSTE(A)M教育を通じて学んでいく。

ケース3　自分も驚くようなTシャツ作り

　もう1つ事例を取り上げながら、アメリカのSTE(A)M教育で重視されていることを紹介したい。

　近年は先に取り上げたようなブロック型のプログラミング言語が広く普及したことから、実施される例が減ってきているように見られるが、教育向けに開発され、広く普及した言語の1つにLOGO言語がある。半世紀前に開発されたこのLOGO言語のプログラミング学習では、画面上のカメに命令を与え、図形を描かせるタートルグラフィックスが主に取り上げられる。図形を1つ描画させたのち、それを繰り返す命令を与えて、角度を変えて何度も描画させることで、思いもよらぬ幾何学的な模様を生み出していくことができる。また、誤ったプログラムを書けば画面上の図形は予想外の形になり、その原因を見つけ出すプログラミング的思考を養うためにも有効であった。

　一方で、描かれた図形は画面の中にとどまっており、広く見てもらう機会を提供することができなかったのが残念であった。そこで科学館で実施したのは、この模様をTシャツに印刷し、一人一人がオリジナルのTシャツを着て見せ合うファッションショーにすることである。

プログラムの数字を少しいじってみると、予想すらしなかった形が描かれたりする。最初は偶然生まれた模様かもしれないが、それをさらにいじくり回していくことで、少しずつ頭に思い浮かべているイメージに近づけていく。そのとき、また偶然にも別の模様が生まれたりする。この繰り返しを通じて、他の人に見せたくなるようなかっこいいデザインのTシャツを作っていく。幅広い年齢層が作品を作れるよう、テキストベースで模様を作成できるDressCode（http://jenniferjacobs.mat.ucsb.edu/#dresscode）と、PCのペイントツールのように模様を作成できるPara（http://jenniferjacobs.mat.ucsb.edu/#para）を使って実施した（**写真5**）。また、Tシャツに転写する際には、科学館では熱転写プレス機を用いて実施したが、家庭用のアイロンを用いてTシャツに転写するプリンター用紙を用いることで、より一般的な環境でも実施可能な形で学校向けに展開できた（**写真6**）。

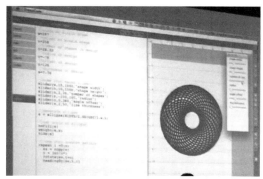

▲写真5　DressCodeで図形を描画する様子

▲写真6　作成したTシャツをお互いに見せ合う様子

STE(A)Mらしい問題解決

　アメリカのSTE(A)M教育の現場に行くと、Tinkering（もともとは修理をするためにいじくり回す、などの意味）という言葉がよく用いられる。手順を追って説明を受けて技術の使い方を学ぶのではなく、いじくり回してどのように使うかを見つけ出す、問題解決をするために対象をいじくり回して試行錯誤する、表現方法に手を加えながら最適な見せ方を工夫する。このように頭で考えるのではなく、実際に手を動かしながら問題解決の方法を探っていくこと、それをTinkering（ティンカリング）と呼んでいる。

　実際の作品作りの時間を十分に確保するためには、順を追って説明するほうが効率的で、失敗も少ないかもしれない。しかしその技術をより深く理解し、使いこなしていくためには、自らその機能を見つけ出していく探究心が重要になる。実社会においても新しい問題に直面したとき、その問題解決の方法はあらかじめ設定されているわけではない。自ら解決すべき課題を抽出し、解決するための手法を準備するために、Tinkeringする力が必要と考えられている。アメリカの学校では、授業1回分をその技術の使い方をいじくり回しながら発見することに割

り当てられることもある。特にプログラミングやPCで動作するアプリはこのTinkeringを習得するのにとても有効であった。期待した動きをしなかった場合には「元に戻す」機能で直前の状態に戻すこともでき、安全に様々な試行錯誤ができる。

また、Tinkeringし続けた結果、自分自身が驚くようなデザインが生み出されることもある。数字を少し変えたり、新しい行を追加したりした際に、偶然性によって生み出されるデザインは、これまでの発想の範囲を広げ、新たな表現に立ち向かう自信につながることもある。アメリカでは先生は児童たちが生み出したデザインをほめるだけでなく、偶然に生まれ児童たち自身も驚いている新しいデザインに対しても積極的にほめることで、より多くの「予想外」に巡り合える機会を作り出そうとしていたように思う。

そして一人一人が試行錯誤して生まれた作品を、Tシャツにして多くの人の目に触れる形にすることは、このワークショップに限らず多くのSTE(A)M教育で積極的に行われてきた。最初に紹介した「母の日のカード」と同じように、どのように作ったかを振り返りながら自分の言葉で説明したり、身の回りの人に紹介して様々なコメントをもらったりしながら、自信につながっていくのである。表現をする手段は言語だけに限らず様々な手段がある。その表現によって周囲に影響を与えていくことを知ることは、より大きな社会問題に対して、どのように解決のためのアイディアを広く普及させていくかを考えるきっかけにもなると期待される。

アメリカで見たSTE(A)M教育

ここまで3つの事例をもとに説明してきた、筆者がアメリカで見たSTE(A)M教育を整理したい。

> これからの社会では、過去に直面したことのない課題に対し、創造的な問題解決の方法を提唱していく必要がある。人が創造的に問題解決できるように成長するためには、創造する活動を続けなければならない。

教育用のプログラミング言語、Scratchを開発したミッチェル・レズニック教授が常に語りかける言葉である。そのためには、一人一人が大切に思うプロジェクトに取り組む必要がある（Everyone has to work on projects that really care about.）。これは教育のために入念に設計されたプロジェクトであるよりも、児童たちが自然に取り組みたいと思うこと、そしてその学びを作る周りの環境にとっても、積極的に取り組みたいことである必要がある。最初に取り上げた「母の日のカード」のプロジェクトで解説した、

① 児童たちの日常で気になることに取り組む

② 児童たちにとって魅力的なプロジェクトであることが先で、教科内容は後から関連づけられる

③ 地域と教育のエコシステムを構築する

ことによって、身近な課題から地域、そして社会までつながる問題解決の広がりを意識することができる。

　また、問題解決の方法は21世紀になって大きく変化している。技術が発展し身近になったことで、誰もが高度な技術を用いて問題解決を行えるようになった。また完成品を提供することよりも、未完成の段階からユーザーに使ってもらいながら、よりユーザー視点で問題解決できるアプローチが重要視されてきている。「新しい楽器を発明しよう」のプロジェクトでは、STE(A)Mの技術（Technology）、工学（Engineering）、アート（Art）がそれぞれ、

④ 技術の中身を知ることで、新たな問題解決の方法を検討できる

⑤ 観察を行うきっかけを作り、科学と工学の行き来による問題解決を知る

⑥ 一人一人の経験や背景知識から生まれる発想を大切にする

ことが、これからの社会で貢献できる人材育成につながっていくと考えられているようだ。

　また問題解決を行うためには、机の上で検討するだけではなく、能動的に手を動かしながら手がかりを見つけ出していく。そのためには試行錯誤を重ねて、問題を設定したり、解決方法を導き出したりする、

⑦ いじくり回すことの大切さを知る

⑧ 偶然による新たな表現の可能性を知る

⑨ 積極的に表現し、自信をもつ

ことによって、自分ならではの問題解決の方法を導き出し、その方法を広く普及させることで世の中にインパクトを与えていこうとする力を育てている。

　そしてこれらの実践を行いながら、

⑩ 多様な背景、意見、専門性、考え方をもつ人を理解し、尊重し、協調して問題解決しようとする

これら10のことを実現させ、より大きな実社会の問題解決に貢献できる人材を育成しようと、意識しているコミュニティであったと思う。

おわりに

　本稿では、筆者が科学館で実施してきたワークショップの中から3つの事例を取り上げ、筆者が直接見ることができたSTE(A)M教育について紹介した。アメリカは州や地域、学校によっても教科書やカリキュラムが異なっており、公立学校であっても、小中学校の境が4年生の学区や6年生の学区もあるほど違いがある。そのため、ここで述べる内容はアメリカにおける一般的なことではなく、たまたま筆者が触れたSTE(A)M教育の1つであることはご留意いただきたい。また、当時はオバマ政権がSTE(A)M教育を強力に後押ししている時期でもあり、学校や地域、家庭においてもSTE(A)M教育に非常に積極的であった。もちろん制度や文化も大きく異なっているため、直接応用することは難しいだろうが、筆者の経験がこれからの学びのデザインの参考になれば幸いである。

これからの STE(A)M教育

新井 健一　日本STEM教育学会　会長

これまでのSTE(A)M教育

　アメリカ合衆国（以下、アメリカ）でSTEM教育が始まってから、およそ20年になる。急速な科学技術の進展による社会の変化に対応していくためには、Science、Technology、Engineering、Mathematicsを、統合的に活用して問題解決に臨む教育が重要とされ、それぞれの頭文字をとって名付けられた。その後、環境問題に焦点をあてたE-STEM、Art/Design またはLiberal artsを加えたSTEAM、さらにRoboticsを加えたSTREAMなど、様々なSTEM教育が派生した。したがって全体を指す表記も様々で、STEM/STEAMと併記している例もあるが、本書では便宜的にSTE(A)Mと表記している。

　STE(A)M教育はオバマ政権のときに積極的に推進され、予算をつけるだけでなく、科学教育のスタンダード（教育基準）がSTE(A)M教育に対応できるように改訂された。どのような知識があるかだけではなく、その知識を活用して現実課題の解決に取り組むことができるようにするため、科学教育にEngineering の観点を加えて、ハンズオンの活動を重視した内容に改訂したのである。そして、STE(A)M教育は、21世紀に必要な教育として、世界の国々にも広まっていった。

　そのころ日本では、21世紀の社会に必要な能力として、OECDのキーコンピテンシーやATC21s（Assessment and Technology of 21st Century skills）の21世紀型スキルなどのグローバルな動向に注目していた。その後、国立教育政策研究所が21世紀型能力を示し、それ以前から内閣府の人間力、経済産業省の社会人基礎力なども提唱されたことから、○○力という言葉への関心が高まっていった。STE(A)M教育についてはアメリカのローカルな動向と見られていて、理科教育や科学教育の研究者が動向をレポートしたり、シリコンバレーなどの先進的な教育実践として日本に紹介されたりした例はあったが、日本の教育への影響は限定的であった。それは、日本の教育がS/T/E/Mの領域に消極的であったというわけではない。日本は、日本の教育制度のもとで、理科教育、算数／数学教育、技術科教育、情報教育などS/T/E/Mの各領域に関わる教科が存在していて、その成果は、OECDが実施しているPISA

（国際学習到達度調査）で、科学的リテラシー、数学的リテラシーが参加国の中トップクラスであることに現れている。しかし、統合的にSTE(A)Mとして問題解決に臨むような概念になっていたわけではなく、TechnologyやEngineering に関わる活動もあまり行われていなかった。

現在のSTE(A)M教育

海外諸国の現況

　アメリカでは、オバマ政権の後もSTE(A)M教育を重視していて、2018年には「米国STEM教育戦略報告書」をまとめ、

　　「すべてのアメリカ国民が、質の高いSTEM教育を、生涯にわたって学ぶことができるようにする。」

としている。近年では、STE(A)M教育はアメリカだけでなく、欧州やアジア、オセアニアなど世界各国に広がり、積極的に取り組まれている。ドイツでは、自然科学と情報科学を取り入れてMINT教育としているが概念は同じである。STE(A)M教育は、どのような課題を設定するかによって異なるため多様ではあるが、類似の活動も多い。特にプログラミングやロボットを扱う活動は多く取り組まれていて、コーディングを目的としている場合と、コーディングそのものよりも、実際に試行錯誤しながら考え方を学ぶことを目的としている場合がある。STE(A)M教育が行われる以前にも、プログラミングのブームはあった。教育用のプログラミング言語を使ってアニメーションを作ったり、ロボットを動かしたりと、今と同じような活動がアメリカをはじめ世界各国で行われた。日本でも選択的に行われていたが、その後日本ではプログラミングが必修化されなかったことから、あまり扱われなくなった。その間、海外ではSTE(A)M教育の広がりとともに、プログラミングを学ぶ機会も広まっていった。世界の国々がSTE(A)M教育に力を入れ、プログラミングを扱う背景には、AI（人工知能）技術のような、高度に情報化された社会に備えるための人材育成という課題がある。技術者の育成を第一目的としているのではなく、生活者として必要な備えを学び、技術者としてさらに学ぶ場合の素養にもなることを目的としている場合が多い。

　STE(A)M教育では、環境に関わる課題を設定した活動も多い。ソーラー電池や風力発電の工作キットを使って再生可能エネルギーの仕組みを学んだり、ビオトープを観察してデータを解析したり、校庭内の農園で野菜を栽培して育成のプロセスを学んだりと、幅広い取り組みが行われている。オーストラリアのクイーンズランド州では、サンゴ礁を観測する研究所のデータを教育利用して、環境保護を学んでいる。アメリカでは、環境（Environment）に焦点を絞ったE-STEM教育の研究団体があり、様々な実践報告などの活動を行っている。日本では理科や技術科の中に類似の活動を見ることができる。また、**総合的な学習の時間**でも同様の活

動が見られる。

　海外の国々でSTE(A)M教育を扱う場合には、各教科の時間で扱う場合と、STE(A)M教育の時間をとって行う場合がある。海外の多くの国では、日本のように国が定めた**学習指導要領**と教科書制度があるわけではなく、大綱的であるため、比較的自由にカリキュラムを組むことができる。時間割についてもおおむねは決めてあるが、状況に応じて変更することがあり、海外の学校を訪問すると、その日の時間割を黒板に書き出している光景を見ることがある。日本のように全国共通の**学習指導要領**があり、それに基づく教科書の検定制度がある国はあまり多くない。たとえば、アメリカは州ごとに異なるため、共通の内容をもつことも必要との考えから2010年になって、共通の教育基準としてCommon Core State Standardsを定めた。このように、**学習指導要領**や教科書の国際比較については各国の制度が異なるため、単純な比較はできない。教科の内容も、訳語は同じでも含まれる内容や概念が異なる場合があり、必ずしも日本と同様ではない。

日本の現況

　日本では、最近になって改めてSTE(A)M教育が注目されるようになり、第3期教育振興基本計画や内閣府のAI戦略2019などで、STE(A)M教育やSTE(A)M人材の育成が盛り込まれている。2020年度から実施された学習指導要領にはSTE(A)M教育が位置づけられているわけではないが、学習指導要領とSTE(A)M教育は基本的な考え方が一致していて、学習指導要領の随所に、STE(A)M教育との関わりを見ることができる。学習指導要領では、社会に開かれた教育課程の実現を掲げ、知識の習得だけでなく、何ができるようになるかを重視していて、この考え方は、社会の現実課題の解決に臨むSTE(A)M教育と同じである。また、学習指導要領では主体的に学ぶこと（アクティブ・ラーニング）を重視していて、この点でもSTE(A)M教育の学習方法と一致している。現実課題の解決に臨むSTE(A)M教育は、基本的にアクティブ・ラーニングとなるのである。そして、平成29・30年改訂の**学習指導要領**では、STE(A)M教育の中の活動の1つであるプログラミングが、プログラミング教育として必修化された。プログラミング教育の時間が確保されているわけではなく、各教科の中で工夫して行い、コーディングを通してプログラミングの考え方を学ぶというものである。なお、プログラミングがSTE(A)M教育と併せて語られることが多いことから、当初はSTE(A)M教育はプログラミング教育のことであるかのような勘違いも見られたが、もちろんそうではない。算数／数学の内容領域も改訂され、新たに「データの活用」が加えられた。これは、データサイエンスの考え方を取り入れたもので、データサイエンスは現在のSTE(A)M教育で重視されている領域の1つであり、今後のAI社会に必要な領域として注目されている。理科や技術科ではもともとSTE(A)M教育と類似の活動が多い。理科は実験や観察を重視しているし、技術科はものづくりを通してEngineeringを学ぶことができる数少ない教科である。2022年度からの高

校の**学習指導要領**では、**理数探求、情報、総合的な探求の時間**などにSTE(A)M教育との関わりを見ることができる。**理数探求**では主にScience、Mathematics、**情報**では主にTechnology、Engineeringが中心になると考えられるが、どちらにしても教科横断的に課題解決に臨むことをねらいとしている。**総合的な探求の時間**では、さらに統合的に、課題ベースでの探求的な学びが期待されている。

日本の課題

　このように、**学習指導要領**にはSTE(A)M教育と関わりのある内容が盛り込まれてきているが、実施する上での課題は環境整備と教員の研修・養成であろう。STE(A)M教育では実際に調べたり、作成したりすることが中心のため、様々な道具を活用することが多い。特にICTを活用できる環境の整備は重要であるが、日本の学校は世界と比較して極めて低いレベルにある。活用状況についても、OECDが実施したPISA2018によると、日本の学校教育は加盟国中で最もICTを活用していない。文部科学省は普及のために予算化や実践事業などを行い、総務省なども環境整備の視点から支援をしているが、普及のスピードは遅い。進んでいないわけではないが、世界の速さについていけていないのである。ICT環境の整備は、各自治体の意識や事情に負うところが大きく、政府目標に達している自治体はごくわずかで、自治体によって大きな差があるのが現状である。

　世界の国々がICT環境の整備を進め、STE(A)M教育に取り組む背景には、前述のようにこれからの社会の変化への対応がある。科学技術の進展によって産業構造が変化し、職業の内容も変わっていく。アメリカでは、職業分類の中にエンジニア、アナリスト、コンサルタントなどのようなSTE(A)M関連の職業が、STEM jobs（STEM業種）として位置づけられている。そして、これらの職業は今後もプロジェクトが増える有望な職業として紹介されている。また、他の国々でもSTEM jobsは今後の社会をけん引する重要な業種と見られていて、社会の変化に備えるための資質・能力の育成と、それを実現するための対応を進めている。

　日本でも**学習指導要領**には社会の変化に対応することが示されているが、そのための環境整備を担う自治体が、その役割を十分に果たせていないのである。ICT環境の整備には多額の予算が必要となるが、自治体の予算は限られている。自治体には他に様々な優先すべき施策があるため、ICT環境の整備には十分な予算をつけることができないということのようだ。

　教員研修や養成の充実も重要である。ICT環境が整備されたり、実験・観察の道具が揃ったりしても、教員研修や養成によって、これからの教育に向けたマインドセットの転換と授業の改善が行われなければ効果は得られないが、世界で最も多忙な日本の教員に、集合研修だけで対応しているのでは変化の速さにはついていけない。研修や養成にもリモート環境の整備が必要であるし、業務内容のデータ化や簡素化なども必要であろう。このような課題を解決して、**学習指導要領**の新しい試みを、画餅に終わらせないようにしなければならない。

これからの社会

日本国内の動向

　STE(A)M教育は社会の現実課題を扱うため、これからのSTE(A)M教育を考えるときに、今後の社会の変化を考えることは重要である。しかし、これまでの将来予測は当たらなかったことが多い。それは、予測された課題は、様々なイノベーションによって解決されてきていることと、予想もしなかったことが起きたこともあったからである。したがって将来を予想することは難しいが、将来に向けて動き出している現在の事実は、将来を見通す上で有効な材料となる。

　国内の動向としては、内閣府が公表したSociety 5.0が挙げられる。これからの社会のあり方を示したキャッチフレーズで、狩猟（Society 1.0）、農耕（Society 2.0）、工業（Society 3.0）、情報（Society 4.0）の次に目指す、経済発展と環境問題などの社会的課題の解決を両立した、人間中心の超スマート社会のことである。この言葉は、もともと第5期科学技術基本計画で提唱されたもので、現在、第6期に向けて検討に入っている。科学技術基本計画が10年程度先を見据えた5年間の計画であることを考えると、Society 5.0は2030年ごろの社会と考えられる。このことは、もちろん2030年に向けて狩猟、農耕、工業、情報の価値が低下するということではない。狩猟、農耕、工業、情報が無ければ私たちの生活は成り立たない。むしろ、これからの超スマート社会の技術を活用することによって、これまでのSocietyの産業も質や生産性を向上させていくことになると考えるべきであろう。

　超スマート社会の代表的な技術としては、AIや5G、自動運転などがある。そしてこれらのベースにあるのがビッグデータの解析技術である。これらの技術は単独で機能するだけでなく、組み合わされることで革新を生む。自動車産業ではこれらの技術革新に、再生可能エネルギーへの転換も加わり、100年に一度の革命と言われている。

海外諸国の動向

　国際的な動向としては、国連で2030年までに達成することを各国が合意した、SDGsの目標がある。SDGsの目標には環境問題由来のものも多く、環境への配慮は経済と対峙する関係ではなく、経済と一体的に考えるべき課題との認識が広まってきている。企業経営でも、これまでの短期的な売上、利益を重視した経営よりも、環境に配慮し、持続的に存続することを目指すESG（Environment, Social, Governance）経営が重視されてきている。近年の環境変化は速さを増し、人間の生存そのものに大きな影響を与えている。環境への配慮無しには、社会経済活動は成り立たないとの認識が広まってきているのである。

　現在の小学生が社会に出るのは2030年より後のポストSDGsの社会であり、Society 5.0後の社会である。現在の中学生、高校生でも、2030年は社会に出たばかりであり、子どもたちは

その先の社会を生きていく。2050年ごろになると、社会の中で責任をもち、重要な役割を担う年代になっている。このころ、日本の人口は1億人を割り、高齢化率も40%に迫ることが予想されていて、生産性や社会保障など、様々な社会経済への影響が懸念されている。

　一方で世界の人口は増え続け、2050年には97億人になるとの国連の予測がある。1950年の世界の人口は25億人であったから、人類の歴史の中のわずか100年で、人口がほぼ4倍になるということになる。この急激な増加は、経済成長とともに環境への負荷を高めていく。2030年はその過程にあり、現在の子どもたちが社会に出て、様々な課題解決に貢献することが期待される。2020年度から実施された学習指導要領は、2030年ごろの社会を予測して検討されたもので、その内容の実現は子どもたちにとって、とても重要なことなのである。

これからのSTE(A)M教育

AI人材の育成

　これまでのSTE(A)M教育は社会の変化とともに概念を拡大してきたが、Society 5.0のようなこれからの社会では、STE(A)M教育はどのような学びを加えたらよいだろうか。その1つとして、AI教育が挙げられるであろう。今後、AI技術は様々な用途に活用されて日常的な技術となるため、AI技術を理解して適切に活用することができ、課題を捉えて解決していく資質・能力の育成が必要となるからである。

　中国ではAIの基礎を学べる教科書ができていて、社会に実装されている事例から、それがどのような技術で実現されているかを学ぶことができるように構成されている。日本でも、中国とは異なるアプローチで対応を始めている。小学校から大学まで一貫して「数理・データサイエンス・AI」を学び、AIリテラシーを習得させるとともに、AI人材の育成を行おうとしているのである。

　先に述べたように、小学校の**算数**、中学校の**数学**ではデータサイエンスの考え方を取り入れ、「データの活用」を新設した。高校では**確率・統計**、**線形代数**などに力を入れる。高等教育でも、すべての学生がAIリテラシーを習得できるように改革を進めている。STE(A)M教育では、このような知識・技能をもとに、課題の発見、解決プロセスのデザイン、実行と結果の検証という、問題発見・解決のプロセスを実践的に学ぶ。実際に取り組む際には、AIに関わる課題は多岐にわたるため、取り組む課題の設定と、教科横断的に解決していくための学びのデザインが必要となる。漠然とした課題ではなく、いかに主体的に取り組めるような具体的な課題設定ができるかが、STE(A)M教育の実践において重要である。

情報教育

　そして情報教育も、これからのSTE(A)M教育で改めて重視すべき学びである。情報社会は

Society 4.0であるが、情報リテラシーは今後もますます重要になるであろう。前述したようにドイツではSTE(A)Mではなく、情報科学を加えてMINTとしている。今後のAI技術や5G技術などによって、世界中に流通する情報の量は現在とは桁違いの量になる。つまり、有益な情報も有害な情報も、桁違いに増加するということになる。

　情報の活用によって、様々なイノベーションが生まれるとともに、巧妙なフェイク情報や誹謗中傷、ハッキングなど明らかに有害な情報や行為だけでなく、フェイクではなくても意図的に編集された情報によって群集心理による思わぬ行動が誘発されたり、偏った印象の操作が行われたりするという問題もますます増えることが予想される。

　人間は情報によって行動が左右されるため、Society 5.0の社会が生み出す情報を読み取り、適切な行動を選択できるリテラシーが、これからの社会には求められる。しかし、残念ながら現在の情報レベルでもフェイク情報や誹謗中傷の被害は絶えないし、一部の報道に左右されるような傾向は続いている。私たちは、まだSociety 4.0を卒業できていないのである。

　2020年度からの**学習指導要領**では総則で、情報活用能力を学習の基盤となる資質・能力として位置づけ、情報の科学的な理解、情報活用の実践力、情報社会に参画する態度の3観点をバランス良く育成することを目的としている。

　文部科学省では、情報活用能力の実態がどのような状況にあるかについて、小学生、中学生、高校生を対象に調査した。それによると、情報を整理したり解釈したりすることはできるが、複数の情報から目的に応じた情報を見つけたり、関連づけたりすることに課題があること、また情報モラルは理解しているが、発信や伝達の際などに課題があることがわかった。これからの情報活用能力は、大量に放出される情報や高度に加工された情報を分析して真偽を見極め、適切に活用したり、行動したりできるかどうかという視点で改めて見直し、再定義することが必要ではないだろうか。STE(A)M教育では、実際の情報を分析して、課題を見つけて解決していくような様々な活動が考えられる。あらゆる事象を数字で読み取ることで、リアリティのある学びにつながったり、数値化する際の課題を発見したり、情報の真偽を見極めたりと、数理的に考えるSTE(A)M教育の特長を生かした活動が期待される。

環境教育

　さらに、Society 5.0では環境教育への取り組みも欠かせない。近年の環境変化が及ぼす人間社会への影響や、SDGsなどの動向を考えれば、環境問題への対処無しに人間社会の存続は考えられない。環境問題は生存に関わる問題であるとの認識が一般的になってきていて、ESG（Environment, Social, Governance）経営にも見られるように、環境への配慮と経済成長を一体的に捉えて解決していくことが、社会全体に求められているのである。STE(A)M教育の中にも、環境問題に焦点を絞ったE-STEM教育があるが、今後はこのE-STEM教育も環境問題（Environment）をベースにして、経済的視点（Economy）を加えた取り組みができるよ

うに、概念を拡大する必要があるのではないだろうか。

STE(A)M教育のあり方

　ここまで述べてきたように、社会の変化に伴って課題が複雑化していくにつれて、これから
のSTE(A)M教育には新たな領域が加えられて、さらに様々な派生形が生まれるのかもしれな
い。一方で、STE(A)M教育の根底にある本質的な学びの重要性はこれからも変わらない。
STE(A)M教育は、課題を見つけて解決のプロセスをデザインし、科学的なアプローチによっ
て体験的に問題解決プロセスを学ぶことが目的で、それはこれまでの様々な派生形も同じであ
る。したがって、この考え方はこれからのSTE(A)M教育にとっても、引き続き重要である。

　もちろん、複雑な課題はS/T/E/Mの領域だけで解決できるものではない。必要に応じて他
の様々な領域を取り入れて解決していくことになる。いわば、S/T/E/Mは幹のようなものな
のであり、複雑な課題の解決には、この幹に様々な枝をつけることが必要になる。しかし、ど
のように枝がついても、基本となるSTE(A)M教育の考え方は変わらないのである。このよう
な考え方を原則として、様々なアイデアで柔軟に適切な課題を設定し、実践できるようにする
ことが、これからの社会におけるSTE(A)M教育のあり方ではないだろうか。

これからのSTE(A)M教育の実践に向けて

　学習指導要領はほぼ10年ごとに改訂されるため、現在の制度のままであれば、2030年度ま
では現在の**学習指導要領**である。したがって、STE(A)M教育を実践するためには、まずは現
行の内容を前提にしたSTE(A)M教育を実践するためのデザインが必要である。各教科や活動
に分散しているSTE(A)M教育に関わる内容を関連づけて、体系的に取り組めるようにする教
育基準が必要であるし、それを実行するためのカリキュラム・マネジメントが必要なのである。
教育基準はアメリカの科学教育の基準が参考になるが、もちろんそのまま使えるわけではな
く、日本の**学習指導要領**の内容に基づいて開発することになる。そのときに、**学習指導要領**の
内容が電子化され、コード化されていると、教育基準の開発にも、カリキュラム・マネジメン
トにも、また評価の際にも効率的である。

　現在、中央教育審議会では、その先の**学習指導要領**のあり方に向けて検討が始められてい
て、STE(A)M教育についても議論が進められている。制度が変わらなければ、次の学習指導
要領は、2030年度に実施されて2040年度まで続く。21世紀の半ばに臨む改訂となるのであ
る。そのころの社会を予測することは難しいが、重要なことは、どのような社会になるかとい
う予測にとどまるのではなく、どのような社会にしたいかという意志をもつことである。予想
は必要であるがそれは目的ではない。予想はデータとアルゴリズムによってコンピュータで算
出することができるが、その意味を理解し、意志をもって判断することが重要で、それは人間

がすべき仕事である。

　AIのような高度な技術は、人間が意志をもって判断することを支援するためのものであり、人間はこうした技術を理解して、適切に活用できるリテラシーを身につけておかなければならない。STE(A)M教育の根底にある学びの目的は、問題の発見と解決のプロセスを学ぶことであり、それはまさに自ら意志をもって判断していくための学びである。したがって、こうした学びの実践はこれからますます求められるであろうが、STE(A)M教育の体系ができていない日本の現状は、世界の状況と比べると、いわばスタートラインの後方にいるような状態である。しかし、海外の状況を追随するのではなく、日本は、日本の教育の特長を生かしたSTE(A)M教育を模索していくべきであろう。重要なことは、海外のSTE(A)M教育を実践することではなく、その根底にある本来必要な学びを日本の環境でデザインして実践し、これからの社会に必要な資質・能力を育成することである。

おわりに

小林 祐紀　茨城大学

　改めて、本書はSTE(A)M教育やICTを活用した実践事例を中心に据え、さらにカリキュラム・マネジメント、STE(A)M教育、プログラミング教育についての解説を加えた構成となっている。特に実践事例には、十分なページを割くことで、読者の皆さんに授業の詳細を把握していただけるように配慮した。

　というのも、カリキュラム・マネジメントの考え方や、STE(A)M教育という米国発の教育概念は、「これさえすればよい」という正解があるわけではないからである。たとえば、カリキュラム・マネジメントにおいては、教育課程に基づき組織的かつ計画的に各学校の教育活動の質の向上を図っていくプロセスそのものが重要であり、合科的な授業を実施しさえすればよいわけでなく、もちろん外部講師を招へいして授業を実施しさえすればよいわけでもない。

　STE(A)M教育においても同様である。プログラミングによって何かしらのアウトプットを用意すればよいわけではなく、またさらに、理数科目を中心に取り組めば、STE(A)M教育を実施したことになるわけでもない。

　したがって、新しい教育の概念を含めた今回の学習指導要領は、目指すべき方向性を示しつつも、授業づくりという私たち教師にとって最重要であり、一方でとても難しい問題を投げかけているといえる。特に、本書で示したように新しいテクノジーを取り入れた授業では、授業を構想したり実践したりする難しさが増すことに疑いの余地はないであろう。

　そのような難しい局面に立たされているときに私たちに必要なことは、嘆くことでも見て見ぬふりをして過ごすことでもなく、今求められている授業を想定した実践的知識を着実に獲得することである。

たとえば、ケーラーとミシュラはTPACK（Technological Pedagogical and Content Knowledge）という教師の知識モデルを提唱している。この知識の枠組みは、基本となる3つの知識（教育方法に関する知識、教科内容に関する知識、技術に関する知識）から成り立っている。これら3つはそれぞれ重要であるが、授業を実施する上でより重要なことは、たとえば新しいテクノロジーをどのように授業に取り入れるのか、どのように児童生徒に活用させるのかといった、具体的な授業を想定した実践的知識であることを示している。つまり、3つの基本となる知識全体の関連の中で、実践的知識を獲得していくことが期待されている。

　さらに、長い時間をかけた自由度の高い授業をデザインする力も問われている。わが国の授業研究において多くの知見を提出してきた吉崎静夫は、授業をデザインする力の5つの構成要素の第一に、教師の「授業に対する思い」を挙げており、さらに、魅力的な授業の基盤には、教師の熱い思いや強い願いがあると述べている。

　本書に示した実践事例から読者の皆さんは各実践者のどのような思いを感じたのだろうか。私の知る限り、10名の実践者たちはそれぞれに個性的であり、子どもの成長や自分自身の授業に対して強い思い入れのある人ばかりである。そのことは、やはり各実践事例に現れているように感じられる。

　本書で示すことができた実践事例は極めて個別具体的な授業であったが、それぞれの実践事例からどのような実践的知識を指摘し、獲得できるのか、教師のどのような強い願いを感じ取ったのかについては、機会のある限り、ぜひ読者一人一人から伺えることを願っている。私たち編著者はそれぞれのフィールドで、実践者を交えた研究会を主宰しており、これからも授業を徹底的に分析し、互いの実践的知識を共有し、新たに獲得できる場を設けていく予定である。一人でも多くの読者の皆さんと場を共有できることを期待したい。

プロフィール：編著・監修、論考・実践例執筆

✎編著・監修

中川 一史（なかがわ　ひとし）　放送大学　教授
博士（情報学）。日本STEM教育学会（副会長）、AI時代の教育学会（副会長）、日本教育メディア学会（理事）。文部科学省「「教育の情報化に関する手引」作成検討会」（副座長）、文部科学省「デジタル教科書の今後の在り方等に関する検討会議」（委員）などを歴任。
監修「小学校プログラミング教育導入支援ハンドブック」（ICT CONNECT21）、編著・監修『小学校プログラミング教育の研修ガイドブック』（翔泳社）、D-project（一般社団法人デジタル表現研究会）会長、ICT夢コンテスト（一般社団法人日本教育情報化振興会）審査委員長。光村図書小学校国語教科書編集委員、日本文教出版高等学校情報教科書編集委員など。

小林 祐紀（こばやし　ゆうき）　茨城大学　准教授
公立小学校教諭を経て2015年4月より現職。専門は教育工学、ICTを活用した実践研究。AI時代の教育学会理事（年次大会委員長）、日本デジタル教科書学会理事（広報委員会副委員長）、文部科学省委託「ICTを活用した教育推進自治体応援事業」専門員、文部科学省ICT活用教育アドバイザーなどを歴任。
編著・監修『コンピューターを使わない小学校プログラミング教育"ルビィのぼうけん"で育む論理的思考』『これで大丈夫！小学校プログラミングの授業 3＋αの授業パターンを意識する［授業実践39］』『小学校プログラミング教育の研修ガイドブック』（いずれも翔泳社）、執筆「特別活動：クラブ活動におけるプログラミング教育の実践試案」『教育の最新事情と研究の最前線』（福村書店）ほか。

兼宗 進（かねむね　すすむ）　大阪電気通信大学　教授
民間企業、一橋大学准教授を経て、2009年から現職。専門はプログラミング言語、データベース、情報科学教育。文部科学省の情報教育や小学校プログラミング関係の委員を歴任。教育用プログラミング言語「ドリトル」の開発や、コンピュータサイエンスアンプラグドの実践などを通して情報科学教育を研究している。
翻訳『コンピュータを使わない情報教育アンプラグドコンピュータサイエンス』（イーテキスト研究所）、編著・監修『コンピューターを使わない小学校プログラミング教育"ルビィのぼうけん"で育む論理的思考』『これで大丈夫！小学校プログラミングの授業 3＋αの授業パターンを意識する［授業実践39］』『小学校プログラミング教育の研修ガイドブック』（いずれも翔泳社）ほか。

佐藤 幸江（さとう　ゆきえ）　元・金沢星稜大学　教授
横浜国立大学大学院教育学研究科修了。横浜市公立小学校を経て、金沢星稜大学人間科学部教授。2019年3月退職。文部科学省「平成28年度先導的な教育体制構築事業」委員、「平成30年度文部科学省委託小学校プログラミング教育の円滑な実施に向けた教育委員会・学校等における取組促進事業」委員、AI時代の教育学会（理事）、デジタル表現研究会（副会長）等歴任。各地域のICT推進事業委員・各学校における校内研修の講師等の経験多数。教育工学や情報教育を研究。近著に『小学校算数科教育法』（建帛社）、『メディア・リテラシー教育　ソーシャルメディア時代の実践と学び』（北樹出版）ほか。

Part2　論考5・6執筆

谷内 正裕（やち　まさひろ）　教育テスト研究センター　連携研究員
STEM教育、学びを支援する技術の開発に興味を持ち、大学や民間企業で「学びとデジタル技術」の研究開発、新商品開発、技術戦略立案、産学連携の推進を担当。米国シリコンバレー駐在時には現地の科学館と連携し、STEM教育の教材・カリキュラム開発、EdTech企業とのミートアップ、親子向けワークショップ、教員研修など多数イベントを企画・運営し、STEM教育の普及に携わった。現在はSTEM人材が活躍する製造業界において、研究・技術開発の企画やリソースマネジメントに従事する傍ら、教育テスト研究センターで日本のSTEM教育の普及活動に取り組む。日本STEM教育学会（事務局長）。慶應義塾大学大学院政策・メディア研究科後期博士課程修了。博士（政策・メディア）。

新井 健一（あらい　けんいち）　日本STEM教育学会　会長
2003年株式会社ベネッセコーポレーション入社。2004年執行役員、教育研究開発本部長に就任、教育研究開発センター長を兼務。2007年NPO法人教育テスト研究センターを設立、同理事長に就任。2013年ベネッセ教育総合研究所理事長、2020年4月より株式会社ベネッセコーポレーション顧問。2017年日本STEM教育学会を設立、同会長に就任。
国内外の教育研究機関および研究者、教育実践者、教育関連企業などと調査研究活動を行うとともに、文部科学省、総務省、経済産業省、各自治体などの政策に関わる事業や委員会に参画。現在、株式会社ベネッセコーポレーション顧問、NPO法人教育テスト研究センター理事長、日本STEM教育学会会長、一般社団法人大学IR総研理事長。
公益財団法人パナソニック教育財団理事、日本教育工学会理事、日本教育工学協会理事、NPO法人CANVAS評議員等。

Part1　カリキュラム・マネジメント実践例執筆

近藤 睦（こんどう　むつみ）　横浜市立宮谷小学校　教諭
福岡教育大学特別教科教員養成課程保健体育科卒業。広島県立学校教諭を経て、2007年より横浜市立小学校教諭。横浜市小学校情報教育研究会で情報教育の研究を続け、横浜市情報活用能力育成のための体系表（2019 横浜市教育委員会）作成に参画。横浜市小学校教育課程委員（総合的な学習の時間部会）。D-projectで関東各地の教職員とともに、子どもたちの学びたい気持ちが生きる授業づくり、年間を見通した教科横断的な単元づくりを目指している。

福田 晃（ふくだ　こう）　金沢大学附属小学校　教諭
金沢大学教育学部人間環境課程情報教育コース卒業、金沢大学大学院教育学研究科教育実践高度化専攻修了。石川県公立小学校教諭を経て、2017年より現職。石川県教育工学研究会の研究部長を務めており、D-projectなど全国規模の研究会を県内において開催している。平成28年度一般社団法人日本教育情報化振興会ICT夢コンテスト文部科学大臣賞受賞。「社会とつながるリアルな学び」を実現する授業を目指している。

間城 美和（ましろ　みわ）　高知市立高須小学校　教諭
鳴門教育大学大学院学校教育研究科修了。2010年より高知県公立小学校教諭。2016年より4年間、高知市教育研究所研究員（情報教育領域）として、論理的に思考して問題を解決できる子どもを育てるための手法である、ICT機器を活用した授業やプログラミング教育の授業実践・研究を行っている。

盛山 隆雄（せいやま　たかお）　筑波大学附属小学校　教諭
横浜国立大学大学院教育学研究科数学教育専攻修了。学習院初等科を経て、2005年より現職。全国算数授業研究会常任理事、日本数学教育学会編集部常任幹事、JEES特定非営利法人全国初等教育研究会理事、教育出版「小学算数」教科書編集委員、東洋館出版「算数授業研究」編集委員、小学校学習指導要領（平成29年告示）解説算数編作成協力委員、第61回読売教育賞最優秀賞（算数・数学教育）受賞、JICAウガンダ共和国理数教育能力強化研修技術協力を長年行うなど、算数教育の研究や発展に寄与する活動を行う。
単著『板書で見る全単元・全時間の授業のすべて　算数小学校5年上』（東洋館出版）、『盛山流算数授業のつくり方8のモデルと24の事例』（光文書院）、共著『数学的な見方・考え方を働かせる算数授業』（明治図書）など。

山中 昭岳（やまなか　あきたか）　学校法人佐藤栄学園　さとえ学園小学校　教諭
和歌山大学教育学部教員養成課程卒業、鳴門教育大学大学院教育学研究科学校教育専攻修士課程修了。和歌山県公立小学校、和歌山大学教育学部附属小学校、関西の私立小学校を経て2016年より現職。子どもたちの主体的な学びを目指し、生活科・総合的な学習の時間を中心に実践を行っている。
著『インターネットのむこうに世界がある』（ポプラ社）、NHK教育テレビ「わくわく授業」「メディアと教育」出演ほか。

岩﨑 有朋（いわさき　ありとも）　鳥取県岩美町立岩美中学校　教諭［執筆時］
放送大学大学院文化科学研究科文化科学専攻情報学プログラム修了。鳥取県公立中学校教諭（理科）。鳥取県教育委員会認定のエキスパート教員（認定分野：理科、ICTを活用した教育活動）。平成30年度文部科学大臣優秀教職員として表彰。平成30年度一般社団法人日本教育情報化振興会ICT夢コンテスト文部科学大臣賞（創作でつながる3教科の実践）。Intel Master Teacherとして全国各地でPBLの研修講師やD-project副会長としてタブレット端末を活用した模擬授業などを積極的に行っている。
令和2年度より鳥取県教育センター教育企画研修課係長。

反田 任（たんだ　たかし）　同志社中学校　教諭
同志社大学文学部英文学科卒業。6年間の京都府公立中学校教員を経て1987年より現職。同志社大学文学部嘱託講師（教育実習指導を担当）。学校内では教育ICT推進担当として2014年より生徒一人1台のiPad導入や学習ポータルサイト、Wi-Fiネットワークの構築を推進現在に至る。平成27・28年度文部科学省「ICTを活用した教育推進自治体応援事業」企画・評価WG委員。AIロボットやオンライン英会話を取り入れた英語授業を実践するとともに、PBLやSTEAMを視野に入れた授業デザインを試行している。Apple Distinguished Educator Class of 2015、Intel Master Teacher、iTeachers Academy理事、日本デジタル教科書学会理事。

品田 健（しなだ　たけし）　聖徳学園中学・高等学校　教諭
東京学芸大学教育学部中等教育教員養成課程国語科専攻卒業。桜丘中学・高等学校（元・桜丘女子高等学校）に国語科教員として勤務。2014年から副校長としてiPadの全生徒・全教職員への導入と活用を推進。ICT活用の取り組みが2015年e-learning award文部科学大臣賞を受賞。2016年に次世代教育担当参与。2017年より聖徳学園中学・高等学校にて学校改革本部長兼Executive ICT Directorとして、STEAM教育の開発を行っている。Apple Distinguished Educator Class of 2015、Adobe Education Leaders 2020、iTeachers Academy理事としても活動。

延原 宏（のぶはら　ひろし）　神戸星城高等学校　教諭
放送大学大学院文化科学研究科情報学専攻修了。岡山県公立高等学校教諭を経て2008年より現職（商業）。文部科学省委託事業教育情報共有化促進モデル事業研究主査（商店街通信の発行を題材に授業実践を追体験できる教員向けの動画コンテンツを開発し、公開する）。平成26年度文部科学大臣優秀教職員として表彰。平成30年度一般社団法人日本教育情報化振興会ICT夢コンテストNHK賞（ICTを活用した地域活性化に学校が連携する試み）。兵庫県、岡山県を中心に地域活性化を目指したPBLの授業実践に取り組んでいる。現・佛教大学大学院研究員兼務。

海老沢 穣（えびさわ　ゆたか）　東京都立石神井特別支援学校　教諭
東京学芸大学大学院教育学研究科修士課程障害児教育専攻修了。知的障害特別支援学校でICTを積極的に活用した授業実践を進めている。東京都教育委員会令和元年度職員表彰受賞。Apple Distinguished Educator Class of 2017、SDGs for School認定エデュケーター、NHK for School「ストレッチマン・ゴールド」番組委員。共著『新時代を生きる力を育む 知的・発達障害のある子のプログラミング教育実践』（ジアース教育新社）。

● Part2 論考 5・6 執筆

谷内 正裕　教育テストセンター　連携研究員
新井 健一　日本 STEM 教育学会　会長

● Part1　カリキュラム・マネジメント実践例執筆

近藤 睦　横浜市立宮谷小学校　教諭
福田 晃　金沢大学附属小学校　教諭
間城 美和　高知市立高須小学校　教諭
盛山 隆雄　筑波大学附属小学校　教諭
山中 昭岳　学校法人佐藤栄学園　さとえ学園小学校　教諭
岩﨑 有朋　鳥取県岩美町立岩美中学校　教諭 ［執筆時］
反田 任　同志社中学校　教諭
品田 健　聖徳学園中学・高等学校　教諭
延原 宏　神戸星城高等学校　教諭
海老沢 穣　東京都立石神井特別支援学校　教諭

装丁・本文デザイン　森デザイン室／森裕昌
カバーイラスト　STUDIO PAPEL
DTP　株式会社シンクス

カリキュラム・マネジメントで実現する学びの未来

STE(A)M 教育を始める前に［カリキュラム・マネジメント実践10］

2020年10月19日　初版第 1 刷発行

編著・監修　中川 一史（なかがわ ひとし）
　　　　　　小林 祐紀（こばやし ゆうき）
　　　　　　兼宗 　進（かねむね すすむ）
　　　　　　佐藤 幸江（さとう ゆきえ）
発行人　佐々木 幹夫
発行所　株式会社翔泳社（https://www.shoeisha.co.jp）
印刷・製本　株式会社シナノ

■本書内容に関するお問い合わせについて
本書に関するご質問、正誤表については下記の Web サイトをご参照ください。
お電話によるお問い合わせについては、お受けしておりません。
　正誤表　　　　　● https://www.shoeisha.co.jp/book/errata/
　刊行物 Q&A　　● https://www.shoeisha.co.jp/book/qa/
インターネットをご利用でない場合は、FAX または郵便にて、下記にお問い合わせください。
送付先住所 〒 160-0006　東京都新宿区舟町 5
（株）翔泳社 愛読者サービスセンター　　FAX 番号：03-5362-3818

ご質問に際してのご注意
　本書の対象を越えるもの、記述箇所を特定されないもの、また読者固有の環境に起因するご質問等にはお答えできませんので、あらかじめご了承ください。
※本書の出版にあたっては正確な記述につとめましたが、著者や出版社などのいずれも、本書の内容に対してなんらかの保証をするものではなく、内容に基づくいかなる結果に関してもいっさいの責任を負いません。